渤海系列丛书

———— 丛书由渤海大学资助出版 ————

中华民族与中华文化研究

都永浩 —— 著

辽宁人民出版社

图书在版编目（ＣＩＰ）数据

中华民族与中华文化研究 / 都永浩著 . — 沈阳：
辽宁人民出版社，2024.7
　（渤海系列丛书）
　ISBN 978-7-205-11177-9

　Ⅰ . ①中… Ⅱ . ①都… Ⅲ . ①中华民族—民族意识—
研究②中华文化—研究 Ⅳ . ① C955.2 ② K203

　中国国家版本馆 CIP 数据核字（2024）第 094483 号

出版发行：辽宁人民出版社
　　　　地址：沈阳市和平区十一纬路 25 号　邮编：110003
　　　　电话：024-23284321（邮　购）　024-23284324（发行部）
　　　　传真：024-23284191（发行部）　024-23284304（办公室）
　　　　http://www.lnpph.com.cn
印　　刷：辽宁新华印务有限公司
幅面尺寸：170mm×240mm
印　　张：14.5
字　　数：210千字
出版时间：2024年7月第1版
印刷时间：2024年7月第1次印刷
责任编辑：郭　健　张婷婷
装帧设计：留白文化
责任校对：吴艳杰
书　　号：ISBN 978-7-205-11177-9

定　　价：98.00元

渤海系列丛书
编委会

序

渤海大学一直非常重视内涵建设，人文社会科学相关学科与专业获得长足发展。尤其是在历史学科的牵头之下，渤海大学人文社会科学所组建的科研团队，不断产出高水平学术成果，其范围涵盖东北亚问题、国家安全问题、历史与民族问题、中华民族共同体问题等领域。经过多年的建设，在科研团队的共同努力下，形成鲜明的特色研究方向，服务社会的能力不断提高。

习近平总书记指出："东北地区是我国重要的工业和农业基地，维护国家国防安全、粮食安全、生态安全、能源安全、产业安全的战略地位十分重要，关乎国家发展大局。"这里所指出的东北发展五大安全战略，不仅为东北振兴指明方向，更重要的是指出维护国家安全是全国各族人民根本利益所在。

其时恰逢教育部进行学科设置调整。2021年1月，国务院学位委员会、教育部印发通知，新设置"交叉学科"门类，成为中国第14个学科门类。由此开始，"国家安全学""区域国别学"等相继列入"交叉学科"目录。这种设置既是教育部在学科建设布局上的最新引领，更是高校下一步进行人才培养与开展科学研究的最新指导。

为配合东北发展五大安全战略和推进新兴交叉学科建设，渤海大学成立国家安全研究院，在"总体国家安全观"指导下，统筹规划原有的教育部国别和区域研究中心——东北亚研究中心、国家民委基地——渤海大学中华民族共同体研究中心以及"辽海发展高端智库"（与中国社会科学院中国边疆研究所合作共建）诸多平台的建设，同时利用民族学博士后流动站科研基地（与广西民族大学合作共建）和世界史博士后流动站科研基地（与延边大学合作共建）进一步整合科研团队，发挥已有优势，突出特色研究方向。

"知今而不知古，谓之盲瞽；知古而不知今，谓之陆沉。"为了高质量发挥高校人才培养、科学研究和服务社会的基本职能，需要对历史与现实进行全面而深刻的认识。因此，为进一步加强渤海大学历史学等传统学科的可持续发展，进一步推进"国家安全学"和"区域国别学"等交叉学科的融合发展，学校决定出版"渤海系列丛书"。本丛书以"总体国家安全观"为宗旨，书稿内容涉及东北边疆、民族、历史、文化、经济、生态、能源、产业等各个领域，涵盖各个学科。"渤海系列丛书"面向校内外专家征稿，每年出版一辑，确定一个相对具体的主题，连续出版。我们希望通过出版"渤海系列丛书"，进一步凝聚学术团队，提升渤海大学国家安全学研究水平，推动学科建设，更好地服务于东北五大安全战略，为东北全面振兴做出应有的贡献。

2023年4月20日

目 录
Contents

上 篇

SHANGPIAN

第一章　华夏—汉族与中华民族

"华夏—汉""中华"等概念源起何时？当时的含义是什么？它们之间及与"中华民族"的关系如何？弄清楚这些问题，对于建设中华民族共同体非常重要。

由于中国人对西方、苏联的民族、族群等概念的混乱解读，影响了中国公民国家建构研究。Nation在罗曼语（源自拉丁语）中是原生的，其他语系都是外来语。Nation最初与血缘、支脉紧密相连，只有到了法国大革命和美国独立革命时代，Nation才和人民（The People）、国家、公民等概念紧密相连。Nation 翻译成"人民"是最为贴切的。Ethnic group出现于20世纪中叶，主要被理解成文化群体，具有浓厚的血缘性，没有政治目标和公共文化。我们可以把"族群"理解为处于部落或部族（部落族群）阶段的人群，其没有建立国家的意愿和能力。

斯大林的"民族"概念相当于nation，"部族"相当于ethnic group，后者被认为没有自决权。在中国，只有极少数的民族接近于nation，有一些民族属于ethnic group，譬如鄂伦春、鄂温克、赫哲等族，还有些民族介乎于两者之间，所以，无论是Nation还是Ethnic group，都不能完全涵盖中国的"民族"。从我国学术界目前的习惯理解来看，把汉文"民族"理解成了以原生性或生物性为基础的人们共同体。所以，笔者提出将"中华人民"作为与汉文"民族"相区别的公民共同体；用汉语"民族"（minzu）一词的发音音译成外文，代表中国的各个民族。

第一节　"华夏""中华""中夏""中国" "汉"的历史含义

"中华"是我们伟大国家的国号，在古代也指"中国"。与"中华"含义相关的"华夏"在古代是民族名称。《尔雅·释诂》曰："夏，大也。"《尚书·武成》注："冕服采章曰华，大国曰夏。"《尚书·正义》："冕服采章对披发左衽，则为有光华也。"[1]"裔不谋夏，夷不乱华"，孔颖达疏："中国有礼仪之大，故称夏；有服章之美，谓之华。华夏一也。"[2]著名历史学家吕思勉认为："吾族止名，当云华夏。"[3]《说义》小曰：" '夏，中国之人也。'则华夏确系吾族旧名。然二字音近意同，窃疑仍是一语。"[4]即"华夏"是复语。"华夏"作为族名，无从确切考证。"夏为禹有天下的朝号，其性质，亦和秦、汉等字同。"[5]

由于古代华夏"中国"多建都于黄河南北，处于四方之中，或自认为处"天下中央"，所以称之为"中华"。"中华"亦指中原，有地域含义，也有政治含义。随着各个朝代疆土渐广，凡所统辖之地，皆称"中华"。如："自强胡陵暴，中华荡覆，狼狈失据。"[6]然"中华"更多的含义是指"华夏—汉族"，如："于时，鲜卑共轻中华朝士，唯惮服与昂。"[7]"且如胡元

---

[1] （汉）孔安国传，（唐）孔颖达正义，黄怀信整理：《尚书正义》（卷十，《周书·武成第五》），上海古籍出版社2007年版，第434页。

[2] （晋）杜预注，（唐）孔颖达等正义：《春秋左传正义》（卷五十六，定公十年），上海古籍出版社1990年版，第976页。

[3] 吕思勉：《中华民族源流史》，九州出版社2009年版，第93页。

[4] 吕思勉：《中华民族源流史》，九州出版社2009年版，第93页。

[5] 吕思勉：《中华民族源流史》，九州出版社2009年版，第11页。

[6] （东晋）桓温：《请还都洛阳疏》，（清）严可均辑：《全晋文》，商务印书馆1999年版，第1260页。

[7] （唐）李百药撰：《北齐书》（卷二十一列传第十三高乾），中华书局2000年版，第201页。

只任胡族为正官，中华人官佐二。"①

古代亦有"中夏"之称，指华夏、中国、中华之意。"目中夏而布德，瞰四裔而抗棱。"②"魏人据中夏，汉氏有岷、益，吴制荆、杨而奄交、广。"③

先秦京师、王畿即"中国"，"居天地之中者曰中国"④，后亦泛指中原。"《小雅》尽废，则四夷交侵，中国微矣。"⑤"吾闻中国之君子，明乎礼仪而陋于知人心。"⑥"大河之始决于瓠子也，涓涓尔，及其卒，泛滥为中国害。"⑦"江左地促，不如中国"⑧，等等。

"汉"是华夏族的另一个称呼。秦朝建立，"其族称曾被称为'秦人'，西域各族就有称华夏民族为'秦人'的习惯。但是秦朝国祚短，'秦人'的称呼很快为'汉'的称呼所取代"⑨。如："近西羌保塞，与汉人交通"⑩。

对上述内容进行简单的梳理："华夏"是汉族的古代族名，后来虽有地域含义，但以族称为主。"中华"来源于"华夏"，取"华夏"居天下之中心的含义，也有文明中心的含义，"古之王者，择天下之中而立国"⑪。"中

---

① （明）黄溥：《闲中今古录摘抄》，中华书局1985年影印版，第18页。

② （东汉）班固：《东都赋》[收入（南朝梁）萧统等编选：《昭明文选》]，陈宏天等主编：《昭明文选译注》，吉林文史出版社1988年版，第57页。

③ （晋）陆机：《辨亡论》（下），王永顺主编：《陆机文集 陆云文集》，上海社会科学院出版社2000年版，第93页。

④ （北宋）石介：《徂徕石先生文集》卷十论四篇《中国论》，陈植锷点校，中华书局1984年版，第116页。

⑤ （汉）郑玄笺，（唐）孔颖达疏，朱杰人、李慧玲整理：《毛诗注疏》（卷第十，六月序），上海世纪出版有限公司、上海古籍出版社2013年版，第902页。

⑥ （战国）庄子撰，方勇译注：《庄子》（外篇·田子方），中华书局2010年版，第339页。

⑦ （西汉）桓宽撰，陈桐生译注：《盐铁论》（卷十，申韩第五十六），中华书局2015年版，第528页。

⑧ （南朝宋）刘义庆编撰：《世说新语》（言语第二·一〇二），中华书局2011年版，第157页。

⑨ 白寿彝总主编：《中国通史》（第五卷上册），上海人民出版社2004年版，第130页。

⑩ （汉）班固撰，（唐）颜师古注：《汉书》（卷九十四，匈奴传第六十四下），中华书局2000年版，第2811页。

⑪ （战国）吕不韦等编纂，陆玖译注：《吕氏春秋》（审分览第五·慎势），中华书局2011年版，第609页。

华"的民族含义弱于"华夏"，从中原人的角度，有两种解读：华夏族与中原政权含义的重叠；凡中原政权所管辖区域，均可称为中华之地。"华夷之辨""夷夏大防""尊王攘夷""夷变夏"是华夏民族的基本认同，轻易不会把未"汉化"的民族纳入华夏民族的范畴，"非我族类，其心必异，楚虽大，非我族也"（《左传·成公十年》）就是这种观念的真实反映。从非华夏族的角度，"中华"既是中原政权"中国"的代称，又是华夏族的名称。"中夏"与"中华"含义相同，"中国"则与"中华""中夏"含义中的政权（"中国"）、地域（中原）含义相连接。"汉"则自汉朝以来，就被作为华夏族最通俗的"原生性"民族的名称使用。

第二节　华夏—汉族的形成

华夏族的源头通常认为是传说的黄、炎时代。黄帝部落联盟兴起于陕西北部，炎帝部落联盟兴起于陕西渭水中游，然后均向东部扩展。[①]

华夏族活动的区域，大致相当于中原龙山文化和河南二里头文化的范畴，处于铜石并用时代的晚期，正是氏族社会向民族共同体的过渡期。在这广泛的区域内，有很多夷狄部落参与了华夏族的形成，传说中的黄、炎部落作为华夏源头的说法，象征意义更大一些。

商殷时期，奴隶制较之夏朝又有发展，奴隶和庶民之外的人群以及文化、技术得到了一定程度的发展，首次出现了早期知识阶层——巫与史。在安阳殷墟及洛阳、郑州一带，发现了大量的甲骨文和金文，初级文字出现，成为文明时代的重要标志。天文、历法、医药、文学、艺术、历史等学科初

---

① 白寿彝总主编：《中国通史》（第二卷），上海人民出版社2004年版，第288页。

具规模。这一切，都为华夏族的形成奠定了基础。

但华夏族的真正形成肇端秦朝，此前，华夏族系内部的认同殊异仍很明显。应该重点指出的是，在公元前6—前5世纪，几乎与奠定西方思想基础的伟大哲学家柏拉图和亚里士多德同时，孔子、老子分别创立儒、道学说，特别是孔子，是中国古代历史上最伟大的思想家。以孔子思想为核心的儒家文化，是华夏古代文化璀璨夺目的明珠，并成为华夏民族认同和凝聚的基础，也是周边民族能够融入华夏（夷变夏）的调和剂和可以共同膜拜的旗帜。秦统一前，华夏族系仍然存在着殊异的认同。在秦、齐、楚、燕、韩、赵、魏战国七雄中，齐、韩、赵、魏具有较为明显的华夏意识，楚以蛮夷自称，秦被视为戎狄之国，燕则被排除于华夏正统之外，春秋时期的吴、越被视为蛮夷之邦。统一华夏族系认同的使命落在了秦国身上。统一后的秦朝建立了强大的中央集权制度，为形塑华夏族创造了条件。更为重要的是，秦王朝进行了思想、文化和经济制度改革，即"书同文""行同伦""车同轨"及对度量衡的划一，在这几项改革中，最重要的是文字的统一，为华夏认同扫除了交流上的障碍。自此而始，黄河南北的华夏族尽管语言交流存在很多障碍，但文字把他们连接起来，使他们产生了一家人的感觉。秦时的华夏是一个拥有约2000万人口的大族系，其中混杂了大量夷戎蛮狄，黄炎部落的后裔只占很少的部分。

华夏族形成后，南北朝时期又出现了重大的历史变故。汉族在北方民族的挤压下，大规模地南迁至长江以南，不仅开发了江南，成为其后历朝的重要赋税来源，而且更大范围地融合了南方的非华夏族，改变了长江南部以非华夏族为主的分布格局。长江以北地区则成为非华夏民族建立区域性政权的舞台。十六国中，大多为匈奴、鲜卑、羯、氐、羌所建立。公元386年，拓跋鲜卑建立北魏王朝，黄河流域有了100多年的休养生息。北魏灭亡后的东魏、北齐和西魏、北周，均为鲜卑族所建。在十六国和北朝的近300年时间里，黄河流域一直处于非华夏民族的统治之下。十六国初，黄河流域非华夏民族的人口已十据其五。自此时期，由于战乱，华夏人口继续大量南迁，至北朝后期，黄河流域非华夏族人口已十据七八，这是中国历史上各民族间最大的一次融合。所以，如果从人类基因上溯源，很少有人会明确找到源头。其实华夏族已成为基于地域和文化融合的历史符号，对于大多数人而言，他们所膜拜的始祖不可能是确实的源头，而是实实在在的虚构。这次民族大融合，强烈影响了随后的隋唐两朝，统治层中有大量的非华夏族成员，甚至皇族也不例外。唐灭亡后，久居中原的沙陀人建立了后唐、后晋、后汉三朝。宋朝时，这部分人方渐渐融入华夏族中。此后的民族融合没有间断，只是没有上述的两次规模大，影响也没有如此深刻。

在华夏族的形成发展过程中，非华夏族对华夏族文化的贡献也很突出，几乎包括了所有的领域。恐怕少有人知道桌椅和床来自西域，笛、横吹、琵琶、箜篌、胡琴、羯鼓、腰鼓等乐器均来自非华夏民族。很多歌舞音乐来自非华夏地区。大家很喜欢的杂技，大部分来自西域。[1] 揆诸华夏—汉族的形成，有如下要点：

一是华夏族形成于秦朝。此前华夏族系内部的认同差异很大，秦的政治、经济和文化改革为华夏族认同的最终统一奠定了基础，是华夏族形成的标志。

二是华夏—汉族没有单一的基因学含义。从华夏—汉族的形成过程看，这一点很好理解。从基因纽带而言，传说中的黄、炎部落联盟在汉族的构成中占极小的部分，秦以后的民族融合更稀释了汉族的基因构成。但人们通常认为，民族是源于一个朦胧的神话起源、单一的血缘，并拥有一个神圣的始祖，这一观念持续被民族的精英虚构，还以各种偶像的形式顶礼膜拜，民族的成员逐渐信以为真。而事实上，在汉族成员身上，流淌更多的是非华夏—汉族的血液，很多汉族的成员，与现在的少数民族成员实际上共享同一个祖先，是真正的"兄弟姐妹"。但在虚构下，汉族和少数民族来源于截然不同

① 齐思和：《少数民族对中国文化的伟大贡献》，国家民族事务委员会编：《中国民族关系史论文集》，民族出版社1982年版，第503—511页。

的始祖和血缘，这种被虚构的原生性差异，加剧了民族间认同的差异。

三是华夏—汉族是一种复合性的文化符号，或者说它是一种文化的象征。既然华夏—汉族不是单一来源的共同体，为什么会凝聚成一族？这是我们必须回答的。春秋战国时期华夏文化的大繁荣，以及秦朝将华夏文化的"标准化"，是统一的华夏文化形成并始终起到凝聚作用的原因。华夏文化在古代各个时期，特别是青铜器时代，相对于周边的其他民族，其先进性是毋庸置疑的，这是周边民族进入中原后，渐渐融入其中的主要原因。华夏文化也是开放性的，是在"百家争鸣"中形成的，是海纳百川的，对佛教文化、伊斯兰教文化的容纳就说明了此点。华夏—汉族文化还有一个特点，由于其创造了辉煌的古代文化，不会拘泥或专注于某一单质的文化，对文化采取实用主义的立场。所以现在的汉族不会专注于某一种宗教信仰，这是很值得我们关注的现象，或许对我们当下增强中华民族共同体的认同有所裨益。

四是地域因素对华夏—汉族的形成起到了重要的作用。中国的地域具有相对隔离性的特点。即，其北、西、南都不利于古代人口的扩散。中国的南部是层峦叠嶂，西部是青藏高原和沙漠、戈壁，北部是酷寒荒原，均不利于古代人口大规模居住。因此，周边大量人口会聚于黄河流域、长江流域和珠江三角洲地区。

第三节　"中华民族"的近代含义

"中华"具有文化、民族（华夏—汉族）、地域、政权（"中国"）四重含义。其被广泛使用是在清末以后，并以"中华民族"的称呼出现。

1902年，梁启超在《论中国学术思想变迁之大势》中首先使用了"中华民族"一词，虽未对"中华民族"加以解释，但实际含义是指先秦华夏而言。①自此以后，"中华民族"一词被广泛使用，含义多种多样，差异很大。"中华民族"作为汉族的族称是最普遍的一种用法。其中，分为几种不同的情况。

一是指单一血缘含义的汉族。清末资产阶级革命派提出了"反清复汉"排满革命的主张，并具体化为中国同盟会的民族主义纲领"驱除鞑虏，恢复中华"②。"中华民族"单一血统论，直接导致了建立"十八省"汉族国家的主张。民国前，孙中山认为"十八省"在近世五六百年来，"几如金瓯之固，从无分裂之虞"③。章太炎也认为："若以汉人制汉，满人制满，地稍迫削，而政治易以精严。"④1906年，中国同盟会在《革命方略》中重申："今之满洲，本塞外东胡。……后趁中国多事，长驱入关，灭我中国，据我政府……恢复中华。中国者，中国人之中国；中国之政治，中国人任之。驱除鞑虏之后，光复我民族的国家。"⑤孙中山还在其他论著中反复阐明了这一观点。章太炎使用"中华民族"时，基本上指汉族，他反对仅以文化同一性来认同民族，强调血统的重要性。⑥他把中国看成是"汉族的国家"，称少数民族的统治是"异族统治"，提出"排满"革命的任务是光复中国的民族、州郡、政权。⑦清末资产阶级革命早期，"中华民族"概念被赋予纯一的汉族、炎黄血统的含义，是同其

① 梁启超：《论中国学术思想变迁之大势》（1902年），《梁启超全集》（第二册第三卷），北京出版社1999年版，第573页。

② 孙中山：《檀香山兴中会盟书》（1894年11月24日）；《中国同盟会革命方略》（1906年秋冬间），广东省社会科学院历史研究所等合编：《孙中山全集》（第一卷），中华书局1981年版，第20页。

③ 孙中山：《支那保全分割合论》（1903年9月21日），广东省社会科学院历史研究所等合编：《孙中山全集》（第一卷），中华书局1981年版，第223页。

④ 章太炎：《排满平议》，姜玢编选：《革故鼎新的哲理——章太炎文选》，上海远东出版社1996年版，第291页。

⑤ 孙中山：《中国同盟会革命方略》（1906年秋冬间），广东省社会科学院历史研究所等合编：《孙中山全集》（第一卷），中华书局1981年版，第296—297页。

⑥ 章太炎：《中华民国解》，姜玢编选：《革故鼎新的哲理——章太炎文选》，上海远东出版社1996年版，243—253页。

⑦ 章太炎：《革命之道德》，姜玢编选：《革故鼎新的哲理——章太炎文选》，上海远东出版社1996年版，第185页。

革命的内容、策略、目标紧密相连的。

二是指"合群"和文化含义下的汉族。在资产阶级改良派的观念中，中华民族可以从政治、文化上覆盖少数民族。进入20世纪后，梁启超的民族概念开始向轻地域、血缘，重历史、文化转变。1905年，梁启超在《历史上中国民族之观察》认为："现今之中华民族自始并非一族，实由多数民族混合而成。"①改良派提出大民族的概念，即"合汉、合满、合蒙、合回、合苗、合藏组成一个大民族"，这个新民族称为"中华民族"②。梁启超在《政治学大家伯伦知理之学说》一文中说："吾中国言民族主义者，当于小民族主义之外，更提倡大民族主义。小民族主义者何？汉族对于国内诸族是也；大民族主义者何？合本部属部之诸族以对于国外之诸族是也。"各民族"合群"为统一的中华民族后，建立起"中华民族国家"，其目标是合国内诸族之力，以抵抗帝国主义的侵略。③"合群"论，是指中华民族联合体，不是指中华民族共同体。立宪派代表人物杨度也持类似的观点。他认为："中国向来虽无民族二字之名词，实有何等民族之称号。今人必目中国最旧之民族曰汉民族，其实汉为刘家天子时代之朝号，而非其民族固有之名也。中国自古有一文化较高、人数较多之民族在其国中，自命其国曰中国，自命其民族曰中华……一民族与一民族之别，别于文化，中华云者，以华夷别文化之高下也。即此以言，则中华之名词，不仅非一地域之国名，亦且非一血统之种名，乃为一文化之族名……其后经数千年混杂数千百人种，而其称中华如故。以此推之，华之所以为华，以文化言，不以血统言，可决知也。"④这是

① 梁启超：《历史上中国民族之观察》（1906年），《梁启超全集》（第六册第十二卷），北京出版社1999年版，第3420页。
② 梁启超：《政治学大家伯伦知理之学说》（1903年），《梁启超全集》（第二册第四卷），北京出版社1999年版，第1070页。
③ 梁启超：《政治学大家伯伦知理之学说》（1903年），《梁启超全集》（第二册第四卷），北京出版社1999年版，第1069页。
④ 杨度：《金铁主义说》（1907年1月20日—5月20日），刘晴波主编：《杨度集》，湖南人民出版社1985年版，第374页。

说汉族是由各民族融合而成的，而非单一血缘。杨度将汉、满、蒙古、回、藏纳入中华民族的范畴，也就是五族合一，这是"五族共和"思想的来源和基础。李大钊的"新中华民族"思想，也把各民族看成是以华夏文化为基础的共同体。

三是指各少数民族同化于汉民族的过程和趋势，"中华民族"在这种语境下是一个动态的概念。改良派和革命派尽管在"中华民族"的含义上有明显的分歧，但在少数民族同化于汉族的可能性和必要性上，却表现得高度一致。梁启超是承认中华民族自始本非一族，实由多民族混合而成的"合群"论者。因此，他请求清政府赐满人汉姓，"俾合同而化"。他认为满族入关后，已逐渐融入汉族中，梁启超认为："吾所主张，则谓满洲于我，不能谓为纯粹的异民族也。"[①]"彼满洲人实已同化于汉人，而有构成一混同民族之资格者也。"[②]持"同化论"最为积极的革命派，不仅认为少数民族应该同化于汉族中，有些人甚至不承认少数民族成员的族体地位。譬如，民国初年孙中山在主张五族"共享国家的权利，共担国家之义务"，"国家之事，由全国五族人共组织之"的同时，也开始否认少数民族的地位和作用。"讲到五族底人数"，他认为少数民族人口都较少，"回教虽众，大都汉人"[③]，他认为藏、蒙古、满、回皆无自卫能力，实际上暗含对"五族共和"的否定之意。他号召革命党人"尚须在民族主义上做功夫，勿使满、蒙（古）、回、藏同化于我汉族，成一大民族主义的国家"[④]。因此，孙中山的民族主义，目的是汉族同化各少数民族，从而形成规模更大的汉族。在孙中山的内心中，

---

① 梁启超：《申论种族革命与政治革命之得失》（饮冰室文集之十九），《饮冰室合集》（2），中华书局 1989 年版，第 35 页。

② 梁启超：《申论种族革命与政治革命之得失》（饮冰室文集之十九），《饮冰室合集》（2），中华书局 1989 年版，第 31 页。

③ 孙中山：《三民主义之具体办法》（1921 年 3 月 6 日在中国国民党本部特设办事处演讲），《三民主义》，岳麓书社 2000 年版，第 260 页。

④ 孙中山：《三民主义之具体办法》（1921 年 3 月 6 日在中国国民党本部特设办事处演讲），《三民主义》，岳麓书社 2000 年版，第 260 页。

中国的民族主义不能笼统讲五族，应该讲汉族的民族主义，他甚至还认为，"五族共和"是"直欺人之语"。很显然，在孙中山的早期"中华民族"概念中，是指族性单一的汉族，他后来对其观点进行了修正（民国前，孙中山曾主张建立不包括少数民族的"十八省"单一汉族国家），倡导少数民族同化于汉族中，加入到中华民族中。①孙中山主张满、蒙古、藏、回同化于汉族中，建立民族（汉族）国家，实行汉族的自决。孙中山的民族主义思想经常反复，稍后又提出仿效美国，实行熔炉政策，"合汉、满、蒙（古）、回、藏诸地为一国，即合汉、满、蒙（古）、回、藏诸族为一人。是曰民族之统一"②。

四是指包含少数民族在内的复合型的汉族。在此语境下，"中华民族"是指汉族，但也不排斥少数民族的中华民族（指汉族）成员资格。1944年，国民党蒙藏委员会拟对新疆采取的措施中，就提出："使回族（指新疆信仰伊斯兰教的各族——作者注）文化地位、经济地位逐渐提高，以期与内地一致，泯除种族界限，俾成健全之中华民族。"③这是抗日战争时期国民党民族政策的真实表露。这一时期的国民党政府否认中国是多民族国家，认为中国只有一个民族——中华民族，其他民族（包括汉族）只是宗族而已。"其实中国之所谓民族问题不成问题，今日之所谓汉满蒙回藏五族，一部分不过残存着若干的地方习俗与文化罢了，老实说，中国历史上也只有文化问题而无所谓民族问题。"④历史学家顾颉刚说："中国之内决没有五大民族和许多小民族，中国人也没有分为若干种族的必要。""我们对内没有什么民族之分，对外只有一个中华民族。"⑤蒋介石不承认各民族的客观存在，将他们称

---

① 当然，这是孙中山在民国初的民族主义思想，20世纪20年代，他的民族主义思想向各民族平等、联合的方向转变。

② 孙中山：《临时大总统宣言书》（1912年1月1日），广东省社会科学院历史研究所等合编：《孙中山全集》（第二卷），中华书局1982年版，第2页。

③ 中国第二历史档案馆档案：《蒙藏委员会关于新疆内政经济政策之资料及有关文书》，全宗号2，卷号169。

④ 姜蕴刚：《边区问题之理论与实际》，《边政丛书》，西南边政协会1940年版。

⑤ 顾颉刚：《中华民族是一个》，马戎主编：《"中华民族是一个"：围绕1939年这一议题的大讨论》，社会科学文献出版社2016年版，第39页、第43页。

为中华民族的宗族。

五是指国族。国族这一概念来源于法国大革命后的欧洲。在一些多民族国家，为了区分主体民族和非主体民族（或"地方性民族"），将主体民族称为"国家民族"，并要求"地方性民族"同化于国族中。民国初，有人开始使用"国族"一词，譬如希夷把全中国人民称为"一族人"，并称"与国族永聚于斯"。[①]1924年，孙中山第一个以"中华民族"的角度提出"国族"概念，此后孙科、芮逸夫、毛起鵷等人也开始使用"中华国族"。1935年，国民党政府提出："重边政，宏教化，以固国族而成统一。"[②]也就是把少数民族同化于"国族"（汉族）中。1941年，国民党进一步提出统一"国族"的文化，强迫少数民族放弃自己的文化，改宗汉文化，"不让一个民族有不同的服装、文字、语言"[③]。在这一理论指导下，1944年，国民党政府在新疆进行了一些尝试，譬如"泯灭种族界限"，"沟通文化，以期与内地民众相接近"，"灌输内地知识于新疆人民"，"统一语言，大力推行国语"，"鼓励缠回与汉族通婚"，等等。[④]但这种简单的强迫同化的办法，事实证明是很单纯的，其结果不言自明。近年来有人提出"国族"论，其含义稍别于民国时期的"宗族—国族"，期望铸造一个有别于所有民族的大民族——"中华民族"，但指的是国民（公民）共同体，还是一个有别于56个民族的"新民族"，均不清晰。事实而言，试图重新构建一个"原生性"的新民族，有可能成为民国时期将汉族扩大化建构"新中华民族"或"大中华民族"的翻版。

六是将中华民族作为从历史延续至今的人们共同体的实体看待，历史上

[①] 希夷：《本馆新屋落成几纪言》，《申报》宣统三年辛亥六月二十日（1911 年 7 月 15 日）。
[②] 《第五次全国代表大会宣言》（1935 年 11 月 23 日），荣孟源：《中国国民党历次代表大会及中央全会资料》（下册），光明日报出版社 1985 年版，第 298 页。
[③] 《苗族简史》编写组编：《苗族简史》，贵州民族出版社 1985 年版，第 246 页。
[④] 中国第二历史档案馆档案：《蒙藏委员会关于新疆内政经济政策之资料及有关文书》，全宗号 2，卷号 169。

是自在的，近现代是自觉的多元一体的共同体。历史上存在一个自在的"中华民族"实体，并取得"大一统"的格局，这个自在的民族实体在共同抵抗西方列强的压力下形成了一个休戚与共的自觉的民族实体。[①]

七是将中华民族视为中国境内各民族的统称。早期中国共产党持这样的观点。更多地从共同的历史、共同的命运和共同的政治利益的角度解释"中华民族"的含义。早期中国共产党的"中华民族"主要指"各民族"，指各民族的"总称""组成"，即"团结各民族为一体"，"中华各民族"成为"一体性""整体性""统一的国家"限定下的概念，是一个"统一的复合体"。除了"中华民族"这一概念外，中国共产党这一时期同时并用的还有"中国人民"概念，将"中华民族"（"中国民族"）与"中国人民"交替使用，以体现先进、进步的力量与整体性、综合性力量的结合。

---

① 费孝通：《中华民族的多元一体格局》，《费孝通论文化和文化自觉》，群言出版社 2005 年版，第 95 页。

第二章　中华民族共同体观念的近代探索与现代重塑

中华民族观念的探索始于近代，但伊始就陷入了徘徊歧路。中华民族的历史存在形式是"天下"，中华民族观念的主要内涵理应来源于"天下观"的历史演变，然而从清末民国时期对中华民族建构的探索过程看，基本借鉴了欧洲和美国的"民族"和"民族国家"的建构理论和观念，不可避免地陷入南橘北枳的困境。

最终虽经40年左右的探索，但在1946年的《中华民国宪法》、1949年的《中国人民政治协商会议共同纲领》中，并未能将"中华民族"或"中华国族"写入其中。当然我们必须承认，当时对"中华民族"的探索是非常具有价值的，因为学术界今天所涉及的研究领域与问题当时基本都已涉及。自20世纪80年代末费孝通提出"中华民族多元一体格局"理论开始，"中华民族"的学术研究进入了重塑期。

2017年党的十九大报告提出"铸牢中华民族共同体意识"的新论断，并在大会通过的《中国共产党章程（修正案）》写入"铸牢中华民族共同体意识"。2018年通过的《中华人民共和国宪法修正案》第一次出现了"中华民族"的表述。以上是中华民族共同体建设的重要事件，亦是中华民族共同体观念现代重塑的重要标志。

第一节　中华民族与"天下"

如果从近现代对"中华民族"的内涵讨论结果而言，中华民族无疑是一个整体性概念（国民或公民、人民、国族、各民族结成的复合体等），在中华民族整体性概念之下，存在着多元的因素（各民族、"文化共同体"、"种族"、"宗族"、"宗支"、"部族"以及作为国民或公民、人民的个体等），也有个别民国时期学者不承认中华民族之下存在多元"民族"划分，认为整个中华民族同属一个祖先，"五族"（汉、满、蒙古、回、藏）是因地域、经济、历史演变等因素出现了差异。这种观点违背基本历史事实，认同者寥寥。近现代中华民族存在状态是"一体"与"多元"的结合，所以我们暂且不讨论"一体"与其下"多元"的诸多观点对错，仅从"一体性"与其下"多元性"角度讨论中华民族与"天下"的历史演变关系。

关于什么是"天下"与"天下观"，"天下观"在"大一统"思想中的核心地位，学术界予以了足够重视，但将"天下"作为中华民族的历史存在形式进行研究，则比较薄弱。①中华民族的"天下"在人类历史上是非常独特的现象，因此中国的古代文明能够得以延续至今，而世界上其他的古代文明均没能延续下来。英国学者马丁·雅克认为中国是"伪装"成国家的文明，

---

① 赵汀阳、黄兴涛、青觉、李大龙等学者从"天下"与中华民族的关系角度进行了探索，代表作有：赵汀阳：《天下体系》，中国人民大学出版社 2011 年版；《天下的当代性》，中信出版社 2016 年版；《以天下重新定义政治概念》，《世界经济与政治》2015 年第 6 期；《天下观与新天下体系》，《中央社会主义学院学报》2019 年第 2 期。黄兴涛：《重塑中华：近代中国中华民族观念研究》，北京师范大学出版社 2017 版。青觉：《中华民族共同体形成发展的历史逻辑与当代价值》，《中华民族共同体研究》2022 年第 2 期。李大龙：《中华民族共同体属性与建设途径探究》，《西南民族大学学报》（人文社会科学版）2022 年第 3 期。

统一的思想成为高于一切的优先目标①；英国哲学家罗素将古代中国视为唯一从古代存留至今的文明实体②，其原因是其他文明古国不存在类似中国古代文明的"天下"与"天下观"。

中国古代的"天下"并非单纯是一个自然地理空间，但却因为其相对的隔离性而影响了"天下"格局。③这种广阔空间的隔离性是天赐的，因而不可能被其他文明古国所复制。当今中华民族的自然地理空间是"天下"自然地理空间历史演变的结果，大多是因为这种天赐属性的必然性导致。同时也因为近代外敌入侵和干涉使得中华民族的共在、共存、共融的自然地理空间日朘月减，"天下一统"的目标及"天下"内部化过程并没有完全实现和完成。但终归而言，今天中华民族的自然地理空间来源于"天下"的历史演变过程是不言而喻的。

"天下"的居民由"五方之民"组成，"中于天地者"为华夏，先秦时期就将华夏聚居的区域称作"中国"，即"王畿"或"京畿"为核心的区域，但即使是华夏"中国"所处的中原地区，在新石器时代也是华夏与戎狄交相混居之地，这种状况直至秦朝建立才有所改变。历史文献将这种状态称作"诸华""诸夏"，如"诸夏亲昵，不可弃也"④。笔者将这种现象概括为"华夏族系"，即"先秦的中华族系笼统可以分为西戎族系、南蛮族系、东夷族系、北狄族系和华夏族系，中华族系从历史过程看是以华夏族系为核心的，华夏族系是由五大分层族系交互融合而成"⑤。"五方之民"中的其他四

---

① [英] 马丁·雅克著，张莉、刘曲译：《当中国统治世界：中国的崛起和西方世界的衰弱》，中信出版社 2010 年版，第 165 页。
② [英] 罗素著，秦悦译：《中国问题》，学林出版社 1996 年版，第 164 页。
③ 中国相对隔离的自然地理空间的特点是：东部为海洋；北部的东胡族系、肃慎族系和夫余—濊貊族系之北为"苦寒"之地，分布着人口稀少的原始民族和部落；南部边缘山峦叠嶂、瘴气蔓延、气候炎热，从未形成威胁"天下"的强大民族；在西部漫长的自然地理的第一、第二阶梯内，只有"丝绸之路"可以通达"天下"西部边缘。
④ （春秋）左丘明撰，郭丹、程小青、李彬源译注：《左传·闵公元年》，中华书局 2012 年版，第 293 页。
⑤ 都永浩、王禹浪：《"大一统"思想——中华民族历史发展的主线》，《中华民族共同体研究》2022 年第 2 期，第 83 页。

方为戎狄蛮夷，秦以后逐步演化为两方关系，即"中国"①与边疆少数民族的关系。

华夏与四方夷狄的分布格局被形容为"春秋内其国而外诸夏，内诸夏而外夷狄"②。这既是对"中国"与诸侯、华夏与夷狄关系的认识，也是对"五方之民"分布状态的描述。但这种分布状态并非是固定的，先秦时期形成的"夷夏观"为夏夷身份转化奠定了基础，即夷狄遵循"六艺之科、孔子之术"即可"夷变夏"，如果"夏尊夷礼"则"夏变夷"，也就是说夏与夷的关系准则是文化观，这就为进入华夏地区的夷狄融入华夏排除了障碍。

打破这种格局的另一种情况是夏夷间的大规模冲突，戎狄政权进入中原核心区域，或者建立"大一统"、局部"一统"的政权，也会在这种"夷夏观"的基础上形成大规模的民族融合。

近现代中华民族共同体之下多元民族的分布与人口数量的变化，与"天下""五方之民"的历史演变密切相关，亘古不变的规律是以文化为身份转换标准的华夏族系日益壮大，华夏族系事实上是一个与"血统"无关的文化与地域共同体，并成为中华民族的核心。孙中山提到："就中国的民族说，总数是四万万人……外来的总数不过一千万人。所以就大多数来说，四万万中国人可以说完全是汉人。"③以上所述有大汉族主义意味，但大体反映了"天下"的"五方之民"至近代"以夏变夷"的结果。

"天下"的政治实体纵横捭阖、分合跌宕，但没有影响"天下""精神疆域"的完整性和统一性，即源于相对隔离的天赐的自然地理空间的影响，

---

① "中国"的内涵在秦以后发生历史演变，即由原来代表华夏"王畿"为核心统治区域到非华夏专属的名称，一些非华夏民族进入中原建立"大一统"或局部"一统"的中央政权，通过改宗以"六艺之科、孔子之术"为核心的中华文化实现"夷变夏"，从而获得统治的正统性和合法性地位。

② （东汉）何休解诂，（唐）徐彦疏，刁小龙整理：《春秋公羊传注疏》（卷第十八，成公第十八），上海古籍出版社2014年版，第578页。

③ 孙中山：《孙中山全集》（第九卷），中华书局1986年版，第188页。

中华民族从远古就生存于"天下"内部化的过程中①，显然这种内部化受到了天赐的自然地理空间的影响。

笔者认为，中华民族的古代"天下"存在"漩涡约束"②，主要动力来源于精神力量，即以儒家文化为核心的中华顶层文化——共享的价值观、精神内涵、符号和形象等，其成为"中国"教化"天下"四方的准则，一个不断扩展的"精神疆域"成为中华民族"大一统"的牢固基础。

"天下秩序"还存在必须遵守的"王者之道"，即遵循"六艺之科、孔子之术"是获得"大一统"或局部"一统"政权正统性、合法性的唯一途径。因此，这个"精神疆域"不受政权更迭、分裂变化的影响，成为中华民族整体性、统一性的纽带和沁润源泉。现代中华民族"共有精神家园"与"天下"的"精神疆域"有密切的演变关系，是传统、根脉和根基，"共有精神家园"建设必须从历史上的"精神疆域"中汲取养分。

"政治一统"直接决定中央王朝统治的有效范围，必须考虑华夏与四方夷狄在"天下"的分布和秩序，即共在性、共存性、共融性。由于相对隔离的自然地理空间，华夏与四方夷狄构成的"中华族系"③很难发生大规模的人口外溢，"族系"外的"他者"也不可能破坏"天下"内部化的趋势，"五

---

① 赵汀阳认为，"天下"的概念是"协和万邦"，协和是一种兼容、化敌为友的能力，意味着以兼容保证和平的政治。从根本上说，如果一种政治哲学不以"共在"的存在论假定为基础，就无法想象"天下"的内部化。根据共在存在论，如果不同的存在者之间能够形成必要的而非偶然的互相依存关系，就能够形成良性的共在循环。（赵汀阳：《天下观与新天下体系》，《中央社会主义学院学报》2019年第2期，第71—75页。）

② 笔者认为，"天下"限定在了天赐的、相对隔离的自然地理空间内，具有天然的内聚力，华夏与四方夷狄被宿命凝结在一起，很难产生大规模的外溢效应，因而形成了永恒的"漩涡约束"。"五方之民"始终围绕着"中国"这个"漩涡"中心而交融互动，中心的范围越转越大，"中国"逐步向天赐"天下"的边缘扩展，随着"漩涡"范围扩大，逐步进入平稳阶段。"天下"由于有了这个强有力的中心，从而维持了一种稳定、平衡的关系。"漩涡约束"主要来自于精神的力量。

③ 对中华民族的早期历史，本文使用"中华族系"的概念，借鉴了东北历史研究中"东胡族系、肃慎族系、夫余—濊貊族系"的用法，以体现华夏和夷狄在"天下"体系中的共在、共存、共融关系，即多元性、多样性和差异性明显存在的同时，共同性、一体性是主导和方向；而在使用"中华民族"的概念时，则侧重体现中华民族的"天下"共同性、一体性为主的内涵。秦朝统一后，进入了以"中华民族"内涵为主、"中华族系"内涵为辅的历史阶段。

方之民"在"漩涡"的中心与边缘之间交融互动，形成了完全不同于其他文明古国的内部循环秩序，即"'言自近者始也。'明当先正京师，乃正诸夏；诸夏正，乃正夷狄，以渐治之"①。这就是"五服制"形成的夏夷秩序格局。

秦以后，"五服制"的观念从未改变，"因俗而治"，"修其教，不易其俗，齐其政，不易其宜"②，处理夏夷关系的原则也从未改变。中国共产党建立初期，曾经尝试借鉴苏联的经验"民族自决权"和"联邦制"，这显然有违中华民族的发展历史，与"天下观"山遥路远，不适合中国国情，最后选择了与"天下"秩序属于同一根系的"民族区域自治制度"。

近现代的"中华民族"来源于"天下"的历史演变过程，理所当然进行了建构和重塑，但根基于"天下观"和"大一统"思想，完全不同于西方的"民族"与"民族国家"的形成与建构，即便是"共同体"和"共同性"的内涵，与西方亦存在天壤之别，这是我们研究中华民族时应该引起高度重视的。

第二节　清末民国时期各方对中华民族观念的探索③

清末民国时期是中华民族观念的探索时期，立宪派、改良派和革命派各据立场展开了深入的探索，尽管立场各异甚至存在激烈的观念冲突，但在中

---

① （东汉）何休解诂，（唐）徐彦疏，刁小龙整理：《春秋公羊传注疏》（卷第十八，成公第十八），上海古籍出版社2014年版，第579页。
② （西汉）戴圣编纂，胡平生、张萌译注：《礼记·王制第五》，中华书局2017年版，第263页。
③ 重点关注的研究成果有：黄兴涛：《重塑中华：近代中国中华民族观念研究》，北京师范大学出版社2017版；《民族自觉与符号认同："中华民族"观念萌生与确立的历史考察》，《中国社会科学评论》2002年2月创刊号；《民国时期"中华国族"概念的运用、入宪讨论及典型阐说》，《民国史研究》2017年第1期；《现代"中华民族"观念形成的历史考察——兼论辛亥革命与中华民族认同之关系》，《浙江社会科学》2002年第1期。金炳镐主编：《中国民族理论百年发展（1900—1999）》，辽宁民族出版社，2008年版；郑大华：《论晚年孙中山"民族建国"思想中的"民族"问题》，《民族研究》2020年第4期；郑信哲、周竞红主编：《民族主义思潮与国族建构：清末民初中国多民族互动及其影响》，社会科学文献出版社2014年版。

华民族的整体性观念上多数殊途同归，观点差异逐步缩小。在实践层面，除了中国共产党民族区域自治制度的实践，其他均限于理论层面的讨论，并未在政策层面实施，最终也没有实现入宪的目标。

清末，各派都需要新的人们共同体概念取代"天下""五方之民"的"金字塔式"共同体，西方扁平结构的"全体国民"概念恰好适应了这种需要。

德国传教士郭士立在1834年至1338年间不同的中文著作中使用了"民族"一词，即"nation"的古代含义[1]，这种含义的"民族"指"原生性民族"，政治属性较弱。王韬在《洋务在用其所长》（1882年）一文中写道："夫我中国乃天下之至大之国也，幅员辽阔，民族殷繁，物产饶富。"[2]结合全文内容以及"中国"一词的频繁出现，笔者认为此处"民族"应来自于英语"nation"，含义为"人民"或者"国民"。

在日文中引入"民族"一词是1896年11月15日《时务报》上的《土耳其论》，其《东文报译》栏目由日本人古城贞吉主持、翻译。[3]日文中的"民族"兼顾历史演变性和近代单一民族、"一族一国"的特点，对应中国历史上的"天下""五方之民""五服制"观念的"天下"秩序，存在明显的欠缺和错位。

"中华"在历史文献中含义为华夏族（汉族）、"中国"、中原、"华夏国家"等。梁启超是第一个将"中华"和"民族"组合起来使用的人，1902年在《论中国学术思想变迁之大势》[4]使用的"中华民族"还不是现代"民族"概念，而是指先秦时期的诸夏之居民，也就是从汉族的角度使用"中华民族"一词。1903年在《政治学大家伯伦知理之学说》[5]一文中

---

[1] 黄兴涛：《重塑中华：近代中国中华民族观念研究》，北京师范大学出版社2017年版，第52—53页。

[2] 王韬：《洋务在用其所长》，《弢园文录外编》（卷三），上海书店出版社2002年版，第68页。

[3] 黄兴涛：《重塑中华：近代中国中华民族观念研究》，北京师范大学出版社2017年版，第55页。

[4] 该文收于《梁启超全集》第二册第三卷《新民说·论中国学术思想变迁之大势》（1902年），北京出版社1999年版。

[5] 该文收于《梁启超全集》第二册第四卷《新大陆游记·政治学大家伯伦知理之学说》（1903年），北京出版社1999年版。

再次使用"中华民族"一词，但内涵发生了明显的变化，提出了大小民族概念，"小民族"指汉族，"大民族"指合汉、满、蒙古、回、苗、藏的"民族"，实际上是指融合、包含其他民族的"大汉族"，也就是以汉族为中心，由"汉人之手"组织，"必须以一强有力之族为中心点，以统御诸族"①。梁启超等认为，融合各族为"大汉族"（中华民族），然后共同成为"新国家"的国民共同体。

其他改良派、立宪派的中华民族观念与梁启超基本类似，比如留日旗人的"五族大同"论，强调建构"同民族"（中华民族——笔者注）、"异种族"（各原生性民族——笔者注）的国民共同体；立宪派领袖康有为反对排斥满、蒙古、回、藏等边疆民族，提出全国皆为中国人；杨度提出"中华民族"（汉族）为"文化之族名"，等等。革命派早期的"中华民族"建构意图非常明确，推翻清朝的统治，排除其他民族建立"十八省"汉族国家，"驱除鞑虏，恢复中国，创立合众政府"②。

孙中山认为，中国（汉族——笔者注）自开国以来，中国人治中国，虽然有异族篡据，祖先常能光复，"驱除鞑虏之后，光复我民族的国家"③。当时的"排满革命"即推翻清朝统治的目的是建立近代"民族国家"，但这种极端"种族复仇"为特征的民族主义一定会导致多民族国家的分崩离析，比如当时的蒙古族、藏族地区以及新疆、东北都面临分裂的风险。所以，孙中山、章太炎等人很快意识到问题之危害性，强调革命的对象是统治者，与一般人民相区别，革命派构想建立的"现代民族国家"包括各民族的人民。

---

① 梁启超：《新大陆游记·政治学大家伯伦知理之学说（1903年）》，《梁启超全集》（第二册第四卷），北京出版社1999年版，第1068页。

② 孙中山：《檀香山兴中会盟书》（1894年11月24日）；《中国同盟会革命方略》（1906年秋冬间），广东省社会科学院历史研究所等合编：《孙中山全集》（第一卷），中华书局1981年版，第20页。

③ 孙中山：《檀香山兴中会盟书》（1894年11月24日）《中国同盟会革命方略》（1906年秋冬间），广东省社会科学院历史研究所等合编：《孙中山全集》（第一卷），中华书局1981年版，第296页。

辛亥革命胜利后，各方的中华民族观念发生了明显的变化，据黄兴涛概括，大体可以划分"一元多流"和"多元一体"两种观念。[①]如果从历史发展和近代探索两个角度辩证思考，民国时期的中华民族观可以大体划分为两类：一曰"一体论"；二曰"多元建构论"。持"一体论"的学者、政客很多，但观点差异较大，可以分为"绝对一体论"和"包容一体论"。

"绝对一体论"显而易见既不符合历史过程，亦不符合近代状态。其早期代表是熊十立，他在1938年认为："中华民族，由汉满蒙回藏五族构成之……统称之，则唯华族而已。"[②]汉族是中华民族的代表，"自其先代孳生既众以后，而与满蒙回藏分支，自为留居本部之一族。后人自难确定其分支之祖为谁氏，只可说为三皇五帝之子孙而已"[③]。他明确汉族为皇帝子孙，如此，"五族"则同源于一系，后来的不同是由自然地理、生产方式等的差异所致。因此，"中华民族"之下自然不可能存在"原生性民族"的单元，也不会存在"民族问题"。

蒋介石"宗族论"也可以归入"绝对一体论"，且自成体系。他在1942年承认"中华民族"是汉满蒙回藏五个"宗族"历史融合而成，五个"宗族"都是由许多"家族"融合而来，五个"宗族"是平等的关系，"像兄弟合成家庭一样"，是"生命一体"，"不只是荣辱与共，而且是休戚相关"，共同建立了中华民国，"中华民族乃是联合我们汉满蒙回藏五个宗族组成一个整体的总名词"[④]。1943年他又进行了补充，"宗族"是"一个种族"和一个"体系"的分支，他认为，这个"种族"和"体系"是因地理环境的差异"而有不同的文化"，因文化的不同"而启族姓的分别"。"四海

---

① 黄兴涛：《民族自觉与符号认同："中华民族"观念萌生与确立的历史考察》，许纪霖编选：《现代中国思想史论》（上、下），上海人民出版社2014年版，第217—218页。

② 熊十立：《中国历史讲话》（外一种），《中国历史纲要》，岳麓书社2011年版，第4页。

③ 熊十立：《中国历史讲话》（外一种），《中国历史纲要》，岳麓书社2011年版，第5页。

④ 蒋中正：《中华民族整个共同的责任》，《"总统"蒋公思想言论总集》（卷十九演讲），中国国民党中央委员会党史委员会恭印，1942年版，第216页。

之内，各地的宗族，若非同源于一个祖先，即是相结以累世的婚姻。"①这是用血缘将各"宗族"连结在一起，包括汉族在内的五族因此失去了政治属性，而只具有地域、文化、血缘属性，他的"中华民族"则是指"中国全体的国民"②。蒋介石的"绝对一体论"具有完整的体系和逻辑层次，试图从根源上解决中国各民族间存在的冲突问题和"民族国家"建构过程中遇到的问题。上述是"绝对一体论"代表性观点，也不乏赞同者，但很难从历史中找到依据。

"包容一体论"是民国时期中华民族观念的主流，比较有代表性的人物是梁启超、孙中山、顾颉刚、傅斯年、芮逸夫、毛起鵕等。"包容一体论"在"一体"之下"多元"的认识上存在差异，但理论上不承认"多元"的政治独立性。对于"一体"的认识，持"汉族中心论"居多，即以汉族为基础，同化尚未同化的"多元"组成中华民族。对于中华民族内涵的认识始终处于摇摆状态，一方面认为中华民族是国民全体的概念，对应"nation"的近代含义；而实际上更愿意将中华民族视为"扩大版的汉族"。持"包容一体论"的代表人物观点前后时期变化较大，甚至在同时期存在矛盾冲突之处。

梁启超始终持中华民族即汉族的观点，通过"中华族"（诸夏）之外的"其他族"（夷狄）不断同化于"中华族"而实现中华民族的建构，也就是完成"扩大版的汉族"建构。1922年，梁启超注意到了"种族"与"民族"的区别，对近代"民族国家"有了明确认识，不再用"种族"指称原生性的"民族"，"民族"以血缘、语言、信仰为特征，国民以法律关系、国籍为标准。③"中华民族"是指国民全体，中华民族之下则有"各民族"。晚年梁启超的中华民族观念发生了比较大的变化。梁启超承认"中华族"是各族历

① 蒋中正：《中国之命运》（增订本），正中书局1943年版，第2页。
② 蒋中正：《中国之命运》（增订本），正中书局1943年版，第2页。
③ 梁启超：《中国历史上民族之研究》（1922年），《梁启超全集》（第六册第十二卷），北京出版社1999年版，第3435页。

史融合的结果，他把中华民族之下单元分为"六族""八组"[1]，至近代，第二、第三、第五组已经完全融入中华民族（汉族），第四、第六、第八组大部分融入中华民族。他认为，中华民族（汉族）具有强大的同化能力，"今此大业之已成就者则八九矣。所余一二——如蒙回族未同化之一部分之赓续程功"[2]。梁启超的"中华民族"建构路径非常清晰，即通过汉族强大的同化能力，同化其他各族建构一个扩大版的汉族——中华民族，由中华民族的全体具有法律、国籍关系的成员构成国民共同体。

辛亥革命前，孙中山的中华民族观大体属于"极端一体论"，但很快进行了调整，1905年后从"民族复仇"倾向的极端民族主义转向建立单一汉族国家的民族主义。总体而言，孙中山的中华民族观与梁启超没有明显的不同，建构的路径、目标都十分接近。"一个民族一个国家"是孙中山、梁启超最大的共同点。孙中山与梁启超最大的不同是最初想建立一个排除少数民族的单一汉族国家（十八省地域），而后从被动接受"五族共和"[3]开始，两人的中华民族观念渐趋接近。孙中山想要建立的是一个以汉族为中心同化其他民族的"大汉族"，也就是"新中华民族"或"中华国族"，这个共同体的内核是全体的国民，或者说是美国式的国民共同体，这种观念来源于孙中山旅居美国的经历以及对美国"民族国家"建构的认识。孙中山既主张"民族同化"，也强调"同化前"的民族平等。因此，"五族共和"显然阻碍了目标的实现："所谓五族共和者，直欺人之语！盖藏、蒙（古）、回、满，皆无自卫能力。发扬光大民族主义，而使藏、蒙（古）、回、满，同化于我汉族，建设一最大之民族国家者，是在汉人之自

---

[1] "六族"即中华族、蒙古族、突厥族、东胡族、氐羌族、蛮越族；"八组"指春秋中叶形势，包括诸夏组、荆吴组、东夷组、苗蛮组、百越组、氐羌组、群狄组、群貊组。

[2] 梁启超：《中国历史上民族之研究》（1922年），《梁启超全集》（第六册第十二卷），北京出版社1999年版，第3451页。

[3] "国家之本，在于人民。合汉、满、蒙（古）、回、藏诸地为一国，即合汉、满、蒙（古）、回、藏诸族为一人。是曰民族之统一。"[孙中山：《临时大总统就职宣言书》（1912年1月1日），广东省社会科学院历史研究所等合编：《孙中山全集》（第二卷），中华书局1986年版，第2页。]

决。"①孙中山举美国为例阐述建设目标："何以美国不称英、荷、法、德、美，而称美利坚呢？要知美利坚底新民族，乃合英、荷、法、德种人同化于美而成底名词，亦适成其为美利坚民族……美国底民族主义，乃积极底民族主义。本党应以美国为榜样。"②至于废除"五族共和"原因，是"四族"受日、俄、英等帝国主义国家的控制，无自卫能力，汉族应该帮助这些民族。③孙中山认为，"四族"是中华民族长期融合遗留部分，不足千万，大部分同化过程已经结束，"四万万中国人可以说完全是汉人"④。在这样的前提下，孙中山提出了一个"民族国家"建构设想，即尽废五族族名，以汉族为中心同化"四族"，将汉族改为"中华民族"，"组成一个完全底民族国家，与美国同为东西半球二大民族主义的国家"⑤。

　　1924年，孙中山第一个以"中华民族"的角度提出"国族"概念。如果按照字面理解，"国族"即"国家民族"，类似于"nation"近代含义"国民共同体"的一种类型，即由单一的"原生性民族"建立国家的全体国民，因此，是不适合中国"天下""五方之民"的历史的，当然也不应该把中华民族理解成"国族"。孙中山的"中华国族论"是"汉族中心主义"思想的进一步升华，孙中山认为"民族主义"就是"国族主义"，孙中山的"国族"与"中华民族"指的都是汉族。"中国只有家族主义和宗族主义，没有国族主义"⑥，"便要善用中国固有的团体，像家族团体和宗族团体，大家联合起

---

① 孙中山：《在桂林对滇赣粤军的演说》（1921年12月10日），广东省社会科学院历史研究所等合编：《孙中山全集》（第二卷），中华书局1986年版，第24页。

② 孙中山：《在中国国民党本部特设驻粤办事处的演说》（1921年3月6日），广东省社会科学院历史研究所等合编：《孙中山全集》（第五卷），中华书局1986年版，第474页。

③ 孙中山：《在中国国民党本部特设驻粤办事处的演说》（1921年3月6日），广东省社会科学院历史研究所等合编：《孙中山全集》（第五卷），中华书局1986年版，第473页。

④ 孙中山：《三民主义：民族主义》（1924年1月—3月），广东省社会科学院历史研究所等合编：《孙中山全集》（第九卷），中华书局1986年版，第188页。

⑤ 孙中山：《在中国国民党本部特设驻粤办事处的演说》（1921年3月6日），广东省社会科学院历史研究所等合编：《孙中山全集》（第五卷），中华书局1986年版，第474页。

⑥ 孙中山：《三民主义：民族主义》（1924年1月—3月），广东省社会科学院历史研究所等合编：《孙中山全集》（第九卷），中华书局1986年版，第184页。

来，成一个大国族团体"①。他认为，"中国国民和国家结构的关系，先有家族，再推到宗族，再然后才是国族，这种组织一级一级的放大"②，比之西方的个体组成的国民共同体更有凝聚力。他认为中国自秦汉而后，"都是一个民族造成一个国家"③，而外国则不具备这一条件（这显然是不正确的，比如日本、朝鲜的民族单一性就高于中国。——笔者注）。那么，如何解释元、清两个少数民族建立的统一政权呢？他认为是蒙古族和满洲族征服中国，但都被中国所吸收、同化④，这样解释的原因就是为了证明中华民族"一个民族一个国家"的历史合理性和逻辑自洽性。

在孙中山之后，民国时期孙科、芮逸夫、毛起鵷、谢康、陈长蘅、常乃惪等人也开始使用"中华国族"，一般理解为国民的整体性概念，当然摆脱不了"以汉族为中心"同化少数民族的含义，但在对"中华国族"之下各人们共同体单元的认识上，则差异较大。比如孙科政治平等的"各族"、毛起鵷无政治属性的"部族"等。

尽管孙中山在"中华民族""中华国族"建构思路上始终坚持"汉族中心论"，但不能简单地下结论说他是"大汉族主义者"。孙中山是一位伟大的爱国主义者，他希望建立一个凝聚力强大的美国式的"国民共同体"，这个共同体是消弭"各族界限"以"中华民族"或"中华国族"为名称的"大汉族"。但我们应该看到，这一建构思路如果付诸实施，必然导致各民族间的不平等和矛盾、冲突的出现。

顾颉刚是"包容一体论"的重要代表，在面对日本帝国主义侵略中国

---

① 孙中山：《三民主义：民族主义》（1924年1月—3月），广东省社会科学院历史研究所等合编：《孙中山全集》（第九卷），中华书局1986年版，第242页。

② 孙中山：《三民主义：民族主义》（1924年1月—3月），广东省社会科学院历史研究所等合编：《孙中山全集》（第九卷），中华书局1986年版，第238页。

③ 孙中山：《三民主义：民族主义》（1924年1月—3月），广东省社会科学院历史研究所等合编：《孙中山全集》（第九卷），中华书局1986年版，第194页。

④ 孙中山：《三民主义：民族主义》（1924年1月—3月），广东省社会科学院历史研究所等合编：《孙中山全集》（第九卷），中华书局1986年版，第194页。

的危难时期产生了重要影响，但将其中华民族观归为"极端一体论"是不正确的。顾颉刚认为，"中华民族不组织在血统上"，"也不建立在同文化上"。①他认为，中华民族之下的人们共同体为"种族"或"部族"，他指的是历史上"原生性的民族"，体现于"语言、文化、体质（血统）"；而"构成民族的主要条件只是一个'团结'的情绪。民族的构成是精神的，非物质的，是主观的，非客观的"②。顾颉刚认为，汉人的文化中杂糅了无数的其他"种族"或"部族"文化，体质中融合了许多蒙古、藏、"缠回"（清至民国中期维吾尔族的汉译名称）的血液。还没有同化的蒙古、藏、"缠回"等，也处于日益同化的过程中，"将来交通方便，往来频繁以后，必有完全同化的一天"③。所以他认为，混血的汉族就不是"种族"或部族，而是"民族"，是中华民族的先行者，而处于和"外边"隔绝状态的满蒙回藏苗是中华民族的后进者，要取得民族的资格，则要参加到"中华民族"之内。④职是之故，"中华民族是一个"的重要逻辑是在于"民族就是一个有团结情绪的人民群体"⑤，也就是中华民族是一个"国民共同体"，是人民的整体，因此，"中华民族是一个"无论作为救国存亡的政治动员口号还是学术研究的逻辑思路都是有合理因素的。但是对于"中华民族"之下"部族""种族"的论述及汉族与少数民族关系的观点，笔者并不认同。

如果说"一体论"是从整体性、统一性的角度试图消解中华民族内部差异性、多元性的张力的话，"多元建构论"则是从中华民族的内部多元互动

---

① 顾颉刚：《中华民族是一个》，马戎主编：《"中华民族是一个"：围绕1939年这一议题的大讨论》，社会科学文献出版社2016年版，第36页。

② 顾颉刚：《续论"中华民族是一个"：答费孝通先生（续）》，马戎主编：《"中华民族是一个"：围绕1939年这一议题的大讨论》，社会科学文献出版社2016年版，第94页。

③ 顾颉刚：《续论"中华民族是一个"：答费孝通先生》，马戎主编：《"中华民族是一个"：围绕1939年这一议题的大讨论》，社会科学文献出版社2016年版，第76页。

④ 顾颉刚：《续论"中华民族是一个"：答费孝通先生（续）》，马戎主编：《"中华民族是一个"：围绕1939年这一议题的大讨论》，社会科学文献出版社2016年版，第97页。

⑤ 顾颉刚：《续论"中华民族是一个"：答费孝通先生》，马戎主编：《"中华民族是一个"：围绕1939年这一议题的大讨论》，社会科学文献出版社2016年版，第76页。

交融和包容差异的角度推动共同性的增进和扩大，前者是消极的中华民族主义，后者则是积极的中华民族主义。

在清末民国时期，"多元建构论"的倡导者始终是少数和弱势一方，但在抗战胜利后却成了主流观念，导致"中华民族""中华国族"概念没能写入1946年的《中华民国宪法》。其代表人物如吴文藻、费孝通、孙科、翦伯赞等。早期中国共产党的中华民族观念也大体属于"多元建构论"。与"一体论"不同的是，"多元建构论"的主要观念影响了新中国改革开放后"中华民族"的重塑过程。

第三节　从"政治一体"到"多元一体"与中国共产党早期中华民族观

1939年2月13日，顾颉刚发表《中华民族是一个》，引起了学界、政界的热点关注和讨论，费孝通1939年5月1日发表《关于民族问题的讨论》一文，提出了不同意见，顾颉刚还两次撰文回应。这次学术讨论，事实上是"一体论"与"多元建构论"之间关于"中华民族"建构问题的交流。"多元建构论"展现出的观点，与中国共产党早期的中华民族观念比较接近，且成为费孝通1988年提出"中华民族多元一体格局"理论的基础，也可以说是唯一一个从民国时期形成的、至新中国中华民族观念"重塑期"成熟的理论观点，因此十分重要。

"一体论"与"多元建构论"在中华民族的"一体性"上没有本质区别，即都把中华民族看成是国民或人民的共同体，区别主要有两点：一是中华民族之下单元——"原生性民族"是否存在，或者对这些"原生性民族"如何定义和评价。二是建设中华民族共同体的方法和途径。抗战胜利后，最执着的"一体论"者蒋介石，也不得不接受"各民族一律平等"和"中华民族""中华国族"没有入宪的事实。

在与顾颉刚的学术讨论中，费孝通认为"Nation所指并不是同属一政府有团体意识的一辈人民"①。但是我们知道"Nation"的现代含义很多，"人民的整体"也是其中含义之一。1988年，费孝通事实上放弃了这一观点。费孝通将中华民族看成"集合一辈人以组织成一个政治团体"②，是一个国民与国家混合的概念，与顾颉刚的"中华民族"内涵已经十分接近，只是表述的方式不同而已。

费孝通的老师吴文藻1926年对民族和国家进行了区分："民族与国家应有之区别，即以有无政治上之统一为断。"③吴文藻受到孙中山"国族"论的深刻影响，在1939年的《论边疆教育》一文中，提到"中华国族""强固有力的国族团体"④的概念。按照孙中山的解释，"中华国族"既是同化其他民族的"大汉族"，也是"全体国民"的概念。

费孝通和吴文藻都认为"中华民族"之下存在"原生性民族"。

费孝通认为，各民族"文化、语言、体质上"的差异是不容易融合一致的，如果我们的目标是建立一个现代民主国家，也没有这种融合一致的必要，因为这种融合一致不一定导致政治上的统一。若"五族共和"，"组成国家的分子都能享受平等，大家都能因为有一个统一的政治团体得到切身的利益，这个国家一定会受到各分子的爱护"⑤。如果存在民族间不平等，或者

① 费孝通：《关于民族问题的讨论》，马戎主编：《"中华民族是一个"：围绕1939年这一议题的大讨论》，社会科学文献出版社2016年版，第64页。
② 费孝通：《关于民族问题的讨论》，马戎主编：《"中华民族是一个"：围绕1939年这一议题的大讨论》，社会科学文献出版社2016年版，第67页。
③ 吴文藻：《民族与国家》（1926年），《人类学社会学研究文集》，民族出版社1990年版，第35—36页。
④ 吴文藻：《论边疆教育》，马戎主编：《"中华民族是一个"：围绕1939年这一议题的大讨论》，社会科学文献出版社2016年版，第49页。
⑤ 费孝通：《关于民族问题的讨论》，马戎主编：《"中华民族是一个"：围绕1939年这一议题的大讨论》，社会科学文献出版社2016年版，第67—68页。

有一"民族"利用政治优势剥削另一些民族，"则被剥削的民族自然要提出'民族问题'而采取政治行动"①。

吴文藻将"中华国族"之下的"民族"单元称为"各民族""浅化民族""弱小民族""土著民族""土人"，等等，尽管有的称呼带有歧视性，但阐明"中华民国境内各民族一律平等"。与费孝通不同的是，吴文藻受孙中山的"汉族中心论"影响，强调"造成一个中心势力；有了中心势力，就可消极的防止离心运动，积极的促成向心运动"②。因此，吴文藻"中华国族"之下的"各民族"，事实上不是一种平等的关系。

建设中华民族共同体的方法和途径方面，费孝通的观点比较简略。他认为，如果政治上不平等，经济、文化、语言或体质不平等的事实就会导致社会裂痕的出现，"易言之，谋政治上的统一，不一定要消除'各种各族'以及各经济集团间的界限，而是在消除因这些界限所引起的政治上的不平等"③。也就是说，各民族的政治不平等有叠加效应，中华民族共同体建构的决定因素是政治上的平等的实现。

吴文藻提出建构"中华国族"的"中心"与"边缘"的关系，"边缘"的各族不断融入"中心"，"好使他们心悦诚服的接受汉化，真正改善他们的生活"④。吴文藻还提出政治、文化上的间接统治法，即政治上任用少数民族领袖人物统治本族人民（或可称"以夷制夷"——笔者注）；文化上则培训少数民族教师，发展少数民族的文化，各族共同培育"建设一个大中华民族国家的理想"，实际上是进行"汉化教育"。吴文藻还提到苏联"对于政

---

① 费孝通：《关于民族问题的讨论》，马戎主编：《"中华民族是一个"：围绕 1939 年这一议题的大讨论》，社会科学文献出版社 2016 年版，第 67 页。
② 吴文藻：《论边疆教育》，马戎主编：《"中华民族是一个"：围绕 1939 年这一议题的大讨论》，社会科学文献出版社 2016 年版，第 49 页。
③ 费孝通：《关于民族问题的讨论》，马戎主编：《"中华民族是一个"：围绕 1939 年这一议题的大讨论》，社会科学文献出版社 2016 年版，第 67 页。
④ 吴文藻：《论边疆教育》，马戎主编：《"中华民族是一个"：围绕 1939 年这一议题的大讨论》，社会科学文献出版社 2016 年版，第 50 页。

治经济事务，采取中央集权主义；对于教育文化事业，采取地方分权主义"①的经验。他特别重视文化统一的作用，认为"惟欲团结各族精神，使'多元文化'，冶于一炉，成为'政治一体'，当自沟通各族文化始"②。吴文藻通过各民族文化融合，从而实现"中华国族"的"政治一体"建设途径和方案，应该对费孝通1988年提出的"中华民族多元一体格局"理论产生了影响。吴文藻的"文化融合—政治一体"论，是中华民族观念探索时期留给我们最重要的学术遗产之一。

1988年，费孝通在香港中文大学演讲中提出"中华民族多元一体格局"理论，应该是受到1939年"中华民族是一个"讨论以及吴文藻中华民族"文化融合—政治一体"论的影响，或者吸收了其中有价值的研究成果。

费孝通在《中华民族的多元一体格局》中最重要的贡献有两点：一是对"多元"和"一体"做了明确的界定："它所包括的50多个民族单位是多元，中华民族是一体（中国人民——笔者注），它们虽则都称'民族'，但层次不同。"③他认为，"中华民族实体"的格局是包含着多元的统一体，在所有承认的50多个民族中，很多本身还各自包含更低一层次的"民族集团"④。二是提出自在和自觉的民族实体的观点，历史上存在一个自在的"中华民族"实体，并取得大一统的格局，这个自在的民族实体在共同抵抗西方列强的压力下形成了一个休戚与共的自觉的民族实体。⑤他认为，汉族的形成是各民族融合的结果，同样，少数民族也吸收了汉族的成员；在多元一体的

---

① 吴文藻：《论边疆教育》，马戎主编：《"中华民族是一个"：围绕1939年这一议题的大讨论》，社会科学文献出版社2016年版，第49页。
② 吴文藻：《论边疆教育》，马戎主编：《"中华民族是一个"：围绕1939年这一议题的大讨论》，社会科学文献出版社2016年版，第49页。
③ 费孝通：《中华民族的多元一体格局》，《费孝通论文化和文化自觉》，群言出版社2005年版，第61页。
④ 费孝通：《中华民族的多元一体格局》，《费孝通论文化和文化自觉》，群言出版社2005年版，第95页。
⑤ 费孝通：《中华民族的多元一体格局》，《费孝通论文化和文化自觉》，群言出版社2005年版，第95页。

格局中产生了一个凝聚的核心——汉族。

与这两个观点类似的内容，在梁启超、孙中山、吴文藻等的诸多论述中出现，特别是后一个观点更是如此。因此笔者认为，费孝通关于中华民族的研究，是纵贯中华民族观念"探索期"（民国时期）和"重塑期"（新中国）的重要学术遗产。

1997年，费孝通在《简述我的民族研究经历与思考》[①]中对"中华民族多元一体格局"理论进行了完善，深刻影响了此后的中华民族共同体研究。主要有三点[②]：一是中华民族是56个民族的实体，但并不是把56个民族加在一起的总称，中华民族具有高一层次的民族认同意识，即共休戚、共存亡、共荣辱、共命运的感情和道义。多元一体格局中，56个民族是基层，中华民族是高层。二是汉族是多元基层中的一元，由于它发挥凝聚作用把多元结合成一体，这一体不再是汉族而成了中华民族，一个高层次认同的民族。第二点有些费解，可能指汉族既是56个单元的一部分，也是中华民族本身（核心）。三是高层次的认同（中华民族）并不一定取代或排斥低层次的认同（各民族），不同层次可以并存不悖。高层次的民族可说实质上是个既一体又多元的复合体。费孝通1997年的观点，是对1988年观点的完善和升华，也是对"探索期"费孝通的老师吴文藻的中华民族观念和与顾颉刚学术讨论的总结，体现了"重塑期"学术界中华民族研究的新阶段。

中国共产党早期的中华民族观与"多元建构论"特别是与吴文藻、费孝通、孙科等有类似之处，且互有影响。

作为中国共产党的主要创始人之一，李大钊的中华民族观没有摆脱"一体论"的影响。他认为中华民族是国民共同体，历史上由众多民族融合而成，"五族"文化"已渐趋于一致"，"今犹有所遗憾者，共和建立之初，

---

① 发表于《北京大学学报（哲学社会科学版）》1997年第2期。

② 费孝通：《代序：民族研究——简述我的民族研究经历与思考》，费孝通主编：《中华民族多元一体格局》，中央民族大学出版社2018年版，第11页。

尚有五族之称耳”，但“历史上残留之名辞，今已早无是界，凡籍隶于中华民国之人，皆为新中华民族矣”，“当悉本此旨以建立民族之精神，统一民族之思想。此之主义，即新中华民族主义也”①。1924年，李大钊的观点与1917年的“新中华民族”“新中华民族主义”论有所不同。他在解释民族与国民的区别时说道：“何谓民族？民族的区别由其历史与文化之殊异，故不问政治、法律之统一与否，而只在相同的历史和文化之下生存的人民或国民，都可归之为一民族。”②1924年的“民族”实际上描述的是原生性“民族”（用意是为了说明日本侵占下的台湾人民是中华民族的一部分，但侵占无合法性，其伪政权是无效的。——笔者注），即通常我们理解的“各民族”；1917年的“民族”（“中华民族”）指的是国民共同体，“五族”在这种状态下已经融为一体。李大钊对《中国国民党第一次全国代表大会宣言》“同时在国内经济生活不同的民族要使其解放，自决而独立，这是对内”③表示赞同，观点明显自相矛盾。

毛泽东在1919年《民众的大联合（三）》中多次提到“中华民族”，比如：“原来中华民族，几万万人，从几千年来，都是干着奴隶的生活。”④还提到“中华民族原有伟大的能力”“中华民族的改革”“中华民族的社会”“中华民族的大联合”等。文中的中华民族指的是以汉族为核心的“民族”。

1921年7月23日中国共产党成立后，以1938年为界限，早期中国共产党的中华民族观划分为两个阶段：使用“中国民族”为主“中华民族”为辅阶

---

① 李大钊：《新中华民族主义》（1917年2月19日），中国李大钊研究会编注：《李大钊全集》（修订本，第一卷），人民出版社2013年版，第478—479页。

② 李大钊：《人种问题——在北京大学政治学会的演讲》（1924年5月13日），中国李大钊研究会编注：《李大钊文集》（第四卷），人民出版社1999年版，第427页。

③ 李大钊：《人种问题——在北京大学政治学会的演讲》（1924年5月13日），中国李大钊研究会编注：《李大钊文集》（第四卷），人民出版社1999年版，第432页。

④ 毛泽东：《民众的大联合（三）》（1919年8月4日），中共中央文献研究室、中共湖南省委《毛泽东早期文稿》编辑组编：《毛泽东早期文稿》，湖南人民出版社2008年版，第359页。

段；使用"中华民族"为主"中国民族"为辅阶段。表面上看，是"中华民族""中国民族"的顺序差异，实质上是中国共产党早期中华民族观的重大变化。中国共产党早期无论使用"中国民族"为主还是使用"中华民族"为主，均经常与"中国人民"并列一起使用，这种现象一直延续至今，其中当然具有深刻的含义。

在使用"中国民族"为主"中华民族"为辅阶段，有两个因素对早期中国共产党的中华民族观产生了显著影响：一是"共产国际"对早期中国共产党的影响；二是共产党与国民党的阶级对峙与冲突。1921年中国共产党成立之初"党中央委员会应每月向第三国际报告工作"[①]，1922年"中国共产党是国际共产党的一个支部"[②]。

在这样的前提下，苏联的民族政策、理论必然对中国共产党产生影响，因而难免将并不符合中国历史和当时状况的"民族自决""联邦制"作为解决民族问题的理论、政策基础。而且将中华民族"天下"的内部差异作为依据，比如，认为联邦制不适宜中国其他各省区，但内蒙古、西藏、新疆等地则不然，因为历史上是聚居的区域；经济与其他各省区不同，属于"资本主义生产制的幼稚时代"和"游牧的原始状态"的区别。[③]甚至还认为"凡经济状况不同民族历史不同言语不同的人民，至多也只能采用自由联邦制，很难适用单一国之政制"[④]。这实际上否定了中华民族"天下观"，比如，"和而不同""天下一体"与"五服制""因俗而治"等，同时也忽略了"天下"逐步实现"内部化"的过程和"大一统"的发展历史。

---

① 《中国共产党第一个决议》（1921年7月），中共中央文献研究室中央档案馆编：《建党以来重要文献选编（一九二一——一九四九）》（第一册），中央文献出版社2011年版，第6页。

② 《关于国际帝国主义与中国和中国共产党的决议案》（1922年7月第二次全国代表大会通过），中共中央统战部编：《民族问题文献汇编》，中共中央党校出版社1991年版，第19页。

③ 《关于国际帝国主义与中国和中国共产党的决议案》（1922年7月第二次全国代表大会通过），中共中央统战部编：《民族问题文献汇编》，中共中央党校出版社1991年版，第17页。

④ 《中国共产党对于目前实际问题之计划》（1923年），中共中央统战部编：《民族问题文献汇编》，中共中央党校出版社1991年版，第24页。

与国民党的阶级对峙与冲突也会影响对其中华民族观的评价。比如，认为国民党"以大中华民族口号同化蒙藏等藩属"①，号召反对孙中山的民族主义，"所谓'民族平等'，所谓'五族共和'，完全是国民党政府的欺骗"②。从受"共产国际"的影响角度，强调各民族经济、文化、历史的独特性与政治独立性的关系，同时忽略中华民族"天下观"的内涵与"大一统"的历史过程，从认识上淡化中华民族历史与现实的紧密联系；从与国民党的阶级对峙与冲突影响的角度，对孙中山等的"大中华民族主义""中华国族主义"保持警惕的态度，并与争取少数民族对中国共产党的支持联系起来。

"中国民族"与"中华民族"比较，恰恰满足了早期中国共产党的现实需求，即"中国民族"是一个近代性概念，容易与历史切割，有利于说明"民族自决"观念的合理性；"中国民族"与国民党倡导的"中华民族""中华国族"相比寓意明确，即"中国各民族"，比较容易与"中华民族"相区别，以表达与国民党不同的民族观与政策取向。

在两个阶段使用的"中华民族"，都含有"中华各民族"的含义，只是第一阶段强调各民族的独特性与政治独立性的联系，并希望通过"自决权"达成共产党领导下的各民族大联合；第二阶段则体现"一体性""整体性"基础上各民族的平等、团结与权利。

在使用"中华民族"为主、"中国民族"为辅阶段，中国共产党与国民党在共同抗击日本帝国主义侵略的基础上实现了第二次国共合作③，在中华民族观念上形成了部分共识。中共中央向全国宣言："孙中山先生的三民主

① 《中国共产党第四次全国代表大会对于民族革命运动之议决案》（1925年1月），中共中央统战部编：《民族问题文献汇编》，中共中央党校出版社1991年版，第32页。
② 《关于中国境内少数民族问题的决议案》（1931年11月中华工农兵苏维埃第一次全国代表大会通过），中共中央统战部编：《民族问题文献汇编》，中共中央党校出版社1991年版，第169页。
③ 《中共中央为公布国共合作宣言》起草于1937年7月4日，7月15日交付国民党，9月22日国民党中央通讯社发表，标志着国共第二次合作的开始。

义为今日中国之必需，本党愿为其彻底的实现而奋斗。"①这等于承认了孙中山的"大中华民族主义"，因此，"中华民族"的使用频率大大超过了"中国民族"。与此同时，对不符合中国国情的"民族自决"理论进行了修正，毛泽东指出："动员蒙民、回民及其他少数民族，在民族自决和自治的原则下，共同抗日。"②"民族自治"成为民族政策选项。毛泽东在《论新阶段》宣告民族区域自治制度政策方向："各民族与汉族有平等权利，在共同对日原则之下，有自己管理自己事务之权，同时与汉族联合建立统一的国家。"③在该阶段，中国共产党的"中华民族"仍然指"各民族"④，甚至是各民族的"总称""组成"，但是这个"各民族"是指"团结各民族为一体"⑤，"中华各民族"限定在"一体性""整体性""统一的国家"之内，称为"统一的复合体"更为恰当。

除了"中华民族"这一概念外，中国共产党这一时期同时并用的还有"人民""中国人民"这些概念，将"中华民族"（"中国民族"）与"中国人民"并用并非无意为之，而具特定含义。

"人民"概念产生于中世纪的欧洲，随着范围扩大和重心下移人民的构成不断变化，但总体而言与"全体居民"或"全体国民"逐步重叠。

早期中国共产党的"人民"是"统一的阶层"，无产阶级是主体，还

---

① 《中共中央为公布国共合作宣言》（1937 年 7 月 15 日），中共中央统战部编：《民族问题文献汇编》，中共中央党校出版社 1991 年版，第 548 页。

② 毛泽东：《为动员一切力量争取抗战胜利而斗争》（1937 年 8 月 25 日），《毛泽东选集》（第二卷），人民出版社 1966 年版，第 327 页。

③ 毛泽东：《论新阶段》（1938 年 10 月 12 日—14 日），中共中央统战部编：《民族问题文献汇编》，中共中央党校出版社 1991 年版，第 595 页。

④ 陈伯达在《评〈中国之命运〉》（1943 年 7 月 21 日）中说："平日我们习用的所谓'中华民族'，事实上是指中华诸民族（或各民族）。我们中国是多民族的国家，这本来是不用多辩的。清朝末年，孙中山先生和同盟会革命党人的反满运动，就是在民族主义的旗帜下举行的。而且孙中山先生手订的中国国民党第一次代表大会宣言，就明明白白写过：'中国境内各民族'。"（中共中央统战部编：《民族问题文献汇编》，中共中央党校出版社 1991 年版，第 945 页。）

⑤ 毛泽东：《论新阶段》（1938 年 10 月 12 日—14 日），中共中央统战部编：《民族问题文献汇编》，中共中央党校出版社 1991 年版，第 595 页。

可以包括"积极的因素"。人民是跨"民族"的共同体，比如汉族和少数民族的无产阶级之间就组成了具有共同阶级"利益"的共同体。1922年的"人民"是工人农民和小资产阶级；1931年是"工人、农民、红军兵士及一切劳苦民众"；1940年是"无产阶级、农民阶级、知识分子和其他小资产阶级"；1945年是"工人、农民、小资产阶级知识界和一切反帝反封建的人们"；1949年的《中国人民政治协商会议共同纲领》把"人民"限定在"工人阶级、农民阶级、小资产阶级、民族资产阶级及其他爱国民主分子"。可见，人民代表着先进、进步的力量，在1949年新中国成立前，其范围总是小于国家居民的总数。所以，"中华民族"寓意为各个"集体单元"概念的总和，而且其中包含"反动势力"；"中国人民"是各个个体的总和，代表着先进的、进步的势力。两个概念并用，是为了从不同的角度和立场代表、包含中国的所有"各族"和部分进步的居民。"中华民族"概念更多用于对外反抗帝国主义侵略、压迫，以获得自由、独立权力；"中国人民"概念更多用于对内反对剥削阶级对无产阶级的压迫。当今两个概念并用，是为了表达从"集体总和"和"个体总和"两个角度的中国国民的整体性、一体性。当然，"人民"是永恒的，而"民族"则是阶段性的。

第四节　中华民族共同体观念的现代重塑

笔者认为，学术界的中华民族现代重塑始于费孝通的"中华民族多元一体格局"理论，成熟、确立于2014年以来的中华民族共同体建设过程中。主要包括中华民族共同体的历史演变、内在逻辑、内部关系、建设内容、建设方向等。

民国时期存在中华民族"历史演化论"和"现代建构论"之争，但事实上两者兼而有之，只是侧重不同。黄兴涛认为中华民族是这两者互动的产物。[①]

仅就当时"演化论"的观点而言，或否定历史上"五方之民"的存在，认为"各民族"源于同一祖先，已经融合；或者认为现实中的"四族"作为"残存"和少数，已经不重要，很快就要被同化。当然也有客观的历史主义观点，比如早期中国共产党和费孝通、翦伯赞、吕振羽等学者以及国民党人孙科等。还有的学者认为中华民族与历史上的"天下"有密切的关系。

"现代建构论"则认为，中华民族是"民族国家"建构时出现的新产物，是国民共同体，其构成是国民或公民，与历史上的臣民、属民没有关系。这种观点显然缺乏历史主义的思考和辩证逻辑。"研究中华民族历史观，'四个共同'是历史基础"[②]。习近平总书记对中华民族历史观做了全面论述，从共同开拓辽阔的疆域、共同书写悠久的历史、共同创造灿烂的文化、共同培育伟大的精神等四个方面论证中华民族的共同性、一体性。[③]没有"四个共同"这个基础就没有"四个与共"（休戚与共、荣辱与共、生死与共、命运与共）的共同体理念[④]，也就不会形成现代的中华民族共同体。

在"重塑期"，客观、辩证地认识了中华民族共同体的内在逻辑。习近平总书记指出，"我们讲中华民族多元一体格局，一体包含多元，多元组成一体，一体离不开多元，多元也离不开一体"[⑤]，"56个民族是中华民族共同体"[⑥]，这是对中华民族共同体内在属性的科学判断。

---

① 黄兴涛：《重塑中华：近代中国中华民族观念研究》，北京师范大学出版社 2017 年版，第 383 页。
② 中国民族理论学会秘书处：《中共民族理论政策百年历程与铸牢中华民族共同体意识研究》，《满语研究》2022 年第 1 期，第 7 页。
③ 习近平：《在全国民族团结进步表彰大会上的讲话》，人民出版社 2019 年版，第 2—3 页。
④ 中国民族理论学会秘书处：《中共民族理论政策百年历程与铸牢中华民族共同体意识研究》，《满语研究》2022 年第 1 期，第 7 页。
⑤ 习近平：《在 2014 年中央民族工作会议上的重要讲话》，新华网，2014 年 9 月 29 日。
⑥ 习近平：《56 个民族是中华民族共同体，要同舟共济、迈向第二个百年奋斗目标》，新华社微博，2021 年 7 月 23 日。

在清末民国"探索期"，中华民族"一元"论者居多，除早期中国共产党外，"二元"论并非主流。"一元"论缺乏历史基础，因为从先秦对"天下"的初步认识开始，"天下"（中华民族历史存在方式）与"五方之民"（实际上是夏与夷两方）延续至"各民族"与"中华民族"（人民共同体或国民共同体），这种"二元"结构没有发生本质变化，只是夏与夷的人口数量对比发生了巨大的变化，"夷变夏"成为主流。这种"二元"结构并不是对等的、平行的，而是非对等的和上下层级的共同体或统一体，也就是说，多元和差异存在于一体和统一之中，是不可分割的整体。

中华民族是由56个民族组成的共同体，而且是从历史延续至今的稳定的共同体。在历史上，"天下观""大一统"思想以及因此形成的"精神疆域"起到了牢固的纽带作用。习近平总书记将中华民族形容为"大家庭"，与历史上的"天下一家""天下一体"理念以及"天下"内部化的过程相对应，是对中华民族历史发展过程的准确概括。中华民族"一体是主线和方向，多元是要素和动力，两者辩证统一"，"中华民族和各民族的关系，是一个大家庭和家庭成员的关系，各民族的关系，是一个大家庭里不同成员的关系"。[①]将"各民族"视为"要素"和"动力"；将中华民族视为"大家庭"，"各民族"视为"家庭成员"，是对中华民族内部关系的新论断。当然，"大家庭"的各民族关系是平等的、团结的，而古代"天下"的"五方之民"的关系是不平等的，以华夏吸收夷狄为主，"天下"内部化主要是"夷变夏"和化敌（夷狄）为友的过程。

中华民族的内部关系还要正确把握共同性和差异性的关系，即中华民族共同体意识和各民族意识的关系、中华文化和各民族文化的关系、物质和精神的关系，协调中华民族共同体整体利益与各民族具体利益的关系。总体原则是增进、扩大共同性的同时要尊重和包容差异。差异性不能影响共同性

---

① 习近平：《在2014年中央民族工作会议上的重要讲话》，新华网，2014年9月29日。

的增进、扩大，也即差异性要"无害化"；共同性要体现"和实生物、同则不继"理念，坚持多样性基础上的统一与统一性基础上的包容差异。要避免将共同性视为同质化、雷同化和单一化，共同性是"共享""一同""共识"，永远建立在"无害化"的差异基础之上。那种认为共同性建设是消除差异性、多样性的观点是错误的，因为我们永远消除不了"无害化"的差异和多样性。比如汉族内部地域差异导致的性格、禀赋差异是无法消除的，但并不影响上海的汉族与黑龙江的汉族在本民族认同、国民认同以及国家认同上的一致。

中华民族共同体建设的核心是铸牢中华民族共同体意识，通过铸牢共同体意识，增强对中华民族共同体的认同，进而增强国家认同和公民意识、法律意识，明确政治归属与认同。

中华民族共同体来源于中华民族的"天下"以及其下"五方之民"，"铸牢"的历史基础是"大一统"思想和"天下观"，"铸牢"的核心是中华文化认同，基础是共有精神家园建设。

我们要特别关注中华民族的"共同体意识"，包括两个方面：什么是中华民族的共同体？什么是中华民族的"共同体意识"？"中华民族的共同体"是一个非常独特的概念，在国外没有比拟性。这就是国外的古代文明均没能延续下来而中华文明延续至今的根本原因。

中华民族的古代"天下"脱胎于中国独特的自然地理，即相对隔离的地理空间，在这个相对隔离的自然地理空间内形成了中华民族的"天下"，具有"天赐性""宿命论"的内涵。先秦"中国"对"天下"的认识是逐步完善的过程，从想象到渐趋清晰，将"天下"想象成"四海""九州"，到清朝末期形成了国家主权疆域。因此，中华民族的自然地理空间具有有限性、相对隔离性的特点，为"天下"内部化的规律形成创造了条件。由于"天下"内部化的特征，"天下"之外的"族类"不被中国"大一统"政权视为臣民、属民；而"天下"之内的臣民、属民较少外溢出"天下"，当然，只有蒙古族等少数几个民族局部突破过这一规律。地理格局影响了文化观和族类关系。在文化观上，以"六艺之科、孔子之术"为核心形成了中华民族的"顶层文化"，并成为"中国""大一统"政权或局部"一统"政权正统性、合法性的依据。在族类关系上，坚持文化标准而非血统标准，遵循华夏文化则"夷变夏"，遵循夷狄文化则"夏变夷"。因此中国古代无论处于统一和分裂时期，都有一个文化纽带维持整体性和一体性，存在一个逐步扩展到整个"天下"的"精神疆域"。所以，中华民族的"共同体"是天赐的地理空间，是文化共同体和共同的"精神疆域"。这种现象马丁·雅克称其为"伪装"成国家的文明；罗素的观点更为独特，认为是从古至今留存的文明实体。

中国古代的政治实体的变化——统一和分裂，没有影响到天赐的、相对隔离的地理空间的完整性，更没有影响到"文化共同体"和"精神疆域"的整体性和一体性。如上所述，中华民族的共同体概念与西方的共同体概念完全不同，从理念上是无法借鉴的。

关于中华民族"多元一体"，有学者建议改为"一体多元"。笔者认为，"多元一体"是从多元建构一体的视角；"一体多元"是从共同体包容多元的视角，两者的概念完全不同，不能相互替换。"一体多元"属于历史思维的范畴，即从"中国"想象四方，认为"天下"的范围是"九州"等地理空间，或者是想象的"四海""大九州"等地理空间。"天下"除了"中国"的华夏外，还有四方夷狄，对其要进行"教化"或"辨别"，以实现"天下"内部化过程，"天下"的边界以"教化""声教"达及之处为止。所以，"一体多元"带有想象的、被动的成分，因此今天我们可称其为"消极的中华民族主义"。而由于"多元一体"是从明确的"多元"建构"一体"，是一个逐步使"多元""无害化"和建构"一体"过程，因此是"积极的中华民族主义"。这就是在中华民族共同体"重塑期"使用"多元一体"概念的原因所在。

关于"共同体意识"，中华民族共同体如果细分，有文化共同体、政治—法律共同体、历史共同体、社会共同体、地域共同体、经济共同体等诸多类型。但来源是历史共同体，基础是政治—法律共同体（归属、认同和法律身份），核心是文化共同体，其他所有共同体都是依托于这三个共同体而形成。所以，铸牢共同体意识，笔者认为核心是中华文化认同，基础是共有精神家园建设。习近平总书记指出，"文化自信，是更基础、更广泛、更深厚的自信"；"四个自信"[①]的本质是建立在5000多年文明传承基础上的文化自信；"文化是一个国家、一个民族的灵魂。文化兴国运兴，文化强民族强"；"五个认同"[②]中，中华文化认同是最深层的认同；在"五观"[③]中，文化观是魂魄，是灵魂。这些论断，说明"共有精神家园"包括"五个认同""四个自信""五观""四个共同""四个与共"以及社会主义核心价值观等。

概括而言，铸牢中华民族的共同体意识就是铸牢56个民族认同、共享的核心价值观、精神内涵和政治归属与认同，增强国家认同、公民意识、法治意识。中华文化有广义和狭义之分，广义包括各民族文化和各民族共享的文化，狭义指各民族共享和认同的顶层文化，即价值观、精神内涵、文化符号和形象等，也可以说是国家文化。

中华文化认同是指对狭义中华文化的认同，即国家文化认同，也是指对中华文化共同性的认同。铸牢中华民族共同体意识的核心是铸牢中华文化认同，基础是铸牢中华民族共有"精神家园"和"精神疆域"的认同，从而建立起中华民族牢不可破的文化、精神纽带和政治归属与认同。

中华民族共同体建设的方向概括而言就是增强中华民族共同体认同和国家认同，增进、扩大共同性，建设具有超强凝聚力的中华民族命运共同体，

---

① 中国特色社会主义道路自信、理论自信、制度自信、文化自信。
② 对伟大祖国、中华民族、中华文化、中国共产党、中国特色社会主义的认同。
③ 历史观、民族观、国家观、文化观、宗教观。

建设凝聚力更强、共同性为主导和方向的共同体。而在"铸牢"过程中，增进共同性、包容差异是主要的手段。

在中华民族的传统文化中，"共同性"是有别于西方的概念，甚至可言差异巨大。儒家强调德治，用"教化"为手段治理"天下"，倡导和谐、大同的"天下"秩序，但"教化"的标准是恒久不变的，即儒家文化为核心的中华文化；和谐是有条件的，即坚守儒家礼仪道德才能实现真正的和谐，这是"和而不同"的真正含义。在《国语》中，认为共同性（统一）是建立在多样性基础上，反对单一的、雷同的统一。认为只有多样性的统一才能发展（和实生物），单一的、雷同的共同性不能发展（同则不继）。①这是先秦思想中对统一性、共同性最为清晰的解释。

今天中华民族的共同性，必须与差异性结合才能够增进，也就是只有通过差异性才能增进共同性，增进共同性的过程就是差异性"无害化"的过程，也是共同性具有更强的包容与融解能力的过程。习近平总书记指出，铸牢中华民族的共同体意识是"维护各民族根本利益的必然要求""实现中华民族伟大复兴的必然要求""巩固和发展平等团结互助和谐社会主义民族关系的必然要求""党的民族工作开创新局面的必然要求"②，这"四个必然要求"，也就是铸牢中华民族共同体意识的主要目标和方向。

总的建设目标和方向是建构一个具有超强凝聚力的中华民族命运共同体，笔者认为这个共同体从历史至今的纵向的角度是"中华人民共同体"③，从当今的现实角度是中国国民共同体④。中华民族共同体目前是二元结构（中华民族与各民族）的复合型共同体，共同性、一体性是主导，族裔性上是多元，人民性或国民性上是一体。所要增进、扩大的是指国民（公民）身份基

① （春秋）左丘明撰，陈桐生译：《国语》（郑语·史伯为桓公论兴衰），中华书局2013年版，第573页。
② 《习近平在中央民族工作会议上强调 以铸牢中华民族共同体意识为主线推动新时代党的民族工作高质量发展》，新华社，2021年8月28日。
③ "中华人民"的概念既包括当今的国民，也与历史上的"五方之民"相联系。
④ 国民或公民是近现代概念，强调其政治与法律纽带属性。

础上的共同性，所要包容的是族裔身份的多元性。

笔者认为，中华民族来源于古代的"天下"，近现代的中华民族与"天下"虽有根本的区别，但来源于"天下"的历史演变。"天下"不仅是相对隔离的自然地理空间，还是一个独特的文化空间，夏夷是否遵循以儒家文化为核心的中华文化成为"大一统"或局部"大一统"政权正统性、合法性的标准，也成为夏夷身份转化的标准，即夷遵夏礼则"夷变夏"，夏遵夷礼则"夏变夷"，同时它也是"中国"向四方夷狄进行"教化"的工具。中国历史上政权的分合变化，不会影响"文化一统"的过程，因此形成了不断向"天下"边缘扩张的"精神疆域"。"天下"的居民是共在、共存与共融的"五方之民"，遵循着由内（京师、诸夏）至外（夷狄）的"天下"秩序，治理方法是"五服制"（先秦）和"修教齐政"（秦以后）观念下的相关政策，结果是持续的"天下"内部化过程。

清末民国是中华民族观念的"探索期"，形成了"一体论"和"多元建构论"。"绝对一体论"认为中华民族就是汉族，其下不存在多元的"各族"，所有成员均属"同一祖先"；"包容一体论"承认中华民族（汉族）历史上由"各族"融合而成，目前还有少数没有同化，但在同化的过程中。"多元建构论"一般认为中华民族是国民（或公民）共同体，其下存在平等的"各族"，并且拥有"民族"地位和政治权利。1939年顾颉刚"中华民族是一个"的讨论以及吴文藻的"文化融合—政治一体"论，有可能影响了费孝通1988年提出的"中华民族多元一体格局"理论的形成。

早期中国共产党的中华民族观以1938年为界限划分为使用"中国民族"为主和使用"中华民族"为主两个阶段，均与"中国人民"并列一起使用。表面上看，是"中华民族""中国民族"的使用顺序差异，实质上是中国共产党早期中华民族观的重大变化，即从主张民族自决、联邦制向民族区域自治制度的转变；从各少数民族的无限独立性向统一性、一体性之下的保障各民族平等权利的转变。早期中国共产党的"中华民族"更多用于对外反抗帝国主义侵略、压迫，获得自由、独立权力；"中国人民"更多用于对内反对剥削阶级对无产阶级的压迫。

中华民族观念的现代重塑成熟、确立于2014年以来的中华民族共同体建设过程，主要包括中华民族共同体的历史演变、内在逻辑、内部关系、建设内容、建设方向等。中华民族共同体总的建设目标和方向是建构一个具有超强凝聚力的命运共同体，这个共同体从历史至今纵向的角度看是"中华人民共同体"，从当今的现实角度看是中国国民（公民）共同体。中华民族共同体的历史和文化决定其成员的核心价值和情感认同，而政治、法律关系则决定其国籍身份和规范、约束其公民行为，这就是需要不断增进、扩大的共同性内涵；而族裔的身份所体现的内容，则是所要包容的差异性内容。前者属于铸牢的方向，后者属于包容的方向。

第三章 "天下"内涵及与近现代
中华民族的关系

　　"天下观"是中华民族历史共同性的体现，是对中国相对隔离的自然地理空间由想象到实践的历史过程。在中华民族的历史发展初期，中华族系的历史发展过程主要体现于"天下"的客体存在和主观认知存在的空间差异上。正确解读中国历史上的"天下观"，是我们全面认识中华民族历史发展的一把钥匙。

　　中华民族的"天下"是华夏和夷狄的共存空间，在这个天赐的、相对隔离的自然地理空间内，发生了多层次民族间的交互融合，在最初交互融合的核心区域中原地区，形成了华夏族系①——华夏民族；而后各民族的交互融合向"天下"的边缘扩散，融合程度也必然渐趋弱化，因而其由近及远的差异性逐步显现，主要由儒家倡导的"和"文化应运而生，推动着"五服制"、因俗而治等观念及政策的形成和实施。由于中华民族所处相对隔离的广阔自然地理空间的存在，使得各民族不会脱离于特定的"天下"体系之外，最终必然走向"大一统"之路。

---

① 笔者在本文提到华夏的早期历史时，使用了"华夏族系"的概念，以体现华夏族形成前诸夏、诸华与诸戎在以中原地区为核心的区域交流互动和融合的历史。在秦朝统一后，秦、楚、吴等"夷狄"融入华夏，早期规模的华夏族形成，并成为中华族系的核心，所以，此后时期不再使用"华夏族系"的概念。

第一节 从动态、多样性和自然空间的角度看"天下"

"天下观"是中国历史上的重要政教思想，主要体现为"华夷共容""华夷一体"，与此对应的是"夷夏之辨""夷夏之防"，以及将两者融合成一体"夏夷互变"，形成一个表象存在差异实则为可以互相转换的统一的共同体，与"大一统"思想融合就成为从"中国"向四方辐射的有限而有弹性的文化、政治、民族和地理空间，这就是中国历史上的"天下"，也是华夏与夷狄共存、共在的"天下"。"天下"内涵的差异主要表现为含义的不同和历史变化上。

第一，在先秦时期，"天下"是华夏族系的"中国"服事制的实践空间，从"中国"向四周辐射的空间带有想象的意味，因而其边缘是模糊而不确定的，这种不确定性的、模糊的圆周地带同时也是"中国"从想象的"天下"实现实际"天下"统一的基础和条件。

第二，"天下"还是王朝实际统治区域的有效空间，比如，"五政之所加，七赋之所养，中于天地者，为中国"①。"中国"不仅居于天地、道德的中心，而且还应该以财赋收入的范围作为边界。"天下"有广义和狭义，广义是理想中的"天下"，其狭义就是现实中的王朝"天下"。②广义背景使用的"天下"，带有形容、比喻的意味；狭义的"天下"是中央（中国）王朝实际统治区域，也就是"天下"的实践区域。

第三，"天下"是"华夷共存"的身份转换空间。"'天下'居民是由

---

① （西汉）扬雄撰，韩敬译注：《法言》（问道卷第四），中华书局2012年版，第93页。
② 李大龙：《农耕王朝对"大一统"思想的继承与发展》，《云南师范大学学报（哲学社会科学版）》2020年第6期，第4页。

'中国，戎夷五方之民'构成，是先秦时期形成的观念。"①秦以前，"中国"的范围基本限于黄河与淮河流域大部，"诸夏"代表的"中国"与周边分布的"夷狄"多呈地理对峙的格局。②

概括而言，"天下"是由华夏和"戎狄蛮夷"共同拥有和生存的有限地理空间。而且随着历史进程，以"中国"为中心想象的"天下"与实际相对隔离的中华民族自然地理空间的"天下"合二为一。至清朝，先秦时期的"天下"理想才成为现实的"天下"，也就是"天下"与中央王朝实际控制的自然地理空间的"天下"实现了重合。

古代的"天下"除了"中国"想象的自然地理空间和历朝实际控制的地理空间外，还有一个客体的地理空间概念，即由三级台地所构成的东亚大陆地理空间，范围囊括我国目前的幅员，并且在历史上西部和北部都有大面积的国土被分割。这个空间就是有限的相对隔离的自然地理空间，是中华族系—中华民族天赐的生存条件。先秦和两汉从自然地理空间看"天下"，都没有脱离这个大致的范围。

"天下"的另一个含义是指不断变化的地理空间，当然，在先秦的"天下观"中地理空间并不是主要的内涵，但却是不可忽视的，因为它与"教化天下"的拓展以及中华民族客体的生存空间是密切联系的。《诗经》"溥天之下，莫非王土；率土之滨，莫非王臣"③，是对中华民族"天下"的首次间接、模糊的描述，带有形容性的内涵，同时，与西周分封地域的外缘——"天下的边缘"相对应。

从中华民族天赐的自然地理空间回观远古，"天下"范围早已确定，就是以早期华夏族系的"中国"为中心，逐步自然向四周延伸的"天下"。苏秉琦认为，在进入新石器时代以后，在旧石器时代晚期南方和北方的东部和

---

① 李大龙：《农耕王朝对"大一统"思想的继承与发展》，《云南师范大学学报（哲学社会科学版）》2020年第6期，第4页。

② 杨念群：《"大一统"与中国"天下"观比较论纲》，《史学理论研究》2021年第2期，第74页。

③ （周）佚名撰，王秀梅译注：《诗经》（小雅·北山），中华书局2015年版，第488页。

西部文化的明显差异的基础上，新石器时期形成了六大文化区系①，与《尚书·禹贡》"九州天下"的冀、兖、青、徐、扬、荆、豫、梁、雍基本上是重叠的，也就是说，华夏族系"中国"士人对"天下"描述并不是没有任何依据的想象。在《诗经》中，还有"四方""邦畿千里""四海"的概念，"古帝命武汤，正域彼四方"，"邦畿千里，维民所止。肇域彼四海，四海来假"。②以此分析，"四方""四海"是对"天下"的形容，也就是除王畿"中国"，还包括能够"教化"的"戎狄蛮夷"地域。"九州"在许多先秦的文献出现，战国时期的邹衍以此提出"小九州"为："赤县神州内自有九州，禹之序九州是也，不得为州数。"而"中国外如赤县神州者九，乃所谓九州也。于是有裨海环之"③，即大九州。邹衍的"小九州"概念来自前人文献，而"大九州"概念则纯属想象。

关于"天下"的具体范围，先秦文献中也有记载，但这是包括可以"教化"的自然地理空间，而不是实际的统治区域。比如《尚书》的"东渐于海，西被于流沙，朔南暨声教，讫于四海"④。而在《左传》中，对"天下"的描述更为清晰、具体。实际上，公元前533年的东周王朝统治区域远远小于《左传》对"天下"的描述，但如果从"教化天下"甚至"天赐自然地理空间"看中华民族的远古"天下"，先秦的"天下"与清朝鼎盛时期的实际"天下"是一个从"客体"存在到逐步自觉实现的过程。

历经秦、汉、隋、唐、元、明、清等统一王朝，其间间隔着一些分裂时期，"中国疆域最终奠定的空间坐标是1820年'嘉庆志'及'嘉庆图'所

① 以燕山南北、长城地带为重心的北方；以山东为中心的东方；以关中（陕西）、晋南、豫西为中心的中原；以环太湖为中心的东南部；以环洞庭湖与四川盆地为中心的西南部；以鄱阳湖—珠江三角洲一线为中轴的南方。参见苏秉琦：《关于重建中国史前史的思考》，《考古》1991年第12期，第1115页。
② （周）佚名撰，王秀梅译注：《诗经》（商颂·玄鸟），中华书局2015年版，第817—818页。
③ （西汉）司马迁撰：《史记》（卷七十四孟子荀卿列传第十四），中华书局2000年版，第1840页。
④ （周）先秦诸子撰，王世舜、王翠叶译注：《尚书》（夏书·禹贡），中华书局2012年版，第91页。

确定的领域"①。至此，近代国民国家（nation）意义上的"中国"与古代的"天下"之间达到了重合。"中国古代'天下观'的局限性与清朝中央政府对'天下'的有效统辖达成一致。"②

从中国古代"天下观"的发展过程可以发现，中华民族共同性的形成是一个必然的结果。

第二节　"天下"与中华民族的"教化—共存"空间

中国古代的"天下"并非单纯的地理空间概念，更主要是以早期华夏族系的"中国"为中心向非华夏地域的"教化"拓展空间，而且这个"教化空间"从客体的、天赐的角度看是确定的，但同时是有限的，而且还是一个相对隔离的空间。"教化"观念出自儒家，与"天下"相呼应，形成了"教化天下"的认识。"教化天下"的内部关系是华夏"中国"与四方夷狄的关系，也就是华夏"中国"通过"教化"的方法不断将四方夷狄纳入华夏之中，是"天下"的实践区域逐步向实际的"天下"边缘拓展的过程。

儒家提倡统治者阶层以自身的身体力行和制定的行为准则、道德规范等教育、感化所有庶民，由此推及华夏"中国"与四方夷狄的关系，就主要是"教化"与"被教化"的演进过程。"教化"的思想基础是由孔子奠定的，他认为，人的天然禀赋是相近的，善恶差异是后天形成的，是可以转换的。③

---

① 于逢春：《论中国疆域奠定的时空坐标》，《中国边疆史地研究》2006年第1期，第13页。
② 吕文利：《中国古代天下观的意识形态建构及其制度实践》，《中国边疆史地研究》2013年第3期，第10页。
③ "子曰：'性相近也，习相远也。'"（春秋）孔子等撰，杨伯峻、杨逢彬注译：《论语》（阳货篇第十七），岳麓书社2018年版，第214页。

肯定广泛教育的有效性，因而提出"有教无类"，主张"为政以德"。推及夷夏关系，他认为夷夏的身份是可以通过"教化"而转化，"德不孤，必有邻"①，"故远人不服，则修文德以来之"②。强调"教化"的重要性和作用。"君子敬而无失，与人恭而有礼。四海之内，皆兄弟也！君子何患乎无兄弟也？"③认为只要实行道德教化，"天下"就会成为"天下为公"的大同社会。

儒家将夏夷关系定位于文化关系，而非血统关系，只要"礼"和"仁"趋于一致，"华夷一体"就有可能实现。所以，"孔子之作春秋也，诸侯用夷礼则夷之，夷而进于中国则中国之"④，认为华夏文化远高于夷狄，主要是夷变夏，"经曰：'夷狄之有君，不如诸夏之亡'"⑤，"用夏变夷"是核心文化的"教化"、浸润的结果，而非攻伐、血缘同化。儒家认为，这种"教化"是自然而然的情况下进行，无形胜于有形，"故礼之教化也微，其止邪也于未形，使人日徙善远罪而不自知也，是以先王隆之也"⑥。该观念在中国的历史上影响深远，直到宋朝才有所变化。

历史上被"教化"的夷狄存在两种类型。第一种是已经完成"用夏变夷"，如从新石器时期到秦朝建立，中原地区一直是华夷混居之地，这方面的考古资料和历史文献很多，说明华夏族本身即各民族先民共同缔造和交互融合的结果。第二种"教化"的类型是华夏核心文化的"心理教化"，也就是推行以"礼"和"仁"为核心的道德"教化"影响为主，与夷狄形成共存和包容关系，不追求对夷狄文化形式的改变，甚至是政治形式的改变，

---

① （春秋）孔子等撰，杨伯峻、杨逢彬注译：《论语》（里仁篇第四），岳麓书社2018年版，第51页。
② （春秋）孔子等撰，杨伯峻、杨逢彬注译：《论语》（季氏篇第十六），岳麓书社2018年版，第207页。
③ （春秋）孔子等撰，杨伯峻、杨逢彬注译：《论语》（颜渊篇第十二），岳麓书社2018年版，第148页。
④ （唐）韩愈撰，（宋）范仲举集注，郝润华、王东峰整理：《五百家注韩昌黎集》（第二册卷11杂文·原道一），中华书局2019年版，第675页。
⑤ （唐）韩愈撰，（宋）范仲举集注，郝润华、王东峰整理：《五百家注韩昌黎集》（第二册卷11杂文·原道一），中华书局2019年版，第675页。
⑥ （西汉）戴圣编纂，胡平生、张萌译注：《礼记》（经解第二十六），中华书局2017年版，第956页。

其思想基础仍然来自儒家思想，如"子曰：'君子和而不同，小人同而不和'"[①]；"有子曰：'礼之用，和为贵。先王之道，斯为美。小大由之，有所不行；知和而和，不以礼节之，亦不可行也'"[②]。延伸到华夷关系，就是要坚持原则基础上的统一，包容差异，和谐有序。但也不能为了和谐而和谐，不坚持礼仪准则。"五服制"强调"甸服者祭，侯服者祀，宾服者享，要服者贡，荒服者王"[③]，"意在强调统治秩序应该由王畿一层层往外推展。显然，这里谈论的不是实际的行政控制，而是按文化传播的程度划分亲疏"[④]。

自秦朝始，"教化天下"演化出夏夷间因俗而治、羁縻制度、化内化外、土司制度以及朝贡—封赏等多种方式的政治关系，实则是"教化观"外溢扩展的结果。先秦时期"教化天下"不等于华夏"中国"实际控制的"天下"，带有"德治大下"的想象空间。

中国古代的"天下"是中华民族的共同生存空间，是中华族系发展成为中华民族的重要基础。先秦是中华族系的主要发展时期，而在秦朝建立后，随着中华民族的核心部分华夏族系进入到华夏民族阶段，就成为中华民族共同体形成的标志性起点，并成为主流，而中华族系则随之降低其差异性，共同性的内涵逐步增加，也就是"中华民族"逐步走向成熟。

苏秉琦提出的中国新石器"六大文化区系"[⑤]中，只有"以关中（陕西）、晋南、豫西为中心的中原"是以华夏文化为主，其他五个文化区系均以"蛮夷戎狄"文化为主，苏秉琦把新石器时期的这种文化形态形容为"满天星斗说"。而在严文明提出的新石器文化"巨大的重瓣花朵"格局中，

---

① （春秋）孔子等撰，杨伯峻、杨逢彬注译：《论语》（子路篇第十三），岳麓书社2018年版，第168页。
② （春秋）孔子等撰，杨伯峻、杨逢彬注译：《论语》（学而篇第一），岳麓书社2018版，第10—11页。
③ （春秋）左丘明编，陈桐生译注：《国语》（周语上·祭公谏穆王征犬戎），中华书局2013年版，第5页。
④ 杨念群：《"大一统"与"中国""天下"观比较论纲》，《史学理论研究》2021年第2期，第79页。
⑤ 苏秉琦：《关于重建中国史前史的思考》，《考古》1991年第12期，第1115页。

"以渭河流域和晋陕豫三省邻接地区为中心"的中原文化区是花心，曾是黄帝和炎帝为代表的部落集团活动的地域，后来形成华夏族系；其他四周紧邻的五个文化区是花瓣，成为以"蛮夷戎狄"文化为主的第二层次的文化区。这五个文化区既有联系又各具特色；环绕第二层次文化区的还有第三层次文化区。[①]"五大文化区系""五大文化区"以及环绕其周边的其他文化区系、文化区，在中国这个相对隔离的自然地理空间形成了天赐的"天下"，也必然是中华族系各民族共存、共在的"天下"。而在中原文化区的内部，同样存在较为明显的文化多样性和差异性。苏秉琦认为，文化区系内存在着不同的地方类型，渊源、特征、发展道路存在差异，发展水平、发展阶段不平衡、不尽相同。[②]

以笔者的理解，中原文化在夏以前就存在着内部的多样性，且中原地区是华夏的发源区域，因此是不同民族的先民共同缔造了华夏民族。夏商周华夏与夷狄交错杂居，进一步说明了这一点。夏王"禹合诸侯于涂山，执玉帛者万国"[③]；"西伯既卒，周武王之东伐，至盟津，诸侯叛殷会周者八百"[④]。说明会盟时叛商者八百，也证明"殷有千方"是有道理的。周"兼制天下，立七十一国"[⑤]。这些"诸侯""方""国"等，并不都是华夏族系的国家、部落。夏、商、周的实际控制地域仅限于黄河流域和长江流域的部分地区，也就是中原与其影响的区域，或者说是华夏文化覆盖和影响、交流明显的区域。比如商王朝直接控制的地域只有今河南省的中部和北部，对方国的控制相当薄弱，具有象征性。周朝的疆域最大时比《禹贡》中描绘的"九州天下"要小，其南部和西部的地域尤其明显。而狭小的"中国"，事

① 严文明：《中国史前文化的统一性与多样性》，《文物》1987 年第 3 期，第 48—49 页。
② 苏秉琦：《关于重建中国史前史的思考》，《考古》1991 年第 12 期，第 1115 页。
③ （春秋）左丘明撰，郭丹、程小青、李彬源译注：《左传》（哀公七年），中华书局 2012 年版，第 2270 页。
④ （西汉）司马迁撰：《史记》（卷 3 殷本纪第三），中华书局 2000 年版，第 78 页。
⑤ （战国）荀子撰，方勇、李波译注：《荀子》（儒效），中华书局 2011 年版，第 90 页。

实上也是各族共存、共在，共同缔造了华夏族系，共同创造了华夏文化。有学者认为，"夏朝的主要部族是羌，根据由汉至晋五百年间长期流传的羌族传说，我们没有理由再说夏不是羌"①；东夷的分支商族系建立了商朝。而在春秋战国时期，这样的格局没有本质上的改变，诸国与戎狄蛮夷部落仍然交错杂居，只不过已经实现了大规模的融合。这样的华夷分布格局被概括为"华夏蛮貊，罔不率俾"②，"中国、戎夷五方之民，皆有性也，不可推移"③。在特定、有限的自然地理空间内，华夏"中国"与四方夷狄之间形成了共存、共在的关系和空间。

这些记载和传说说明，中华族系各民族共同缔造了华夏族系，至秦朝建立，以共同性和统一性为主的华夏族形成，开启了漫长的成长之路。中华族系的共同性也得到了大幅增加，在华夏族和与其关系紧密、文化相通的各民族间，形成以"华夏"为名称的"民族"，并且持续不断地向中华族系的"天下"边缘拓展空间，并且最终在清朝实现了中华民族的"天下统一"。

第三节　"天下"与近现代中华民族的概念

关于中华民族历史上的"天下"，上文已经从"天下"的形态、自然地理空间、"教化空间"、夏夷共存共在空间四个角度进行了初步的分析，从中可以发现，中华民族的古代"天下"按照共同体角度衡量，是近现代形成的中华民族概念的古代存在形式，当然必须承认两者之间存在明显的差异。

---

① 徐中舒：《中国古代的父系家庭及其称谓》，《四川大学学报》1980年第1期，第110页。
② （商周）先秦诸子撰，王世舜、王翠叶译注：《尚书》（古文尚书·周书·武成），中华书局2012年版，第444页。
③ （西汉）戴圣编纂，胡平生、张萌译注：《礼记》（王制第五），中华书局2017年版，第264页。

"天下"有一个特定的场域，而且限定在了天赐的、相对隔离的自然地理空间内，具有天然的内聚力，在这个自然地理空间内的华夏与四方夷狄被一种宿命凝结在一起，很难产生大规模的外溢效应，因而产生了"漩涡约束"，五方之民始终围绕着"中国"这个"漩涡"中心而交融互动，中心的范围越来越大，"中国"逐步向"天下"的边缘扩展，随着"漩涡"范围扩大，逐步进入平稳阶段。"天下"由于有了这个强有力的中心，从而维持了一种稳定、平衡的关系。"天下"的主体是华夏和四方夷狄，夏夷是"天下"共主，处于一种共存、共在、共融的关系之中。

据以上分析，中华民族的"天下"拥有特定的土地，也就是天赐的自然地理空间，先秦时期称为"九州""四海"等；拥有相对稳定的居民——"五方之民"或"夏夷之民"；拥有以儒家文化为主要内涵的"天下"文化的核心——华夏文化或中华文化（"中华"在古代也是华夏的另一种称呼）；大部分时期拥有正统、合法的政权——中央王朝[1]；具有管理"天下"的"天下观"[2]和"大一统"思想[3]；具有统治"天下"的具体政策——"五服制"和"修其教，不易其俗，齐其政，不易其宜"[4]原则之下的诸多管理"天下秩序"的政策。因此而言，"天下"既是一个文化共同体和地域共同体，也是一个政治共同体和人们共同体，与近现代形成的"中华民族"之间具有历史联系，形成了一种演化的关系。

在"中华民族"概念中，"中华"是与历史联系密切的概念。"中华"的"华"出现于先秦，《尚书》"华夏蛮貊"[5]，《尚书正义》注："冕服

---

① 指历代的华夏"中国"和非华夏民族建立的中央王朝，后者占据以中原为主的区域，秉承以儒家文化为核心的中华文化，由此获得正统、合法的统治地位。

② 如"天下教化"观、华夷身份转化观（夷变夏、夏变夷）、夏夷之辨、夷夏大防、"文化之辨"，等等。

③ 如先秦的正统观、汉代形成的以儒家文化为核心的正统观，以及"文化一统""政治一统""天下（疆域）一统""民族一统"等"天下"统一思想。

④ （西汉）戴圣编纂，胡平生、张萌译注：《礼记》（王制第五），中华书局2017年版，第263页。

⑤ （商周）先秦诸子撰，王世舜、王翠叶译注：《尚书》（古文尚书·周书·武成），中华书局2012年版，第444页。

华章曰华，大国曰夏。"疏："冕服采章对披发左衽，则为有光华也。"《释诂》云："'夏，大也。'故大国为夏。'华夏'，谓中国也。"①《左传》"裔不谋夏，夷不乱华"，孔颖达疏："夷不至乱华。正义曰夏也，中国有礼仪之大，故称夏；有服章之美，谓之华。华夏一也。"②综合上述文献记载，"华"和"夏"都是指形成、发展于以中原地区为核心的华夏族系（先秦时期）和华夏族（秦以后）以及以王畿为核心的"中国"③。"华"是从表及里的话语表述，即通过华夏的精美服饰寓意"中国"的文明与高尚；而"夏"则是由内及外的话语表述，即华夏占据道德的最高点。因此，"华"本身就蕴含着"中华"的内涵。"华"和"夏"是同一事物的一体两面，从两个不同的侧面描述"天下"中心的"华夏族"，"中国"（王畿），中原的正统性、道德崇高性和"教化天下"的职责以及统摄四方的能力。

在历史文献中，经常出现"中华"的称呼，"中夏"则较少出现。"中华"蕴意仍然具有多义的特点，在较多的场合代表华夏族（汉族）、"中国"，或者两个含义兼具。有时表示中原的地域观念，有时表示华夏的国家。从民族角度而言，"中华"（华夏）是中国历史上各民族共同交融缔造的；从政治角度而言，"中华"与"中国"通用，无论华夏还是入主中原的

---

① （西汉）孔安国传，（唐）孔颖达正义，黄怀信整理：《尚书正义》（卷十周书·武成第五），上海古籍出版社 2007 年版，第 434 页。

② （晋）杜预注，（唐）孔颖达等正义：《春秋左传正义》（卷五十六，定公十年），上海古籍出版社 1990 年版，第 976 页。

③ 最早关于"中国"的提法出自西周早期被称为"何尊"的青铜器铭文。1963 年何尊出土于陕西省宝鸡市贾村，内底铸有铭文 12 行 122 字，其中有"余其宅兹中或（国）"一句话，"中或"指的是王畿。（于省吾：《释中国》，载王元化主编《释中国》，上海文艺出版社 1998 年版，第 1516 页。）"中国"是王畿、华夏诸族、中央政权、中原等多义混合的概念，比如（从西周至北宋）："惠此中国，以绥四方"（《诗经·大雅·民劳》）；"则四夷交侵，中国微矣"（郑玄笺、孔颖达疏：《毛诗注疏》卷十《六月》序）；"中国之民，明乎礼仪而陋于知人心"（《庄子·田子方》）；"中于天地者，为中国"（扬雄撰：《法言·问道卷第四》）；"中国戎夷五方之民"（戴圣编纂：《礼记·王制第五》）；"泛滥为中国害"（桓宽撰：《盐铁论》卷十《申韩第五十六》）；"江左地促，不如中国"（刘义庆编撰：《世说新语·言语第二·一〇二》）；"居天地之中者曰中国，居天地之偏者曰四夷"（石介撰：《徂徕集》卷十《中国论》），等等。

夷狄都视"中国"为统一国家的符号，作为政权正统、合法的标志，作为"大一统"的旗帜；从"大一统"思想的内涵看，"中华"（"中国"）都是"天下教化"的中心，以此为基础向"天下"的四方层次推进，最终在清朝实现了从中华民族"想象天下"到"实际天下"（天赐的相对隔离的自然地理空间）的合一。

最早从英文引进使用"民族"（nation）的是王韬[1]，而日文现代词汇"民族"最早出现在1896年11月15日的《时务报》上的《土耳其论》，其"东文报译"栏目主持人和翻译是日本人古城贞吉[2]。日本是单一民族国家，民族即国家，国家即民族，"nation"的现代含义非常适合日本国情。西方的民族定义有强调主观因素的，也有强调客观因素的[3]，"nation"来自拉丁文的"nasci"，意思是"出生"[4]，原义与故乡、亲属群体、地域文化等相联系，但到了1884年之前的一段时期，民族则意味"辖设中央政府且享有最高政权的国家或政体"，或"该国所辖的领土及子民，两相结合成一整体"[5]，政治、法律的意味更加浓厚。当然，德国是比较特殊的，强调种族和文化优越性，所以把包括加入他国国籍的日耳曼人视作德国人。

安东尼·史密斯区别了"公民民族"（nation）与"多民族国家民族"（ethnic group）："在理想的类型中，民族（nation）占有祖地，而族群（ethnic group）则仅仅象征性地与之相连。同样，族群不必拥有公共文化，只拥有某些共同的文化因素——可以使语言、宗教、习惯或共享的制度。然

① 金炳镐主编：《中国民族理论百年发展（1900—1999）》，辽宁民族出版社2008年版，第45页。
② 黄兴涛：《重塑中华：近代中国中华民族观念研究》，北京师范大学出版社2017年版，第55页。
③ 西方民族的定义可分为强调"客观"因素的，如语言、宗教、习惯、领土和制度等，以及强调纯主观的因素的，如行为、感受和感情等两大类。强调客观因素的一个范例就是约瑟夫·斯大林的定义；强调主观因素的民族定义范例来自本尼迪克特·安德森："它是一个想象的政治共同体——并且被想象成天生拥有边界和至高无上。"（[英]安东尼·史密斯著，叶江译：《民族主义——理论，意识形态，历史》，上海世纪出版集团2006年版，第12页。）
④ [美]哈罗德·伊罗生著，邓伯宸译：《群氓之族——群体认同与政治变迁》，广西师范大学出版社2008年版，第220页。
⑤ [英]埃里克·霍布斯鲍姆著，李金梅译：《民族与民族主义》，上海世纪出版集团2006年版，第14页。

而，共同的公共文化则是民族的关键特征。"①

　　1902年以后，梁启超是大量使用"民族"一词的第一人，使用中混淆了民族与种族两种内涵，并且有可能受到"一族一国"（日本）观念的影响，对民国初期学界、政界产生了很大影响，成为一种普遍的认识。同年，梁启超第一次将"中华"和"民族"组合成"中华民族"②，实际上是用"中华民族"代替"华夏—汉族"的称呼，中华民族即是由华夏—汉族历史发展而来的现代称呼，同时期梁启超还使用"中国民族""中国种族""华族"，与"中华民族"内涵基本一致。梁启超后来对中华民族的认识也在逐步变化，更加契合中国社会的实际状态。事实上，立宪派、改良派与革命派及中国共产党、国民党的中华民族观，都有一个从粗浅、模糊到逐步依据自身的政治、学术立场而清晰的过程，并且在抗日战争胜利后观点差异渐趋缩小。

　　有学者对清末至民国的中华民族观进行了概括，认为大体可以划分为"一元多流"和"多元一体"两种观念。一元论如蒋介石的"分枝宗族"论；顾颉刚的"同一民族"的"种族历史汇合"论；熊十力等人的"同一祖先"论等（孙中山、杨度等的观念也应该归为"一元论"——笔者注）。"多元一体"论认为，中国历史上多民族不断融合、一体化范围逐渐扩大，并将继续下去。其中，有的主张现存各子民族（包括汉族）在互相融合的过程中，将会而且已经在迅速"化合"为一，甚至已经基本上"化合"为一了（同时也还存在着差异），强调"多元"的不断消失为前提和特征；还有的则希望在现时代仍然能够保持一种多民族并存、以平等的自然融合为趋向的"一体化"民族共同体。晚年的梁启超就基本上属于前者，而费孝通和后期中国共产党的"中华民族"观则大体上属于后者。③

---

① [英] 安东尼·史密斯著，叶江译：《民族主义——理论，意识形态，历史》，上海世纪出版集团2006年版，第14页。

② 梁启超：《新民说·论中国学术思想变迁之大势》（1902年），《梁启超全集》（第二册第三卷），北京出版社1999年版，第573页。

③ 黄兴涛：《重塑中华：近代中国中华民族观念研究》，北京师范大学出版社2017年版，第377—378页。

新中国成立前中国共产党的中华民族观有一个复杂的变化过程，但大体以1938年为分水岭。之前受苏联和共产国际的影响承认少数民族的自决权，因而对历史共同性考虑较少，政治一体性内涵薄弱，当然这同当时的斗争形势密切相关；之后中国共产党在全民族抗战爆发的形势下，开始探索用民族区域自治的方法解决民族问题，开始重视各民族的历史共同性、统一性和不可分割性，经常将"中华民族"与"中国人民"并列使用，用中华民族代表所有民族，用中国人民代表所有反对帝国主义、封建主义、官僚资本主义和支持民族独立、人民解放的阶级、阶层和社会集团的个人。中华民族成为政治共同体的象征，之下为完全平等的各民族，所以，当时中国共产党还使用"各民族""全民族"这样的用语，"中华民族"具有各民族复合体的内涵。

1939年，费孝通与顾颉刚所持"中华民族是一个"的观点进行讨论。其间，费孝通的老师吴文藻的观点非常具有现代意义："惟欲团结各族精神，使'多元文化'，冶于一炉，成为'政治一体'。"①这一观点与费孝通在二十一世纪末提出的"我将把中华民族这个词用来指现在中国疆域里具有民族认同的十一亿人民。它所包括的五十多个民族单位是多元，中华民族是一体，它们虽则都称'民族'，但层次不同"的观点存在逻辑一致性。②

2014年，习近平总书记指出，"我们讲中华民族多元一体格局，一体包含多元，多元组成一体，一体离不开多元，多元也离不开一体，一体是主线和方向，多元是要素和动力，两者辩证统一"，"中华民族和各民族的关系，是一个大家庭和家庭成员的关系，各民族的关系，是一个大家庭里不同成员的关系"。③2021年习近平总书记指出，"铸牢中华民族共同体意识，就是要引导各族人民牢固树立休戚与共、荣辱与共、生死与共、命运与共的共同体理念"，"要正确把握中华民族共同体意识和各民族意识的关系，引导

① 吴文藻：《论边疆教育》，马戎：《"中华民族是一个"——围绕1939年这一议题的大讨论》，社会科学文献出版社2016年版，第49页。
② 费孝通等：《中华民族多元一体格局》，中央民族大学出版社1989年版，第1页。
③ 习近平：《在2014年中央民族工作会议上的重要讲话》，新华网，2014年9月29日。

各民族始终把中华民族利益放在首位，本民族意识要服从和服务于中华民族共同体意识"。[①]习近平总书记对中华民族和中华民族共同体的内涵进行了独创性的论断，为学术界开展中华民族共同体研究指明了方向。

笔者经过分析上述中华民族内涵历史演变认为，西方表述"人们共同体"词汇的内涵并不能完全涵盖和准确反映中国的"民族"发展演变史，"ethnic group"（适合于多民族国家使用，属于多民族国家的"民族"）更加接近共同渊源、"生物同一性"含义，对应"中国的各民族"，但不宜译为"族群"，建议用"原生民族"表达；"nation"（适合单一民族国家使用，民族就是国民，民族就属于国家，如日本；在多民族国家，"nation"则要上升到政治、法律范畴的国民、公民层面）的近现代概念与国民、公民内涵十分接近，与国家概念交集，相当于我国的"中华民族"[②]。

黄兴涛认为，"如果从汉文角度来说，nation也就是'民族国家'与'国民国家'二者的统一体，或者亦可称之为二位一体"[③]。这一观点是非常准确的。

笔者认为，现代"nation"含义与国民、公民属性最为贴近，而且与国家概念互为表里，但由于其现代属性强烈，建构意味过强，容易忽略与历史的联系和演变过程，所以笔者主张将"nation"翻译成"人民共同体"，将"中华民族"理解为"中华人民"，单数称呼则为"中国人"，从而使得"中华民族"概念既能联系历史渊源（包括其下一层面的各民族），又能覆盖近现代国民或公民属性，这样就能避免"民族套民族"的认识混淆，同时，也能

---

① 《习近平在中央民族工作会议上强调以铸牢中华民族共同体意识为主线推动新时代党的民族工作高质量发展》，新华社，2021年8月28日。

② 在清末、民国时期的有关"中华民族"讨论中，最终主流观点认为"中华民族"的内涵相当于国民、公民。孙中山在1924年《民族主义》演讲中，提出"中华国族"概念，后来国民党中曾有一些人推崇这一观点，特别是孙科曾力推"中华国族"（孙科与孙中山的"中华国族"在内涵上有差异，"国族"之下有各民族）入宪。孙中山的"中华国族"相当于中国国民的整体概念。（《孙中山全集》第九卷，中华书局1986年版，第185页。）

③ 黄兴涛：《重塑中华：近代中国中华民族观念研究》，北京师范大学出版社2017年版，第367页。

避免将"中华民族"理解成"扩大版"的汉族,消除少数民族成员的疑虑。[①]

第四节 "天下"与近现代中华民族共同体的关系

中华民族是中国进入现代国家阶段后适应新时代需要重新塑造的人们共同体概念,"犹衣服之有冠冕,木水之有本原"[②],是历史演变的结果,绝对不是完全的建构。

笔者认为,过去很少有学者研究到"天下"与现代中华民族之间的关系,不仅如此,还有学者认为中华民族的历史"天下"与近现代中华民族是一种完全对立的、冲突的关系,显然这样的观点是经不起推敲的。对于中华民族的历史"天下"与近现代中华民族的关系,黄兴涛做了独创的研究。[③]下面笔者从居民(人民)、地域、文化观、各民族关系、政治认同等方面对其异同作简要论述。

第一是两者的居民关系。古代的"天下"一人之下都属于臣民,臣民身份有高低差异,比如最低的奴隶。除此之外,在"天下"的中心"中国"之外还存在间接统治的藩民,再往外就是仅具有象征性统治的属民。事实上,"五服制"已经确定了"天下"居民的分层秩序,即随着与"中国"(京畿)的距离扩大而约束性逐步减弱,秦及其以后的历朝同样没有摆脱这样的原则和规律。臣民—藩民—属民社会属于典型的金字塔结构,如《礼记》"君天下曰'天子'",郑玄注"天下,谓外及四海也。今汉于蛮夷称天

---

① 关于"nation"和"ethnic group"概念的理解和翻译,得到了黑龙江大学副教授、博士王敌非的指导,在此致谢。

② (春秋)左丘明著,郭丹、程小青、李彬源译注:《左传》(昭公九年),中华书局 2012 年版,第 1715 页。

③ 黄兴涛:《重塑中华:近代中国中华民族观念研究》,北京师范大学出版社 2017 年版,第 380 页。

子，于王侯称皇帝"①，对"天下"进行"科层"管理，对臣民、藩民和属民的管理分为"三层结构"，即皇帝—臣民、天子—藩民、天子—属民，正所谓"俛视中国，远望四夷，莫不如志矣"②。在天子—皇帝与居民之间，还分隔着层层叠加的各级统治者。"天下"的居民身份划分为多种层级，是垂直的关系，而不是平等的关系。"天下"的居民之间即使限于当时条件的有限联系也是非常困难的，特别是在藩民、属民社会，普通成员更是无法感知"天下"的存在，更遑论对"天下"一体性、整体性的认识。因此，对"天下"一体性和"大一统"思想的认识，仅限于"天子—皇帝"和少数的夏夷统治集团的成员，所以，费孝通将历史上的"中华民族"称为"自在的共同体"，但显然还存在自觉的成分，只是程度较低而已。近现代的"中华民族"，即中华人民共同体，其成员是公民身份，也可以称为国民，所有成员都是平等的也都具有独立的人格，处于扁平的社会结构中，信息相对透明，所有成员对国家、人民共同体的统一性、一体性具有高度的认知。从相关的角度而言，近现代的公民或国民是从历史上的臣民—藩民—属民演变而来的。

第二是两者的地域关系。无论是"天下"和近现代的中华民族，作为共同体必须拥有共同的地域，这个地域也不能完全理解成纯粹的自然地域，也不是一个随意的地理空间，而是一个既属于地理空间又属于社会网络空间的稳定的场域。这就是中华民族相对隔离的、天赐的地理空间，在历史上，这个中华民族活动、演变、发展的广阔空间由于其相对的隔离性，"夏夷天下"的共同性和统一性成为主导和方向；而由于这个空间既是广阔的又是复杂多样的，因而也必然存在多元性和多样性，但却不会从本质上影响共同性和统一性的发展，这样就形成了包容差异的"大一统"思想主导的"天

---

① （东汉）郑玄注，（唐）孔颖达疏：《礼记正义》（礼记注疏卷第四·曲礼下第二），李学勤主编：《十三经注疏》，北京大学出版社1999年版，第122页。

② （西汉）贾谊撰，方向东译注：《新书》（卷三解县），中华书局2012年版，第112页。

下",最终在清朝从想象的"九州天下""四海天下"实现了对实际"天下"的"大一统"目标。今天中华民族的广阔疆域,就来自古代"天下"的历史发展、演变过程。

第三是两者的文化关系。从中华文化的发展演变历史看,首先以中原地区为核心形成了华夏文化,而华夏文化的形成是中华族系各族交流互动的结果,特别是先秦时期活动于中原地区的华夏族系诸族交流互动的结果,所以可以得出这样的结论:华夏文化是各民族共同缔造的。正如习近平总书记所指出:"我们灿烂的文化是各民族共同创造的。中华文化是各民族文化的集大成。"①在历史上,以华夏文化为核心的中华文化,是以中原为核心区域的"中国"为中心,向四方夷狄传播以儒家文化为核心内涵的中华文化,被称为"教化"或"声教",从而形成了中华民族的"教化天下",无论疆域如何变动,政权如何更迭,"天下"是否统一,统一的"教化天下"却始终存在,主导了中华民族"天下一统"的格局。以儒家文化为核心的"大一统"思想,成为中华民族统一的精神力量,"文化一统"成为政治、民族、"天下(疆域)"一统的主导内涵。是否坚守中华文化的核心内涵,也成为夏夷身份转换的标准,成为华夷建立"中国"政权正统性、合法性的标志。历史上"天下文化"与中华文化的关系是非常紧密的渊源关系,"中国特色社会主义文化,源自于中华民族五千多年文明历史所孕育的中华优秀传统文化"②,"培育和弘扬社会主义核心价值观必须立足中华优秀传统文化。牢固的核心价值观,都有其固有的根本。抛弃传统、丢掉根本,就等于割断了自己的精神命脉"③。习近平总书记的以上论述,高度概括了两者的渊源和关系。国家文化(公共文化)则是现代中华文化的主要特征。

---

① 习近平:《在全国民族团结进步表彰大会上的讲话》(2019年9月27日),人民出版社2019年版,第3页。

② 习近平:《决胜全面建成小康社会夺取新时代中国特色社会主义伟大胜利》,人民出版社2017年版,第22页。

③ 《习近平主持中共中央政治局进行第十三次集体学习》,新华社,2014年2月25日。

　　第四是两者的民族关系。历史上，"五方之民"共存于"天下"。先秦时期，华夏族系诸族交融互动，在秦朝统一的基础上形成了华夏—汉族，成为中华民族的核心，这个核心与其活动区域——中原地区，成为推动"夏夷天下"发展演变的关键因素。历史上中华民族的"天下观"，首先把整个的"天下"视为一个整体，即"四海一家"、"天下一体"，同时也把"天下"的华夷视为一个整体，即"夏夷一体"、"夏夷一家"，为了维护"天下"的"大一统"局面，推行"修其教，不易其俗，齐其政，不易其宜"的灵活统治政策，使得"天下"的夏夷关系处于相对稳定、平衡的状态。当然，并不是每一个时期夏夷关系都处于和谐状态，也会出现矛盾和冲突，"夏夷之辨""夷夏之防"观念之下的冲突和战争，最终的结果是进入"天下"的又一次平衡。为了解决夷狄入主中原建立政权的正统性、合法性问题，形成了"夷变夏""夏变夷"身份转换观念，即信守以儒家文化为核心的中华文化可以"夷变夏"，其政权即获得正统性、合法性地位，反之亦然。古代"天下"总体上保持了和谐，但夏夷关系是不平等的，这种不平等被歧视性描述为"本根"与"枝叶"、"首"与"足"、上与下、"化内"与"化外"等关系。今天的中华民族共同体之下的各民族及其公民，则从法律上、制度上赋予了完全平等的关系。

　　第五是两者的政治认同关系。在中华民族的古代"天下"，以王畿为中心逐渐形成"中国"，在地域上是以中原为核心的区域，从而形成"天下"的政治、地域和文化的中心，因此，位于中原的统一政权就成为正统性、合法性的基础和标志，可以号令"天下"，亦担负以儒家文化为核心的"教化""声教"的责任。即使是夷狄入主中原建立统一的或部分统一的政权，也要秉持以儒家文化为核心的"德政"，即为政以德，甚至将起源始祖追溯到中原文化区的始祖传说。有专家比喻为"攀附"，但笔者认为是强化正统性、合法性的正统符号需求。建立清朝的满洲统治者虽然不认为始祖来源于华夏，但也承认"满洲""犹中国之有籍贯"，属于"中国"的属民。以上说明，"天下"存在着强烈的"中国"认同，增加了现代中华民族的国家认同的历史基础和内涵厚度，在"天下中国"认同与现代中华民族的国家认同之间，存在历史演变关系。当然，中华民族的"天下"与现代国家之间，是存在本质区别的，"天下"是臣民—藩民—属民社会，而中华民族的现代国家则是公民社会。

笔者认为，中华民族历史上的共同体就是"天下"，它首先是一个天赐的地理空间，因为这是一个相对隔离的广阔地理空间，空间内部自然地理的巨大差异必然导致文化的多样性和民族的多元性；然而，多样性和多元性并没有妨碍共同性和统一性成为主导和方向。因为受地理空间的影响，中华民族的"天下"形成了内部循环交融体系，就如同一个巨大而永恒的"漩涡"，围绕中心交融运动而较少外溢，也就是"天下"始终处于内部化的过程中，这个具有天然内聚力的"天下"如同"漩涡约束"而把华夏和四方夷狄凝聚在一起。为了适应中华民族的"天下"格局和特点，以"和"文化、"厚德载物"观念为核心的"天下观"应运而生，即视华夏、四方夷狄为一体、一家，是一种共存、共在的关系，包容差异与和谐理念结合，承认多样性、多元性的积极因素，但反对单纯的和谐观，坚持有原则、有准则的和谐。"夷变夏""夏变夷"的标准是以儒家思想为核心的中华文化。不管哪个民族统治"天下"，信守以儒家文化为核心的中华文化才能获得正统、合法的地位。在先秦的"五方之民"中，由于华夏居于"天下"的中心区域——中原地区，文化处于领先和主导地位，形成"内其国而外诸夏，内诸夏而外夷狄"的"天下"格局，"中国"（华夏的京师或王畿）与诸夏共同构成华夏族系，与夷狄交错杂居于中原地区，共同缔造了华夏民族和华夏文化，成为中华民族和中华文化的核心。在对"天下""大一统"的历史过程中，非常重要的是华夏"中国"对"天下"的"教化"，从"五服制"开始，"因俗而治"的"天下"内部化原则伴随了中华民族的历史发展的全过程，无论是华夏还是夷狄作为"大一统"或局部"大一统"的主导者，都没有改变将中华文化的核心价值观和精神内涵作为统治"天下"正统性、合法性的依据。笔者认为，中国无论处于统一还是分裂时期，"五方之民"始终处于共同的"精神疆域"之中。"天下"与中华民族是存在明显的区别的，比如"天下"是臣民、藩民和属民的社会，中华民族是公民或国民社会；"天下"属于天子、皇帝，而中华民族的国家属于全体人民；"天下"没有近现代"公民国家"的爱国主义，国家排在天子、皇帝之后，"爱国主义"具有附带性，称为"忠君爱国"，无君则无国。所以，近现代的中华民族具有重塑、建构属性，但辩证、综合地看中华民族的历史发展过程，从居民（人民）、地域、文化、民族、政治认同而言，近现代的中华民族来源于"天下"，中华民族的形成和逻辑基础是"天下"内部化的过程，中华民族与"天下"是一种千丝万缕的历史演变关系。

第四章　"大一统"思想
——中华民族历史发展的主线

"天下观"是中华民族共同性的体现，是对中国相对隔离的自然地理空间由想象到实践的历史过程；而"大一统"则是维护、发展并实践"天下观"的思想、理念。这些思想、理念决定了中华民族无论处于分裂还是统一都能够最终发展壮大。"大一统"思想是文化、政治、民族、历史因素和自然地理因素的统一。中国"悠久的历史是各民族共同书写的"[①]就体现在中华民族的"大一统"思想中。

习近平总书记在党的十九大报告中提出"铸牢中华民族共同体意识"，2021年提出"要引导各族人民牢固树立休戚与共、荣辱与共、生死与共、命运与共的共同体理念"[②]，这个共同体就形成、发展、壮大于中华民族"大一统"历史的过程中。

"大一统"、相对隔离的自然地理空间以及"天下观"，共同构成了中华民族历史演变、发展和共同性、统一性不断聚集的主线，"大一统"思想作为中华民族凝聚、统一的基础，依托于天赐的、相对隔离的自然地理空间，并随着对"天下"认知的不断深化和丰富，推动了"大一统"目标向"想象的天下"与中华民族天赐的自然地理空间相统一的方向发展。所以，"大一统"是中华民族共同性的重要的思想体系，"天下观"和自然地理空

---

① 习近平：《在全国民族团结进步表彰大会上的讲话》（2019年9月27日），人民出版社2019年版，第2页。
② 习近平：《以铸牢中华民族共同体意识为主线　推动新时代党的民族工作高质量发展》，《人民日报》，2021年8月29日。

间则是这个思想体系的重要支撑。

"大一统"思想的主要内涵是"文化一统""政治一统""天下（地域）一统""民族一统"，在这些因素中"文化一统"是关键一环，同时各因素互相影响，共同推动了中华民族的历史发展。

中国历史上的"和"文化则是"天下观"的主要内涵和"大一统"的精神基础。"大一统"观念是在中国传统天下观和服事制基础上形成的，是中华文明的核心内容，主导着中华大地的人群从分散走向凝聚，不断壮大，滚雪球一样促成了中华民族的形成与发展；主导着疆域从分裂走向统一，"中国"一词，也由最初指称狭小的"王畿"（京师），秦汉以后指称以"郡县"代称的中原地区，像滚雪球一样拓展，最终在1689年签订的《尼布楚条约》中成了多民族国家——清朝的代称。[1]想象的"天下"与实践的"天下"最终合二为一。

第一节　"文化一统"与中央王朝统治的正统性、合法性

在"大一统"思想中，"文化一统"是基础，有了"文化一统"才能实现政治的、疆域的、民族的一统，"文化一统"是中华民族统一的意识形态形成的基础，因此是"大一统"的核心内涵。

在孔子的言论中有"文化一统"思想的发轫。比如，"天下有道，则礼乐征伐自天子出；天下无道，则礼乐征伐自诸侯出"[2]，已经蕴含了文化与统

---

[1] 李大龙：《农耕王朝对"大一统"思想的继承与发展》，《云南师范大学学报（哲学社会科学版）》2020年第6期。

[2] 杨伯峻、杨逢彬译注：《论语》（季氏篇第十六），岳麓书社2018年版，第207页。

治的合法性和正统性的关系。主张"以文化人""以夏变夷",反对单纯的武力征伐。

一般认为,"大一统"思想的明确提出是战国时期的《春秋公羊传》,即"[经]元年,春,王正月"。"[传]元年者何?君之始年也。春者何?岁之始也。王者孰谓?谓文王也。曷为先言王,而后言正月?王正月也。何言乎王正月?大一统也!"①"大一统"的原初含义是奉周文王所颁历法的正月为正月,尊奉周朝立法为正统,真正表达的是以周天子为天下诸侯共主,强调当时政治秩序的正统性、合法性。就西周时期的"大一统"政治体制而言,"周王"对"王畿"之外地区的治理由分封各地的诸侯具体实施,周王通过服事制体系规范和诸侯的关系,以维持"大一统"政治秩序的运行。②

自秦朝始,"大一统"的内涵开始适应统治的需要而变化,虽然秦朝承认其是承继于周的"大一统",即"以为周得火德,秦代周德,从所不胜"③,但此时"大一统"是指以中原郡县制地区为核心的、以华夏文化为基础的秦朝统治的正统性、合法性内涵。比如文化上的"书同文""行同伦"政策,为后来"文化一统"奠定了基础。

"大一统"思想在西汉有了新的解读,董仲舒首先提出"天人感应""君权神授"的观点,强调君权的神圣不可质疑性和合法性。对于"大一统"的思想内涵进行新的解读:"《春秋》大一统者,天地之常经,古今之通谊也……臣愚以为诸不在六艺之科孔子之术者皆绝其道,勿使并进。邪辟之说灭息,然后统纪可一而法度可明,民知所从矣。"④这段话表达了独尊儒术,以儒家思想作为"大一统"的思想基础。董仲舒的学说影响中国两千

---

① 黄铭、曾亦译注:《春秋公羊传》(隐公第一),中华书局 2016 年版,第 1—2 页。
② 李大龙:《农耕王朝对"大一统"思想的继承与发展》,《云南师范大学学报(哲学社会科学版)》2020 年第 6 期。
③ (西汉)司马迁撰:《史记》(卷六·秦始皇本纪第六),中华书局 2000 年版,第 169 页。
④ (东汉)班固撰,(唐)颜师古注:《汉书》(卷五十六,董仲舒传第二十六),中华书局 2000 年版,第 1918 页。

余年，道家、法家或阴阳五行学说以及外来的佛教都成为儒家思想的协同。董仲舒认为，探究《春秋》的本源，始于贵者，"四海之内闻盛德而皆徕臣，诸福之物，可致之祥，莫不毕至，而王道终矣"①。强调"人君"要遵守"道之以德，齐之以礼"的德治，以此才能实现诸正，以显"人君"的正统性、合法性。"四方正""四海徕臣"则成为了"大一统"的目标和标志，在此过程中，对"四方"和"四海"的诸侯、"夷狄"进行"礼、仁"的道德"教化"成为"大一统"的主要途径，以"礼"为核心的儒家文化成为判别华夷转换的标准。

而在西汉大臣王吉的"大一统"观念中，具有了大统一的意味，即"《春秋》所以大一统者，六合同风，九州共贯也。今俗吏所以牧民者，非有礼仪科指可世世通行者也，独设刑法以守之"②。"同风"不能简单理解为华夷风俗相同，而是以"礼"和"仁"为中心的相同的"教化"；"共贯"指华夷一体，而不是政治制度统一，也就是"修其教不易其俗，齐其政不易其宜"。因为在周时，华夷间风俗差异十分明显，华夏"中国"的政治制度也不可能通达"天下"，即使到了汉朝时期也是如此。

两汉以后，中华民族"大一统"的历史发展实际上受到"一个支点"和"两条主线"的影响。"一个支点"是华夏文化与统治的正统性、合法性问题。"两条主线"：一是华夏"中国"向"四方"的文化"教化"和交互影响；二是夷狄进入或入主中原的中华文化观及其认同。

关于华夏文化与中央王朝统治的正统性和合法性关系，早在先秦时期就已经具有了成熟的思想内涵。孔子认为夏夷的身份是可以转换的，既可以"以夏变夷"，也可以"以夷变夏"；孟子则只承认"夷变夏"，认为"夏变夷"是不可行的。但都认为夏夷身份的转换是文化因素，而不是血统因

---

① （东汉）班固撰，（唐）颜师古注：《汉书》（卷五十六，董仲舒传第二十六），中华书局 2000 年版，第 1904 页。

② （东汉）班固撰，（唐）颜师古注：《汉书》（卷五十六，董仲舒传第二十六），中华书局 2000 年版，第 2297 页。

素。儒家的民族关系思想是极具积极意义的，成为中华民族"大一统"思想践行的理论基础，同时，也符合华夏民族由各民族共同缔造和"中华族系"的发展演变过程。正是由于这种"文化论"的因素，杞桓公到鲁国朝见才被记载为"杞子来朝"，"杞子"之称是因为他用了夷人的礼节。①同样，如果夷狄信守儒家的礼和仁，也就转换为华夏，即"进于中国则中国之"。儒家将夏夷之间的秉性差异归之于环境，"居楚而楚，居越而越，居夏而夏"，也就是"习惯""积糜"，而不是天生就具有的。这就为夷狄入主以中原为核心区域的"中国"提供了正统、合法的身份，因为只要皈依华夏文化，就有了获得这种正统、合法身份的可能性。

董仲舒将儒家思想作为"大一统"的指导思想，认为只有"六艺之科、孔子之术"才能成为"大一统"的主导，将"文化一统"作为"大一统"的主要方向。儒家思想随着历史的发展成为中华文化核心层和顶层的内涵，因此，我们也可以将"文化一统"理解成中华文化核心层和顶层内涵的"一统"。

关于"文化一统"的两条主线。一条主线是中原华夏政权统摄"四方"（夷狄）的主要方法就是以"礼"和"仁"为核心的道德"教化"，并逐渐拓展"天下"的实践空间。我们不能认为夏夷的文化是单向的夏对夷的影响，夷对夏的影响也是非常重要的，比如在新石器时期和春秋战国时期。春秋战国时期的主要大国中，秦、楚、吴、越均被视为夷狄，其文化与华夏文化具有明显的差异，但是最终都与华夏文化融合。齐、鲁、燕的文化也与狄夷文化有密切的关联。当然，推进"教化"空间的辅助手段是"夏夷之辨"，也就是也有可能采取攻伐手段使"教化天下"更加稳固，所以用"声教"一词概括更准确一些。

另一条主线是入主和进入中原的夷狄中华文化观及其认同问题。隋代思想家王通《中说》中的夏夷观非常具有代表性。他认为，成为"中国"正

---

① 郭丹、程小青、李斌源译注：《左传》（僖公二十七年），中华书局 2012 年版，第 499 页。

统以文化论而不以民族论，因而承认北魏的正统地位，当然前提是孝文帝的"汉化"改革，其中文化方面就有禁胡语、改汉姓、尊孔子，"以明中国之有代，太和之力也"①。魏虽为拓跋鲜卑所建，但学习华夏文化，特别是遵从儒家文化，"受先王之道"而"夷变夏"，因而在"太和"时期政权获得正统地位。"江东，中国之旧也，衣冠礼乐之所就也。永嘉之后，江东贵焉，而卒不贵，无人也。齐、梁、陈于是乎不与其为国也。"这是导致"弃先王之礼乐以至是乎"的原因所在。②所以，"齐、梁、陈之德，斥之于四夷也"，视为"夏变夷"③，失去了正统地位。

唐末进士陈黯说得更为直白，如果从地域角度看，则有华夷之分，但从教化的角度看，则没有华夷之分。生活于中原而行为违背中华礼义，表面是华夏而内心已是夷；生活于夷狄地区而行为合乎中华礼义，则表面是夷而内心已是华夏。④同时期的进士程晏有类似的观点。他认为，如果"四夷之民"学习、仿效中华"仁义忠信"，信仰中华文化，就不会称之为夷；反之，"中国之民"不接受天子的教化，忘却"仁义忠信"，虽为华夏，反而改从夷俗，那么就不承认其为华夏。⑤陈黯、程晏承继了儒家的观点，即华夷的身份是可以转化的，标准是是否坚持儒家的核心思想——"仁义忠信"。坚持儒家思想，不管什么民族都视为"华夏"，反之则均视为"夷"。陈黯、程晏的华夷文化论，显然与唐朝"华戎同轨""冠带百蛮，车书万里"的社会环境密切相关。所以说，如果入主中原的非华夏民族的政权欲获得正统性、合法性的地位，必须信从、坚持以儒家文化为核心的中华文化，也就自然成为了"文化一统"的施行者。

① （隋）王通撰，马天祥译注：《中说》（卷五问易篇），中华书局 2020 年版，第 151 页。
② （隋）王通撰，马天祥译注：《中说》（卷七述史篇），中华书局 2020 年版，第 189 页。
③ （隋）王通撰，马天祥译注：《中说》（卷五问易篇），中华书局 2020 年版，第 151 页。
④ （北宋）李昉、宋白、徐铉编纂：《文苑英华》（卷三百六十四，杂文·华心），中华书局 1966 年版，第 1868 页。
⑤ （清）董诰、阮元、徐松等编纂：《全唐文》（卷八二一，程晏·内夷檄），山西教育出版社 2002 年版，第 5093 页。

宋末元初思想家郝经与陈黯、程晏的观点非常接近。无论是华和夷，"今日能用士，而能行中国之道，则中国之主也"[①]。"道"即指儒家思想的核心礼和仁，遵循和践行儒家思想既是统治正统性、合法性的基础，也是"文化一统"的核心。

辽金在汉族地区采取"因俗而制"统治方式，辽"汉制待汉人"，金沿袭"中原旧制"。不仅如此，辽金统治者在本族中推进中华文化的传播。辽朝自称"中国"，"修文物彬彬，不异中华"[②]；金朝自称"中国"，"天下一家，然后可以为正统"[③]。辽金两朝都试图在保持本民族文化特色的前提下传播中华文化，以实现"文化一统"的目标，巩固本朝的统治，但事实上本族文化都难免被中华文化沁润、融合的结局。

在非华夏民族的"文化一统"中，清朝是非常有典型意义的，因为"大一统"的实践目标是在清朝最终实现的。清朝的建立过程就是逐步接受中华文化并且传播中华文化的过程，如果没有这一过程，清朝的统治也很难稳定持续下去。如皇太极反对"华夷之辨"，而主张"华夷一体"，也就是满、蒙古、汉等各族在政治、经济、法律等方面"毋致异同"。总体而言，清廷采取的是表层文化的"满洲化"和深层、核心层文化的"中华化"，也就是儒家文化为核心的中华文化才是"文化一统"的主要方向。雍正上谕称，清朝因有"德"而获得"中国"的正统地位和统治的合法性，实现了"夷变夏"；而明因无德而失去了政权。[④]所以，清朝是因为遵循了儒家思想而获得"大一统"实施者的身份。

"文化一统"的意义在于，即使在政治上处于分裂时期，但"文化一

---

① （元）郝经撰，吴广隆、马甫平点校：《陵川集》（卷三七，使宋文移·与宋国两淮制置使书），山西古籍出版社 2006 年版，第 1344 页。

② （南宋）洪皓撰，翟立伟标注：《松漠纪闻》，吉林文史出版社 1986 年版，第 22 页。

③ （元）脱脱等撰：《金史》（卷一百二十九，李通传），中华书局 1975 年版，第 2783 页。

④ （清）雍正皇帝编纂，张万钧、薛予生编译：《大义觉迷录》（雍正上谕二份·一），中国城市出版社 1999 年版，第 1—5 页。

统"过程并没因此结束，比如东晋十六国、南北朝、五代十国、宋辽金夏等分裂时期，各民族政权都争正统，而正统的获得并非来自族类区别，而是来自对儒家思想为核心的中华文化的解释权和话语权。

中华文化的跨政权、跨民族传播的特点，是又一次"政治一统"的基础。

第二节　"政治一统"与中央王朝统治的有效性

"政治一统"不能简单理解为政治制度、统治方式的统一，如果这样理解就背离了中华民族多元一体的发展历史。"政治一统"包括中央王朝的直接统治区、代理统治区、绥抚区和共存区。代理统治区如邦国（秦朝）、属国（两汉魏晋）、羁縻府州（唐宋）、土司制度（元明清）等等；绥抚区主要通过封赏、朝贡、和亲、互市等方式维护紧密关系；共存区指还没有纳入中央王朝势力范围，但属于中华民族天赐的、相对隔离的自然地理空间内的民族（包括氏族、部落等）。

"政治一统"主要解决的是夏夷在"天下"的一统性关系，要从两方面入手理解，即观念和具体的政策措施。

"政治一统"的观念在先秦已经出现，《诗经》"溥天之下，莫非王土"，这里的"天下"不是指具体的地理范围，而是形容王权无所不在，是"政治一统"的思想萌芽。《尚书·禹贡》中的"五服制"是"政治一统"的肇始。"五百里甸服"和"五百里侯服"属于直接统治区和诸侯"代理"统治区。"五百里绥服"包含大量的夷狄，其中，"二百里"要为王者"奋武卫"，"三百里"推行王者的政教。"绥服"区域就是绥抚统治区，是重点的"教化"区域，同时具有政治、军事联盟的色彩。"五百里要服"和"五百里荒服"是偏远的夷狄区域，是夏夷共存区域，没有固定的进贡义务，用各种形式的约定保持臣服、隶属关系。[1]这就是孔子所言"裔不谋夏，夷不乱华"[2]所表达的境界，以及"修其教不易其俗，齐其政不易其宜"原则的体现。

"五服制"描述的是以华夏"中国"为中心，向四方层层拓展的统治秩序，而且离中心越近其统治的有效性越强，离中心越远其有效性越弱，这是"中华族系"各族关系的鲜明特征。中华民族的"政治一统"必须依赖两种手段——"教化"和攻伐，以"教化"为主，攻伐为辅。其后中国历史的各个时期"政治一统"的进程都没有脱离"五服制"的政治秩序理念。

中国历史上第一次在"天下"的部分区域实现"政治一统"是秦朝。而后历史上的统一王朝多受秦、两汉"政治一统"观念的影响。

董仲舒关于华夏"中国"对"天下"统治秩序的描述，体现出"政治一统"中华夷的身份和政治位置，即以华夏"中国"为中心，其有效的统治逐步向中华民族天赐的自然地理空间的边缘扩展，"故内其国而外诸夏，内诸夏而外夷狄，言自近者始也"[3]。

东汉儒学大师何休对"夏夷天下"的"政治一统"过程描述得更为详尽深入："于所传闻之世，见治起于衰乱之中……故内其国而外诸夏"；"于所闻之世，见治升平，内诸夏而外夷狄"；"至所见之世，著治大平，夷狄进至于爵，天下远近小大若一"。[4]"三世论"反映了春秋时期的三个发展阶段，即"所传闻之世""于所闻之世""所见之世"。

贾谊给文帝上疏曰："凡天子者，天下之首也，何也？上也。蛮夷者，天下之足也。何也？下也。蛮夷征令，是主上之操也；天子共贡，是臣下之礼

① （明）先秦诸子，王世舜、王翠叶译注：《尚书》（夏书·禹贡），中华书局2012年版，第88—90页。
② （春秋）左丘明撰，郭丹、程小青、李斌源译注：《左传》（定公十年），中华书局2012年版，第2172页。
③ （西汉）董仲舒撰，张世亮、钟肇鹏、周桂钿译注：《春秋繁露》（王道第六），中华书局2012年版，第114页。
④ （东汉）何休解诂，（唐）徐彦疏，习小龙整理：《春秋公羊传注疏》（监本附音春秋公羊传注疏隐公卷第一·春秋公羊经传解诂隐公第一），上海古籍出版社2014年版，第4—5页。

也。"①上下之分，虽然带有"夏夷之辨""夷夏之防"的含义在其中，但也反映了以"天子"为中心向四方依次递进的"天下"政治秩序，即"政治一统"。

唐朝将"政治一统"置于"天下"夏夷关系的格局，通过实现"中国"与夷狄的一体化而实现中华民族的"政治一统"，也体现出从中心向四方夷狄层层递进的"政治一统"格局。如唐朝将领李大亮上言："臣闻欲绥远者必自近。中国，天下本根，四夷犹枝叶也。残本根，厚枝叶，而曰求安，未之有也。"②

欧阳修提出了正统王朝的类型，其中第一种就是"居天下之正，合天下于一"③。朱熹将"政治一统"视为"何必凭地论！只天下为一，诸侯朝觐，狱讼皆归，便是得正统"④。朝觐、狱讼权视为"政治一统"的重要标志。由于两宋处于"天下"分立的对峙状态，特别强调"正"（德）的位置，以凸显自身的正统性、合法性，而对"天下"的有效统治有所弱化、回避，强化"夏夷之辨""夷夏之防"。

元明清三朝是中国历史上延续统一时间最长的时期，是奠定中国统一多民族国家的基础。三个朝代"政治一统"观念是有所区别的。元世祖通过效法中原王朝的制度、文化，获得正统地位，对广阔疆域进行有效统治，实现"政治一统"的目标。明朝"人君"以四海为家，构成了"大一统"观念的核心内容。朱元璋虽以"华夏"继承者的身份获得"中国正统"，但没有将明朝和元朝完全割裂开来，承认忽必烈在"大一统"上的功绩。⑤从"政治

---

① （东汉）班固撰，（唐）颜师古注：《汉书》（卷四十八，贾谊传），中华书局2000年版，第1720页。
② （北宋）欧阳修、宋祁撰：《新唐书》（卷九十九，列传第二十四·李大亮），中华书局2000年版，第3144页。
③ （北宋）欧阳修撰，李逸安点校：《欧阳修全集》（卷十六，正统论下），中华书局2001年版，第269页。
④ （宋）黎靖德编：《朱子语类》（卷一百五，朱子二·论自注书·通鉴纲目），崇文书局2018年版，第2636页。
⑤ 李大龙：《农耕王朝对"大一统"思想的继承与发展》，《云南师范大学学报（哲学社会科学版）》2020年第6期。

一统"角度，明朝与元朝没有本质的区别，明朝统治者仍然希望在元朝统治区域的基础上实现对国家的有效统治，也就是保持"政治一统"的连续性。清朝是中华民族"天下"的"政治一统"从想象到实现的朝代，《大义觉迷录》对此有明确的表述："海隅日出之乡，普天率土之众，莫不知大一统之在我朝。"①因此，清朝事实上实现了全"天下"的有效统治，"政治一统"与实际"天下"实现了真正的统一。

历朝具体的统治政策、措施是"政治一统"的具体体现，也是进行有效统治"天下"的标志。从先秦带有想象成分的"九州""四海"观念的产生，"五服制"的实施，到清朝时期真正实现了中华民族自然地理空间内的"政治一统"，历时两千多年。秦朝在偏远的"夷狄"地区设"道"（相当于内地县级地方机构）管理。汉朝在"夷狄"地区主要设有属国都尉和持节领护诸官，从这些官职的设置可以清晰地看到"政治一统"所达及的区域。魏晋南北朝时期，"南朝有左郡左县之设，以当地民族首领为太守、县令等职；北朝有胡汉分治之制"②隋唐的羁縻州府制和诸都护府的设立，"政治一统"的地域有所扩大。"宋辽金西夏时期，羁縻府州制得以延续。"③元朝用土司制管理南方的少数民族；宣政院管理青藏高原的军政事务。明代在南方继续推行土司制度以及后期的"改土归流"；设置都司、卫所等管理西北、东北、北方地区。"清朝在东北、北部和西北边疆地区设置了将军、都统、大臣进行管辖，在西藏设置了驻藏大臣管辖。"④在制度设计上包括蒙古地区的盟旗制、新疆地区的伯克制、南方的土司制等，部分南方地区实行了

---

① （清）雍正皇帝编纂，张万钧、薛予生编译：《大义觉迷录》（雍正上谕二份·一），中国城市出版社1999年版，第2页。

② 贾益：《从国家治理的角度思考中国历史上的"华夷"与"大一统"》，《史学理论研究》2020年第5期。

③ 贾益：《从国家治理的角度思考中国历史上的"华夷"与"大一统"》，《史学理论研究》2020年第5期。

④ 李大龙：《农耕王朝对"大一统"思想的继承与发展》，《云南师范大学学报（哲学社会科学版）》2020年第6期。

"改土归流"。

"政治一统"代表着"大一统"的有效进程，是中央王朝从中心（中原）向"天下"的四方及其边缘逐步施行有效管理的过程，也是中华民族一体性、统一性不断增加的过程，乾隆二十四年（1759）至嘉庆二十五年（1820），中央王朝的有效管理面积达到了中华民族天赐的、相对隔离的自然地理空间的实际面积，实现了中华民族"政治一统"（有效管理）与"天下"的合一。

第三节 "天下一统"与中华民族疆域的统一性

"大一统"最初的含义是华夏"中国"统治者的正统性问题，而后又扩展出合法性的内涵。春秋战国时期的秦、楚、吴、越等由于具有浓厚的夷狄色彩而被中原华夏政权视为"非正统"，因而就出现了入主中原的夷狄统治者如何获得正统性和合法性的问题。但地域因素始终是"大一统"的场域，即"大一统"从地域角度衡量必须占据中心区域，也就是中原地区；其次是从中心向四方的扩展过程和准则，也就是中华民族的"天下观"。

对"天下一统"的认识，笔者认为应该从对中华民族的自然地理空间观念、控制地域空间对政权正统性和合法性的影响等两方面的分析入手，论述"天下一统"与中华民族疆域统一性的关系。

一是对中华民族天赐的自然地理空间——"天下"的认识。

中华民族在古代事实上存在一个天赐的相对隔离的自然地理空间，东部（临海）和北部是相对隔绝的。西南的青藏高原形成了天然屏障。西部是通过丝绸之路与中亚、欧洲和地中海沿岸连接，处于第二级阶梯内，主要由高原、盆地和山脉构成，宽度达到4000千米，外敌是无法有效攻入这一区域的。而且，中央王朝对"西域"的控制无论有效与否，其居民主体始终没有离开过这个自然地理空间，其诸民族也没有脱离中华族系的体系之中。南部地区山峦叠嶂，瘴气蔓延，很难形成强势民族，所以，中华民族南部的自然地理空间是相对稳定的，不会受到较大冲击，其疆域随着中华文化的传播而变化。这是一个事实上的天赐的自然地理空间，对于中华民族而言是非常幸运的，因为其他三个文明古国的文化都没有得以继承而改头换面，其主体民族也被一遍一遍更换而面目全非。

在先秦时期，士人就对"天下"范围具有想象之上的模糊的认识，比如《诗经·小雅》中的"四夷交侵，中国微矣"，说明中华民族的"天下"是由华夏"中国"和四夷组成，当然此时的"天下"的边界是极其模糊的。先秦出现了"九州""四海"的概念，"九州"就是指"天下"，而"四海"更为笼统，所言是指可及"天下"的边缘以内范围，当时人们认为海是地域的边缘。周王朝和春秋战国诸国的有效统治区域显然远小于这个想象的地理空间，而"五服制"就属于华夏"中国"管理"天下"的第一个制度体系，其中的"绥服""要服""荒服"与"教化""声教"密切关联，天子是以"正统"的身份管理这些区域，每个区域以"五百里"作为单位，具有明确的地理空间概念，"大一统"由此第一次具有了"天下一统"的内涵。《尚书·禹贡》对于"五服天下"的描述没有局限于两千五百里，即东到海，西至沙漠，南北则远及声教之地，四海之内皆属"天下"的范围。囿于认识的局限，这与中华民族的自然地理空间还是有较大的差异。但是对"九州"记载的冀、兖、青、徐、扬、荆、豫、梁、雍中，有学者认为梁包括今四川以南，雍到了今甘肃南部和青海东部。《左传·鲁昭公九年》对于"天下"有更为清晰的描述，但西部止于现在的陕西、山西区域，南部到长江中上游流域，东部到今山东一带，只有北部囊括了实际的"天下"。

从"天下一统"的角度而言，秦朝的统一是华夏和诸夷狄大融合的结果，比如夷狄色彩浓厚的秦、楚、吴等已经成为华夏的一部分，"分天下以为三十六郡"①，对于那些境内的其他夷狄，郡下设"道"管理。秦朝的实际有效统治面积远未达到中华民族的自然地理空间，而秦二世称："且先帝起诸侯，兼天下，天下已定，外攘四夷以安边竟（境）。"②将非"三十六郡"的夷狄排除于"天下"之外。虽然提出"六合之内，皇帝之土""人迹所至，无不臣者"③，但基本上局限于"九州天下"的认识，还无法将"天下""四海"与中华民族的自然地理空间相对应。

汉朝仍然以"九州""四海"为基础，认识"天下"的地理范围，"陛下以四海为境，九州为家"④，"四海会同"⑤的记载说明对"九州"是直接而有效管辖，"四海"的中心是京师，四方汇聚、节制京师。武帝时"凡十三郡（部），置刺史"⑥。汉宣帝神爵二年（公元前60）西域都护府的设立，"天下"的西部地域第一次纳入汉朝的实际管辖。对"天下一统"的认识上，汉朝发生了不同于秦朝的变化，比如贾谊提出天子为"天下"之首位于上、蛮夷为"天下"之足位于下的观点，不仅具有"政治一统"的内涵，也蕴含汉朝的"天下"不仅包括实际管辖地域，而且在非有效管辖的夷狄地域也有了想象的空间，"天下一统"的范围既模糊又具有了弹性空间，因此，汉朝"天下一统"的范围远远超出了秦朝。

唐朝基本上延续了汉朝的"天下一统"观念，"天子以四海为家，故置一堂以象元气，并取四海为家之义"⑦。"四海"的地理范围随着唐朝直接统治地域的扩大而发生变化。唐太宗时期的大臣李大亮"中国，天下本

① （西汉）司马迁撰：《史记》（卷六，秦始皇本纪第六），中华书局 2000 年版，第 170 页。

② （西汉）司马迁撰：《史记》（卷六，秦始皇本纪第六），中华书局 2000 年版，第 192 页。

③ （西汉）司马迁撰：《史记》（卷六，秦始皇本纪第六），中华书局 2000 年版，第 174 页。

④ （东汉）班固撰，（唐）颜师古注：《汉书》（卷六十四上，严朱吾丘主父徐严终王贾传第三十四上），中华书局 2000 年版，第 2103 页。

⑤ （东汉）班固撰，（唐）颜师古注：《汉书》（卷二十八上，地理志第八上），中华书局 2000 年版，第 1240 页。

⑥ （东汉）班固撰，（唐）颜师古注：《汉书》（卷二十八上，地理志第八上），中华书局 2000 年版，第 1245 页。

⑦ （后晋）刘昫等撰：《旧唐书》（卷二十二，志第二·礼仪二），中华书局 2000 年版，第 579 页。

根，四夷犹枝叶也"的提法，与贾谊的天子、蛮夷"首足论"有异曲同工之效，即都把夷狄作为"天下疆域"组成部分，这就在明确中华民族"天下一统"的直接、有效的统治区域的同时，也为在这之外的夷狄区域实施有效、直接的统治埋下了伏笔，勾画了蓝图。唐朝将疆域划分为直接管理的府州和间接管理的羁縻府州（以夷制夷），其"地域一统"的范围远大于直接管辖的地域，比如安西、北庭都护府管辖西域广阔的地域，延续了汉朝对西域的有效管理；安北、单于都护府管理北部辽阔的草原地域；安东都护府等管理东北区域；安南都护府管理南部疆域。唐朝在疆域的管理上，还有"化内人""化外人"的观念，明显有别于前代中央王朝，化内包括直接管理的府州和羁縻府州，对于那些没有完全征服的地域就属于"化外"，即"化外人，谓番夷之国，别立君长者。各有风俗，制法不同。其有同类自相犯者，须问本国之制，依其俗法断之；异类相犯者，若高丽之于百济相犯之类，皆以国家法律论定刑名"[1]。从这段疏议分析"化外人"，当时应属于蕃国之列，声教未及之地，也就是说不属于唐朝的属民，今人有解释为外国人者。但其实没那么简单，"化内"和"化外"是可以随着政治关系、政权实力的变化而转换的，虽然没有直接管辖，但可以通过和亲、封赏、朝贡等手段实现臣服或名义上的臣服关系，使得唐朝的疆域具有了较大的弹性，离"一统"中华民族天赐的地理空间空前接近。

元朝统治者进入中原的目的之一就是为了实现"天下一统"的目标，如果说蒙古帝国在中华民族的自然地理空间外以攻城略地、征服异族、攫取财富为目的的话，进入中原的元朝皇帝则具有了经营"天下"的意识。元朝皇帝虽然具有根深蒂固的草原本位的征服王朝意识，与中原华夏王朝的"教化观""大一统"思想有较明显的区别，但占据中原为中心的广阔空间后，亦接受了部分"大一统思想"的内涵，强调对"四方""区宇""海宇"的统

---

① （唐）长孙无忌主持修定，岳纯之点校：《唐律疏议》（卷第六，名例·凡一十三条），上海古籍出版社2013年版，第107页。

一，实现"大一统""以一统绪"的目标。[①]

　　"人君""以四海为家"构成了明朝"大一统"观念的核心内容。明朝是在元朝基础上出现的，朱元璋即以"驱逐胡虏，恢复中华"的名义发动了推翻元朝统治的运动，建立明朝后则强调的是"复我中国先王之治"，即以"华夏"继承者的身份出现。[②]但同时，其并未否定元朝在统一疆域中的地位，比如朱元璋评价忽必烈"东征西讨，混一华夏"[③]，说明对元朝统一疆域的认同。尽管明朝统一的疆域远小于元朝，但其"天下一统"的目标是与元朝一致的。

　　清朝是来自东北的满洲族所建立，自然脱离不了夷狄的身份局限，其"天下一统"的观念滞后于统一"天下"的实际过程，是典型的反观"天下"。雍正认为，"且自古中国一统之世，幅员不能广远"，原因是"其中有不向化者，则斥之为夷狄"，对前朝历代"大一统"效果全盘予以否定。而雍正君临的"天下"，"并蒙古极边诸部落，俱归版图，是中国之疆土开拓广远"，从而在疆域上实现了中华民族从"想象的天下"到"实际的天下"的统一。[④]

　　二是"天下"的地域空间对政权的正统性、合法性的影响。

　　"大一统"需要一定的空间场域来实施。先秦时期，华夏"中国"的士人以中原为中心勾画出想象的"天下"，"天下"的空间描述为"九州""四海"等，"天下"的居民则为"五方之民"。秦朝建立后，华夏"中国"与四方夷狄的关系，概括为夏夷两方关系，衍生出汉朝的华夷"首

① （明）宋濂等撰：《元史》（卷四，本纪第四·世祖一；卷三十二，本纪第三十二·文宗一；卷第三十三，本纪第三十三·文宗二），中华书局 2000 年版，第 43—44、479、498 页。

② 李大龙：《农耕王朝对"大一统"思想的继承与发展》，《云南师范大学学报（哲学社会科学版）》2020 年第 6 期。

③ （明）《明太祖实录》（卷二百零八，洪武二十四年三月癸卯），台湾"中央研究院"历史语言研究所校勘本 1962 年版，第 3097 页。

④ （清）雍正皇帝编纂，张万钧、薛予生编译：《大义觉迷录》（雍正上谕二份·一），中国城市出版社 1999 年版，第 5 页。

足论"和唐朝的华夷"本根枝叶论""化内化外论",以及明朝的"驱夷复华论",无不体现出以华夏"中国"为中心的"天下一统观"——谁占据了以中原为核心的地区,谁就可能成为"天下"正统,"中国"之主,其政权才具有合法性。

王通视北魏为正统,除了文化因素外,占据大部分中原地区是最为关键的因素。辽、金政权也如此,由于其占据了部分中原(中国)地区,又学习、认同中华文化,因而自认为是正统,当然由于未能统一中华民族的全部"天下",这种正统地位始终是被质疑的。而宋齐梁陈之南朝和宋朝尽管是华夏政权,由于未能统一中原地区,其正统地位被弱化和轻视,只能强调"道德主体性"作为正统的依据。明臣王祎所言反映了这种"中原正统观","至于靖康之乱,南北分裂,金虽据有中原,不可谓据天下之正;宋既南渡,不可谓合天下于一"①。

作为中华民族中非华夏民族建立的"大一统"政权的元朝和清朝,其正统性和合法性受到质疑是必然的。

明朝因此而将自身视为承担了"驱逐胡虏,恢复中华"的使命。但元朝也因为统一了中华民族的大部分自然地理空间而获得正统、合法地位。王祎承认:"自辽并于金,而金又并于元,及元又并南宋,然后居天下之正,合天下于一,而复正其统,故元之绍正统,当自致元十三年始也。"②

雍正也强调元朝因疆域统一性所获正统地位:"历代从来,如有元之混一区宇,有国百年,幅员极广,其政治规模颇多美德。"③对于元朝的赞赏,首先肯定其对疆域的统一,其后才是统治政策的认可。然雍正帝的真正目的,是为了说明清朝通过"天下一统"实现疆域统一而获得的正统性和合法性。比如,雍正认为,春秋百里之国,其大夫不可随意诽谤其国君,"我朝

① (明)王祎撰:《王忠文公集》(卷一),中华书局1985年版,第9页。
② (明)王祎撰:《王忠文公集》(卷一),中华书局1985年版,第9页。
③ (清)雍正皇帝编纂,张万钧、薛予生编译:《大义觉迷录》(雍正上谕二份·一),中国城市出版社1999年版,第9页。

奉天承运，大一统天平盛世，而君上尚可谤议乎？"①在《大义觉迷路》中的上谕内容，都试图说明疆域广阔、"天下一统"成为清朝正统性和合法性的有力依据。而实际上，清朝的确是第一个实现中华民族天赐自然地理空间与实际统治区域相统一的政权。

第四节　"民族一统"与中华民族的交融性

"民族一统"指中华族系各民族的交互融合关系，但这种交互融合关系必须建立在"夏夷观"的基础之上，中华民族的"夏夷观"主要体现于三个方面：即华夷身份的转换观、"天下观"中的"华夷一体"与"华夷之辨"的辩证关系和夷狄对华夏的认同。这三方面直接决定了夏和夷的历史交融性，也助推了中华民族共同性的发展。

关于夏夷身份的转换问题，前文已多有涉及。由于中华民族所处自然地理的特点——空间广阔而又相对隔离，促成了中华族系的形成，而族系内的各民族在这个地理空间内，必然形成内部的循环融合关系。

首先是中心区域的共同融合。

在"中国"形成了华夏，而华夏最初形成的六大文化区中有五大文化区属于非华夏诸民族。先秦时期，华夏族系各民族在中原地区交错杂居，出现了第一次民族大融合，成为秦朝统一的基础。然而，这样的民族融合需要一种适合的夏夷观作为黏合剂，而夏夷的身份转化观念就是这种黏合剂。先秦时期，儒家将夏夷关系归结为文化关系，即是否遵守礼和仁，孔子将其概括为"为政以德"，强调德治的主体性地位，由此衍生出华夏"中国"对夷

---

① （清）雍正皇帝编纂，张万钧、薛予生编译：《大义觉迷录》（雍正上谕二份·一），中国城市出版社1999年版，第9页。

狄的"教化观",从而决定了中华民族的历史主要是从中央向四方的"教化""声教"的过程。"夷变夏"的核心是夷遵夏礼,这个"礼"再加上"礼"的内核"仁"就是儒家思想的核心,接受了这种价值观夷狄就可以变为夏;同样,夏如果接受了夷礼就变为了夷。也就是"诸侯用夷礼则夷之,进于中国则中国之"。当然秦以后,"教化"的内容也在扩展,随着时代的发展不断丰富。夏夷的身份转换观念为各民族的融合扫清了障碍,树立了各民族共享的价值观和共融的标准,中华民族的共同性不断累积,也是超大型民族共同体——华夏族形成的最主要的原因。

其次是"天下观"中的"华夷一体""华夷一家"与"华夷之辨"的辩证关系,是认识"民族一统"的重要逻辑。

华夷关系从文化角度而言是一个矛盾,华夏文化从"天下"的范围看是核心和正统,华夏"中国"要坚守这个核心和正统,才能保证对"天下"的"教化",实现"民族一统"的目标,所以提出"裔不谋夏,夷不乱华"的夏夷关系准则。当"华夷之辨"成为主流意识时,一定是华夏"中国"的地位受到了严重的冲击和威胁,为了保护华夏文化和"中国"的正统地位,就要从文化、地域甚至血统的角度区分华和夷,进行华夏内部的动员,并将攻伐作为重要手段维护华夏的地位。但"华夷之辨"不是最终的目的,而是为了实现"华夷一体""华夷一家",通过"教化"不断扩大"夷变夏"的范围,从而实现中华民族"天下一统"。

何休的"三世说",就是要解决京师与华夏族系各族的关系、华夏族系与夷狄的关系,以及最后形成夏夷"一体""一家"关系的大同世界,乃至可以对夷狄封爵。这体现了从华夏向四方逐级递进的"教化"进程,也是"华夷之辨"向"华夷一体""华夷一家"和"天下远近小大若一"的发展进程,其结果是华夏文化传播的扩大和"夷变夏"的加速。

所以,"天下一统"促进民族融合,而"天下"分裂导致融合减速,但从分裂到统一又会迎来新的民族大融合的到来。从先秦开始形成的"天下观"中的"华夷之辨"，其目的是保护华夏文化不被破坏，华夏"中国"的正统地位依"天命"正常传承，最终还是要利用华夏的优势实现"华夷一体""华夷一家"的"大一统"。

在中华民族的历史上，频繁发生夷狄进入中原建立区域和"大一统"政权的现象，比如魏晋南北朝，五代十国，宋、辽、金、西夏等分裂时期，元、清等统一时期，夷狄都必须高举正统之帜，追崇华夏文化，才能将其统治维持下去，其结果也必然是融入华夏之中，形成又一次大融合的局面。

最后是夷狄对华夏的认同问题。

我们探讨较多的是"华夏中国"对四方夷狄的观念，很少研究夷狄对华夏的认识问题。而实际上，作为另一方的夷狄对华夏及"中国"的认识对于中华民族的融合也是非常重要的。前述提到，中华民族拥有相对隔离的自然地理空间，其复杂的地理必然导致多样性，但这种多样性并没有成为共同性、统一性的障碍，而且共同性、统一性始终是主导和方向，形成中华民族内部的共同文化链和利益链，中华民族内部有矛盾有冲突，但不会导致"族系"内部的本质和体系的分裂。四方夷狄为了获得正统地位，无一例外都要宣扬与华夏的同源、同属联系。有学者形容其为"攀附"是不全面的，主要是功利目的所致。

清朝是"大一统"的重要朝代。雍正在上谕中说，清朝"入为中国之主""天下一统，华夷一家""本朝之为满洲，犹中国之有籍贯。舜为东夷之人，文王为西夷之人，曾何损于圣德乎？"[1]虽然不认为满洲与华夏同源，但承认是"中国"属民，并且"是为德在内近者，则大统集于内近；德在外远者，则大统集于外远"。孔子曰："故大德者必受命。"[2]雍正通过一系列

---

[1] （清）雍正编纂，张万钧、薛予生编译：《大义觉迷录》（雍正上谕二份·一），中国城市出版社1999年版，第2—3页。

[2] （清）雍正编纂，张万钧、薛予生编译：《大义觉迷录》（雍正上谕二份·一），中国城市出版社1999年版，第5页。

的论证，说明满洲族建立清朝的正统、合法性，将满洲与"中国"置于统一的政治秩序中，其后发生的满洲族与汉族等其他民族的大规模融合，则是这种观念的必然结果。

第五节 "和"文化是"大一统"思想的主要内涵和精神基础

"和"文化是中华传统文化的基石，也是儒家文化的精华。儒家将"和"文化引入到政治、社会关系中，并成为"天下观"的主要内涵和"大一统"的精神基础。在中华民族自然地理空间的作用下，形成了华夏与四方夷狄共"天下"的格局，这成为"和"文化产生的土壤。"和"文化与中华民族的"天下观"密切相关，没有"和"文化就不会形成独特的"天下观"。"和"文化作为"大一统"的精神基础，指导着"大一统"的方向和目标。

一、"和"文化的精髓是"和而不同"

"和"文化作为中华民族传统文化的基石，当然并不是儒家一家所提倡，也不是儒家的首创。比如，"君子以厚德载物"[1]，强调以厚德包容天下万物。张岱年认为，既肯定自己的主体性，也承认别人的主体性；既保持自己的尊严，也尊重别人的尊严，就是"厚德载物"的精神内涵。老子从哲学角度分析"和"，"万物负阴而抱阳，冲气以为和"[2]，从阴阳对立、冲突的漩涡激荡中达到两者的和谐。道家另一位代表人物庄子对"和"有系统的认

---

① （西周）于海英译注：《易经》，华龄出版社 2017 年版，第 17 页。
② （春秋）老子撰，汤漳平、王朝华译注：《老子》（道德经），中华书局 2014 年版，第 165 页。

识，提出了"和天下"，客观上将"和"的理念延伸至夏夷关系的和谐，即"和天下，泽及百姓"①。庄子还以孔子之名提出"天人合一"的理念："仲尼曰：'有人，天也；有天，亦天也。'人之不能有天，性也。"②这是从人与自然的关系角度说明和谐"天下"的重要性。庄子提出的天下协调统一和社会和谐的概念，是"天下观"非常重要的理念。

春秋时期的《国语》对"和"文化的论述在先秦时期可谓最全面，可以使我们更加深刻地理解"和"文化的丰富内涵："去和而取同。夫和实生物，同则不继。以他平他谓之和，故能丰长而物归之；若以同裨同，尽乃弃矣……声一无听，物一无文，味一无果，物一不讲。"③《国语》中的记载说明"和"文化的三个重要问题：一是多样性是人类社会的基本形态，可以生成万物，促进发展。土与金木水火相调和，而生成万物；五种口味相调和，才能做出适合人们的口味；四肢强壮身体才能健康；协调六种音律使音乐悦耳动听；等等。二是统一性建立在多样性基础上。将多样的事物协调、平衡就可以实现多样性基础上的统一，这样的统一性才能促进发展，才能称为发展。三是单一性的雷同不能发展、单一性的累积将中断发展，将相同的东西简单相加的事物，结果就是走向尽头。如果没有包容差异的理念，夏夷关系将陷入长久的对抗之中。四是将"和"理念引入政治领域，认为周王放弃了多样性基础上的统一，而采用雷同性、单一性的政策，这是上天让其丧失智慧，国家想不衰败都无可能性。

西汉时期成书的《礼记》对先秦儒家哲学思想进行了经典概括，不仅论述了"和"文化的概念，而且将中庸理念与"和"文化结合，这也是对孔子的中庸理念与"和"文化的概括。戴圣说："喜怒哀乐之未发，谓之中；发而皆中节，谓之和。中也者，天下之大本也；和也者，天下之达道也。致中

---

① （战国）庄子撰，方勇译注：《庄子》（杂篇·天下），中华书局2010年版，第568页。
② （战国）庄子撰，方勇译注：《庄子》（外篇·山木），中华书局2010年版，第331页。
③ （春秋）左丘明撰，陈桐生译：《国语》（郑语·史伯为桓公论兴衰），中华书局2013年版，第573页。

和，天地位焉。万物育焉。"①戴圣提出了"中和"概念，"中"指中庸，是事物不受影响之下的本体状态，或者可以概括为原初的平衡状态；"和"是表现出来的诸事物处于协调包容状态。"中和"就达到了"天下"的最佳状态，通畅而欣欣向荣。

"和"文化是孔子思想的基础，"礼"和"仁"的最终目标都是为了实现"和"，孔子将其概括为"和而不同"，即多样性基础上的和谐不是没有原则和标准的，只有在正确立场的基础上，"和"才有价值。"和而不同"最初是针对社会各阶层和人与人的关系提出来的，但后来成为"天下观"的核心及"大一统"的精神基础。孔子的中庸思想是与"和"文化相联系的，孔子认为中庸作为一种道德是最高的境界。

在《左传·昭公二十年》中，论述了孔子的中庸之道，即宽与猛、刚与柔和统治的关系，其中提到了用"和"来"柔远"的问题，将"和"文化延伸到了夏夷关系。②孔子的学生有子将"礼"和"和"结合起来，说明"和"在"礼"中的首要地位，不能为了"和"而"和"，要用礼仪制度来制约、节制，事实上体现了"和而不同"的理念。这些理念，成为构成"大一统思想"的支撑。

二、"和"文化与"天下观""大一统"思想的关系

"和"文化的自然基础是中国相对隔离的自然地理空间，自然而然形成了以多样性为特征，而共同性、统一性占主导的中华族系③，在这个族系内部是一个巨大的内循环体系，并逐步形成了比中华族系的共同性、统一性更突出的民族共同体，历史上称为"天下"，即现在的中华民族共同体。

---

① （西汉）戴圣编纂，胡平生、张萌译注：《礼记》（中庸第三十一），中华书局 2017 年版，第 1007 页。
② （春秋）左丘明撰，郭丹、程小青、李斌源译注：《左传》（昭公二十年），中华书局 2012 年版。
③ 先秦的中华族系笼统可以分为西戎族系、南蛮族系、东夷族系、北狄族系和华夏族系，中华族系从历史过程看是以华夏族系为核心的，华夏族系是由五大分层族系交互融合而成。如果再细分下层族系，比如东北有东胡族系、肃慎族系和夫余——濊貊族系，其他区域类推。

　　"和"文化产生的人文基础也与中华民族相对隔离的自然地理空间相关，即在此基础上形成的中华族系及其文化，中华族系内部的多民族及在此基础上形成的文化多样性。这种多样性在新石器时代已经呈现出明显的特征，基本上可以划分出六大文化区或文化区系，在其外围仍然存在着不同的文化区或文化区系，因为旧石器时代晚期，文化已经分布于中华民族自然地理空间所有大的区域，比如今天的新疆、西藏、海南、台湾以及广阔的北部；而新石器文化则分布于这个地理空间的角角落落。在相对隔离空间内复杂地域形成的新旧石器文化，成为中华民族早期多样性的基础。但这种多样性是在中华民族相对隔离的自然地理空间内形成的，属于一个内循环的统一的体系，多样性并没有阻碍共同性、统一性的发展。在新石器时代的某一时段，华夏文化区之外的文化曾经在某一时段处于领先地位，并对华夏文化区产生影响，但没有冲击华夏文化区的主导地位，而是在文化与民族的交互融合、影响中共同性、统一性得以增强，以华夏文化为核心的共同性、统一性始终主导着中华族系各民族及其文化的发展。华夏族系各族的多样性则在共同性、统一性主导下发展成为华夏民族。

　　中华民族的"天下观"正是在这样的相对隔离的自然地理空间和在此基础上形成的中华族系分布、交融格局及其文化特点影响下形成的，这就是包容差异、认同多样性基础上的统一与和谐的"和"文化，也就是将多样性与共同性、统一性融为一体，尊重、包容多样性，认同多样性的积极作用，反对将"天下"看成是单一的、雷同的和一致的，认为如果罔顾"天下"的多样性的特点，就会失去对"天下"的控制。包容多样是中华民族"天下"平衡、稳定的基础，这也是由中华民族的历史发展所决定的，"和"文化是适应中华民族的历史发展而形成的。这样的理念形成后逐步改进、丰富了中华民族的"天下观"，"和"文化无疑在这个过程中起到了主导作用。而在实践上，认同中华民族的"天下"由华夏和四方夷狄五方"共天下"，夏夷关系是一体关系、共存关系、一家关系，还被形容为"首足"关系、"本根枝叶"

关系、中央王朝与化内化外关系等，这些都渗透着"和"文化的精神价值。

"大一统"思想是维持中华民族统一的基础，其精神基础就来源于以"和"文化为核心的"天下观"。但"大一统"思想与"天下观"的重要区别在于，更加重视多样性基础上的原则性和行为准则的一致，即"和而不同"。所以，"大一统"以"教化"为首要，强调文化标准基础上的夏夷身份转化，将是否坚持华夏核心文化的理念作为统治正统性、合法性的标准；但同时，并没有放弃攻伐的辅助作用，在必要时以"夏夷之辨""夷夏大防"保证华夏文化、中央政权的本色和延续。在具体的政策上，最典型的是"五服制"和"修其教不易其俗，齐其政不易其宜"理念下的一系列适应夷狄地区特点、特色的统治政策。在文化上，各民族本身的表层甚至深层、核心文化可以各具特色，但是作为中华文化顶层的共享的价值观、行为规范、道德标准等必须统一，严格遵守，比如儒家的德治、礼和仁的要义，等等。对于"教化"不可能达及的中华民族自然地理空间之外的异域，即使主动要求"归附"，中央王朝也有可能拒之门外。[①]这也说明，中华民族具有"协和万邦"的文化基因，譬如郑和下西洋所发生的那样，是友善而不具有"侵略性"的民族。

笔者认为，中华民族存在一个客体的"天下"，这个"天下"就是天赐的、相对隔离而封闭的自然地理空间。在这个广阔的地理空间内，由于存在所有六种陆地地形的基本类型，必然导致早期人类文化的多源多流以及多样性特征。由于这种多元性、多样性是在相对隔离的自然地理空间内发生的，其共同性、统一性成为主导和方向；与此同时，也必然形成包容和尊重多样性、差异性的观念，否则在这个相对隔离的自然地理空间内就不会形成中华

---

① 比如，乾隆皇帝面对哈萨克部自愿归附时，以"自古不通中国""越在万里之外，荒远寥廓"为由加以拒绝，实际上判定的标准之一是哈萨克部自古即与"中国"声教不通，之二是受到了"天下方万里"观念的影响，哈萨克恰是"越在万里之外"，是在"天下"之外的，清朝难以将其纳入版图，只有以藩属国来对待。（吕文利：《中国古代天下观的意识形态建构及其制度实践》，《中国边疆史地研究》2013 年第 3 期。）

民族的"共存天下"和"天下一统"。中华民族的"天下观"适应了"自然天成的天下格局"而形成，而"和"文化能够成为"天下观"的主要内容，原因是解决了共同性、统一性与差异性、多样性的冲突问题，即坚持多样性的和谐与统一性的基础上包容差异的统一。差异性是客观存在，要包容和尊重；统一性是主导和方向、标准和原则，必须坚守，这就是"和而不同"的深刻内涵。"大一统"思想的基础是"和"文化，特别是"和而不同"的理念，因为"大一统"的终极目标和方向是中华民族的统一，包容是手段，统一是目标。

第五章　中华民族的自然地理空间与共同性

在中华民族形成和发展的过程中，中国天赋的相对隔离的自然地理空间有利于中华民族共同性、一体性的形成，同时也是形成多元性、多样性和差异性的根本原因。习近平总书记指出："我们辽阔的疆域是各民族共同开拓的。'邦畿千里，维民所止。'各族先民胼手胝足、披荆斩棘，共同开发了祖国的锦绣河山。"①中华民族相对隔离的自然地理空间，为各民族共同开拓、守护辽阔的疆域创造了条件。在中华民族共同性方面，相对隔离的自然地理空间促成了"天下观"的形成，共同性、一体性成为不可逆转的发展趋势；同时，由于中国自然地理的多样性和复杂性，在民族、文化等方面，不可避免地存在多样性和差异性。但总体上，共同性、一体性始终占据主流和主导地位，影响着对差异性、多样性的包容文化——"和"文化的形成，并且成为中华民族"大一统"的精神基础。"要正确把握共同性和差异性的关系，增进共同性、尊重和包容差异性是民族工作的重要原则"②的论述，正是源于对中华民族历史发展过程全面、深刻的认识。

---

① 习近平：《在全国民族团结进步表彰大会上的讲话》，人民出版社 2019 年版，第 2 页。
② 《习近平在中央民族工作会议上强调 以铸牢中华民族共同体意识为主线推动新时代党的民族工作高质量发展》，新华社，2021 年 8 月 28 日。

第一节　中华民族天赋的自然地理空间

自然地理是指地球表层的地貌、水文、气候、表层资源、生物、土壤、岩石等，以及由这些因素叠加形成的自然环境系统。

在当代，自然环境和自然资源对人类发展的影响因素并不是绝对的，比如巴西、阿根廷、墨西哥、俄罗斯、南亚、非洲等自然资源极其丰富，但经济发展得并不好；一些中东国家、委内瑞拉等石油、天然气储藏量丰富，但并没有一个进入发达国家行列。而二战后跻身发达国家的韩国、以色列、新加坡等都是资源贫乏、幅员狭小的国家。但是在远古社会特别是史前人类，自然环境和自然资源对生存的影响是非常巨大的，甚至是决定性的因素。在史前和远古社会，自然地理决定人文环境的变化，人类文化和文明的形成顺序受制于自然地理状况，当然，并不仅限于自然地理的影响，人文地理的影响也是不可忽视的。比如，古埃及、古巴比伦、古印度文明的发生区域有一个共同的因素，即大河、平原和适合于古代农业发展的环境。

古埃及的尼罗河纵贯全境，两岸沉积有肥沃的黑土地，形成了河谷平原和三角洲冲积平原，适合种植大麦和小麦。

古巴比伦境内幼发拉底河和底格里斯河西北—东南流向，贯穿古巴比伦并形成了海拔不足百米的美索不达米亚平原。水源充沛的两河流域，有适合小麦、大麦等农作物生长的肥沃土地。

古印度文明发生在印度河流域，贯通现在的巴基斯坦，上游的一部分属于现在的印度境内。印度河沿岸平原是古印度文明的发源地，土质肥沃，盛产大麦、小麦等农作物。古希腊文明与上述三个文明有所区别。

古希腊文明持续时间只有650年，但却是西方文明的源头，也是海洋文明的源头。古希腊种植大麦、小麦等农作物，由于地理条件限制农业发展缓慢，但海上交通便利，贸易发达，城市经济繁荣。

所有的文明古国和地区（古希腊）都进入了青铜时代，并且都有文字，除古希腊外，都是象形文字。这些国外古文明存在于公元前5000多年至公元7世纪之间，遗憾的是都被迫中断。古希腊文明被古罗马继承，成为西方文明形成的动力和源泉，但是希腊本身却逐渐没落了。在世界所有的古文明中，只有中国的古代文明延续至今而未中断。这种现象固然有文化本身的因素，但自然地理状况乃是最为关键的因素。国外的三个文明古国和古希腊都有一个特点与古代中华文明不同，就是其陆路和海路交通都属于便利、开放的区域。

古印度的北部有喜马拉雅山脉和喀喇昆仑山脉，南部的大部分国土被海洋包围，东部没有强敌，只有西北山口与域外相通，且这个山口通道宽阔通畅，没有天险可守。更不幸的是山口外强族林立，这些强大民族鱼贯而入，颠覆了古印度的历史。特别是公元前2000年左右雅利安人的入侵，彻底中断了印度河流域文明，随后由雅利安人创造的恒河流域文明流传至今。孔雀王朝灭亡以后，通过古印度西北山口，不断有外族入侵，先后有巴克特里亚、古希腊人、安息人、塞种人、大月氏人、哒哒人、突厥人、蒙古人等，这些古民族都建立了颠覆古印度原有政治秩序的政权，并带来了完全不同的文化。

古埃及的西部、南部虽然没有劲敌，但是其北部通过西奈半岛直接面对阿拉伯半岛、南欧和中亚的强大敌人。比如，公元前1567年喜克索斯人入侵；公元前671年亚述帝国征服埃及；公元前525年波斯帝国征服埃及；公元前332年著名的亚历山大大帝横扫欧亚，同时征服了古埃及，带来了古希腊文化，但被历史悠久、韧性极强的古埃及文化融合，古埃及文化十分幸运地得以延续。公元前30年，古罗马征服古埃及，古埃及成为古罗马的一个行省，但不可思议的是，古罗马600多年的统治并没有中断古埃及文明。公元642年，阿拉伯帝国征服古埃及，大量历史典籍、文化遗产被销毁，伊斯兰文化代替了古埃及文化，古埃及文明中断。

古巴比伦王国的地理位置可谓四通八达，公元前1750年一代枭雄汉谟拉比死后，赫梯人、迦勒底人先后入侵，最终亚述帝国于公元前729年占领巴比伦王国。公元前612年亚述帝国灭亡，新巴比伦王国重建，但未能抵挡住波斯人的入侵，于公元前539年亡国，古巴比伦文明中断。公元前490年和480年，波斯帝国两次入侵古希腊，均告失败，但公元前146年马其顿成为罗马的一个行省后，南部希腊地区的各城邦也成为了罗马的一个行省。古希腊文明被罗马人继承并传播，成为西方文明的源头。

古中国文明同样有大河，即黄河，从上游至下游流经宁夏平原、河套平原、汾渭平原、华北平原，特别是汾渭平原和华北平原是古中国文明的发生地域，远古农业发达。距今5000年左右出现青铜器，甲骨文（象形文字的一种）在殷墟中发现。这些条件与其他三个文明古国有相似之处，即适合远古农业发展的大河、平原以及象形文字和青铜器。但有一个条件是其他文明古国不具备的——广阔的幅员和相对隔离的地域。黄河流域的面积有79万平方千米，如果加上汾渭平原和华北平原的面积，为古中国文明的居民提供了广阔的舞台。

中国的地域体现为相对隔离的特征，为古中国文明的延续和中华民族的形成发展提供了极好的条件，这也是古中国文明区别于国外古代文明重要的客观条件。在约5000千米的距离内，中国的地势西高东低，青藏高原平均海拔4000米以上，形成中国的第一级阶梯，阻绝了鱼贯而入古印度的强族北上。由内蒙古高原、黄土高原、云贵高原、四川盆地作为主线，帕米尔高原、塔里木盆地、准噶尔盆地和阿尔泰山、天山、昆仑山为辅线，平均海拔1000—2000米，形成第二级阶梯。第二级阶梯宽度约4000千米，只有一条丝绸之路通往中亚，连接欧洲、西亚、地中海沿岸，而且在第二级阶梯内，有许多强大的中华族系内的游牧民族生活在其间，有效阻遏了中华族系之外强大民族的侵入。以大小兴安岭、太行山、巫山、雪峰山为界限，东达中国沿海是第三级阶梯，分布着广阔的东北平原、华北平原、长江中下游平原，穿插着低缓的山脉和丘陵，海拔1000米以下，很多地域海拔只有不到100米。古中国文明就发生于黄河流域、华北平原一带。中国的北部渐趋寒冷，不适宜古人类的生存，所以北部多为原始部落，有些强大的北方原始部落集团每一次社会发展的跃进，都与学习与借鉴中原文明和文化紧密相关。北方强大的民族进入中原的结果就是华夏民族滚雪球般壮大，军事上的胜利往往带来自身的消失。在中国的东北部，形成了属于中华族系范畴的三大族系——东胡、肃慎、夫馀—濊貊族系，再向北就是人口极少适应着寒冷地域生存方式的原始部落。而从第三级阶梯和第二级阶梯向南，则气候炎热、瘴病流行且山峦叠嶂，没有形成过有实力入主中原的强大民族。随着中央政权和华夏民族向南部疆域的拓展，由于上述原因进入到相应区域便停滞并稳定下来。在中国三级阶梯内，六种陆地地形的基本类型——高原、山脉、平原、丘陵、盆地、沙漠一应俱全，在远古时期，这样的地形类型的影响是非常明显的，形成了多样的经济类型和文化，这是中华民族多元一体格局形成的客观原因。

　　在史前社会，中国作为一个巨大的地理单元，它同外部世界处于一个相对隔离的状态，因此它在很长的时期基本上走着独立的发展道路，同邻近地区的史前文化的联系只能保持在较低的水平上，这就决定了中国史前文化的土著性。由于中国史前文化是一种分层次的向心的结构，而文明首先发生在中原地区，其次是它周围的各文化区，第三层即最外层各文化区进入文明的时间甚晚。因此，在中国早期文明发生和形成过程中，外界文化不可能发挥重要的作用。中国文化同外国文化的大规模的交流，是在古代文明已经完全形成以后的汉代才开始的。因此，这种交流的规模无论有多大，也只能在有限的范围内影响中国文化的发展，而不能从根本上改变中国文化的民族特性。[1]这种状态的发生，相对隔离的自然地理空间发挥了不可替代的

---

[1] 严文明：《中国史前文化的统一性与多样性》，《文物》1987年第3期。

作用。

笔者认为，在史前和远古中国的自然地理都是一种相对隔离的状态，这对中华民族的形成发展和基本特点的形成都起到了十分重要的作用，也有利于中华族系各民族共同开发中国辽阔的疆域，历史过程也证明了这一点。

第二节　中华民族自然地理空间有利于 一体性、共同性的形成

在这样的相对隔离的自然地理条件下，而且是处在巨大的地理单元中，这是非常有利于中华民族的共同性、一体性形成的。

首先是空间足够大。黄河流域的面积就有79万平方千米，"中原文化区，它以渭河流域和晋陕豫三省邻接地区为中心，范围几乎遍及陕西、山西、河北、河南全境。根据古史传说，这一带曾是黄帝和炎帝为代表的部落集团活动的地域，以后在这里形成华夏各族"①。代表着古中国文明的"中原文化区"，面积达71万平方千米以上。在这样广阔的地域上，足够古代文明的厚度和深度的形成，也会形成持久的韧性。这样的幅员条件，是其他古文明所不具备的。古中国文明所覆盖的区域——中原文化区，由于其良好的自然地理条件适合远古时期农业的发展，有条件会聚更多的人口，开阔的平原地域也适合该区域华夏族系的流动和交流融合，对积聚一体性和共同性因素是十分有利的。

其次是自然屏障作用保护了古中国文明发展。在古中国文明的时期，相

---

① 严文明：《中国史前文化的统一性与多样性》，《文物》1987年第3期。

对隔离的巨大地理单元的东部是大海，从渤海至南海海岸线长达18000多千米，从北至南分布着"西太平洋边缘海域"、渤海、黄海、东海、南海，在远古时期，海洋就是无法逾越的天然屏障。在史前社会和古中国文明时期的北部，外兴安岭以南边缘只有零星的新石器遗址，旧石器时代晚期遗址分布于黑龙江流域的上游。在中华族系中的北方三大族系[①]之北，是没有外敌存在的。在史前和古中国文明区域的南部，向来没有强大民族出现，对中原文明区域构不成威胁，有利于华夏族系诸族向南部的拓展。古中国文明时期唯一的对外交流通道是4000千米狭长的丝绸之路，这一区域在古中国文明时期是半隔离的自然地理状态，一些横跨古中国西域和中亚的中华族系各民族，是与外界民族接触、交流的中介，先秦有限的技术、文化与商品的传入，就开始于这个通道，而始于汉唐的大规模文化、技术和商品的传入，也是始于丝绸之路。但是该区域中华族系各族与其他民族的矛盾、冲突甚至战争，未对古中国的文明区域产生任何影响。

正是由于中国自然地理的相对隔离性的特点，在古中国文明时期未受到外敌的大规模侵略，古中国文明得以延续并不断发展，孕育出体系庞大、内涵深厚、形式多样的华夏古代文化。更为重要的是华夏古代文化成为覆盖中华各族系的跨族裔文化，比如北魏的拓跋鲜卑人、夫馀—濊貊族系、渤海人、满洲族等，其文化的主干受到华夏文化的深刻影响，这对中华民族共同性、一体性的形成成效显著。而其他文明古国就没那么幸运了，无一例外遭受外敌长驱直入，文明中断，原有的民族共同体分崩离析。

---

① 指东胡、肃慎、夫馀—濊貊族系。

第三节 中华民族自然地理空间对多元
因素的凝聚作用

在中国三级阶梯内有六种陆地地形的基本类型，海拔从4000多米到100多米，气候、土壤、水资源等条件千差万别，这对史前和古文明时期人类的影响是十分巨大的，形成了中华族系各民族，以及多样的文化。多样性也是古文明形成的必要条件，正如习近平总书记指出的："没有多样性，就没有人类文明。"[1]

苏秉琦认为，新石器时代在原有四大部分文化差异的基础上，逐渐形成相对稳定的六大文化区系[2]，区系内还可以划分出不同的地方类型。不同地区的文化，都特征明确，源远流长，但彼此的渊源、特征、发展道路存在差异，发展水平不平衡，阶段性也不尽等同[3]。在这六大文化区内，只有"以关中（陕西）、晋南、豫西为中心的中原"是华夏文化为主，在其他文化区内分布着不同的民族。严文明认为，在新石器时代的六大文化区中，只有中原文化区是华夏族为主创造的。其他五个文化区内主要是以戎羌诸族、东夷诸族、燕狄诸族、楚蛮诸族、南蛮诸族组成。

郝时远认为："中华民族多元一体是一个科学命题。多元组成一体，是漫长的中国历史赋予中华民族大家庭的基质结构。"[4]这一观点是非常正确

---

[1] 《国家主席习近平在北京以视频方式出席世界经济论坛"达沃斯议程"对话会并发表特别致辞》，新华社，2021年1月25日。

[2] 以燕山南北、长城地带为重心的北方；以山东为中心的东方；以关中（陕西）、晋南、豫西为中心的中原；以环太湖为中心的东南部；以环洞庭湖与四川盆地为中心的西南部；以鄱阳湖—珠江三角洲一线为中轴的南方。

[3] 苏秉琦：《关于考古学文化的区系类型问题》，《文物》1981年第5期。

[4] 郝时远：《把握主线和方向，汇聚要素和动力，铸牢中华民族共同体意识》，澎湃，2021年7月6日。

的。在中国的天下观中，华夏居中，戎狄蛮夷拱绕分布，华夏是文化和地域概念，文化最高，地域居中，这成为"天下观"的要点。

通常而言多民族是"离散"的力量，但中国则不然，其中缘由固然有历史过程、文化的因素，但自然地理状况成为了至关重要的原因。

这种相对隔离的巨大的自然地理空间在史前和远古历史时期是有效的屏障，有限的对外接触也不会影响到主体。对此严文明指出："中国史前文化基本上是在本土生长和发展起来的，只是在某些边境地区同邻境的史前文化发生过一些联系。这种联系虽然对双方都会有不同程度的影响，但对中国史前文化的主体来说，却从来没有影响到它的基本特征和发展方向。"[1]笔者认为，在汉以前，中国自然地理的相对隔离所起到的保护作用是非常有效的。在其他文明古国的历史上，外敌经常长驱直入，所到之处疮痍满目，原有文化遭到严重破坏，甚至被入侵者的文化置换；原有民族或被屠杀驱赶，或被重组分化。但在中国史前和古代文明时期，由于不受外敌的影响，中华族系内部可以长期地自然交流互动，在巨大的自然地理空间内部循环，形成了你中有我、我中有你的交融状态，在多样性、多元性是常态的"基质结构"的情况下，共同性和一体性成为持续的增量，是"主线和方向"。比如旧石器时代晚期文化不仅呈现出多样性，而且在相当大的范围内具有明显统一性。早在中国史前时期，文化既是多样的、不平衡的，又是具有内在联系和相对统一性的。统一性和多样性同时得到了发展。由于中原及周围文化区联系紧密，并且具有一定程度的统一性，所以在往后的历史发展中，不论哪个文化区占了主导地位，都能牢固地保持中国古代文明的特色。[2]所以，史前和古文明时期，中华族系内部的多样性、多元性，并没有阻碍一体性和共同性的发展，这就是国外的古文明发展中断而古中国文明能够延续至今的原因。

---

① 严文明：《中国史前文化的统一性与多样性》，《文物》1987 年第 3 期。
② 严文明：《中国史前文化的统一性与多样性》，《文物》1987 年第 3 期。

第四节　中华民族自然地理空间助推超级族体
——华夏族（汉族）的形成

　　华夏族是全世界最大的单一族裔共同体（以祖先崇拜、"单一血缘"为民族认同的基础的人们共同体），当然，华夏族既不是单一来源，也没有"单一血缘"，它的形成无论是史前还有古文明时期，都是中华族系各民族共同参与的结果。按照一般的民族共同体的形成规律，都是由点到面，地域和人口逐步扩大、增加，但是由于受到周边其他民族挤压的影响，发展到一定限度就会稳定下来。超级族体的形成，一定是持续不断融合周边其他民族的结果。中国广阔而相对隔离的自然地理特点对超级族体——华夏族形成的助推作用，主要如下：

　　一是有利于中原文化区人口的增长和会聚。严文明认为，北方的黄土高原、华北平原、山东丘陵和铁岭以南的东北平原，在中石器时代已是细石器文化区。到新石器时代早期后段，这里已存在着较发达的旱地农业、家畜饲养业和制陶业。[①]这一区域主要是华夏民族的形成区域，或者仅限于中原地区，其间的陶寺遗址（包括庙底沟二期文化）构成了华夏族的源头。在中国的二级阶梯和三级阶梯间构成的广阔地理空间内，形成了发达的史前旱地农业，这是文明古国标配的条件——发达的旱地农业和大河。而在史前和远古文明时期，较大规模的旱地农业是否发达是古文明能否形成的关键因素，当然还受到气候的影响。所有的文明古国和古希腊文明的核心都处于北温带的暖温带区域，该区域有利于旱地农业和养畜业发展，这是当时人口增长的必

---

① 严文明：《中国史前文化的统一性与多样性》，《文物》1987 年第 3 期。

备条件。也就是说在史前和远古文明时期，这样的气候条件、广阔的平原和充沛的水源是最有利于人口的增长的，而在史前和远古文明时期，中原文化区的人口是具有明显的优势的。由于这里有史前和远古文明时期人类最为适应的生存环境，因此吸引了很多其他部落会聚于此，与华夏杂居，为华夏融合更多的人口创造了条件。自然地理的相对隔离特点，使中华族系各民族之外的民族无法进入到中原文化区，为华夏民族人口的内部循环增长创造了条件。

二是有利于中原形成远古文明的中心。从我国旧石器时代晚期到新石器早期的人类发展顺序看，中原并不是总走在前面，也不都是从中原向四周扩散。苏秉琦、严文明明确指出了这一点。比如，该时期的发展辽河流域比海河流域早，海河流域又比黄河中游流域早。从距今8000年前的阜新查海文化的玉器；距今五六千年红山文化的庙、祭坛、塑像群、大型积石冢，包括猪龙等成套玉器；距今四五千年的钱塘江、太湖流域的良渚文化中达到史前高峰的随葬的玉琮、玉璧等玉器，以及有棺有椁的贵族大墓，以及三星堆文化的发现，都说明了苏秉琦的中华文明"满天星斗"的观点是正确的，至少在某一个时期内，中原地区还未发现"具有类似规模和水平的遗迹"而走在前面的文明，但这未影响中原地区成为古中国文明核心区域而起到引领作用，从而为华夏民族的形成、发展乃至于成为世界最大的巨型民族共同体，在这其中，中国广阔而相对隔离的地理单元起到了关键作用。中原地区发展的持续性从未受到中华族系之外力量的冲击和破坏，在新石器时期是这样，在进入以青铜器为标志的古文明时期也是如此，因此，华夏民族以中原地区为起点发展、壮大是必然的。在不受外敌侵略的前提下，最适宜远古历史时期发展的广阔地理单元为华夏民族的持续发展奠定了基础，这种持续性是华夏民族周边的其他中华族系的民族所不具备的，尽管在史前的某一时期内，中原地区周边的个别文化区处于领先的顺序。

三是有利于中华族系各民族的文化聚焦融合于华夏文化。一个民族的形成和发展需要文化的作用，对于一个巨型民族体而言，这种作用更是突出的、决定性的。黄河流域和华北地区广阔的平原，是有利于远古历史时期文化的统一性和共同性形成的，在远古文明形成时期，这种作用是非常明显的。在旧石器时代晚期，华北地区的文化还未完全统一，存在两大文化系统①，但共同性明显增加。到了新石器中期，也就是古中国文明形成的前夜，具有领先地位的前仰韶—仰韶文化覆盖了几乎整个中原文化区，并且与其东侧衔接的北辛—大汶口文化互相渗透、影响，构成了远古历史时期华夏文明的主干。同时与其北部的红山文化、南部的良渚文化交流、融合，或者也可以说华夏古文明吸收这些先进的区域古文明，使得华夏古文明覆盖的地域进一步拓展到长江中下游流域和辽河流域，华夏古文化的骨架也因此基本搭成，预示着巨型的华夏民族共同体必然在此基础上形成。公元前4000年前在这样一个广阔的文化区内，华夏仍然是一个族系，在史前和先秦时期，中原地区"戎狄蛮夷"与华夏杂处，至秦朝建立，实施"书同文，车同轨，量同衡，行同伦"等文化、经济、政治方面的统一政策，华夏族系内的各族才熔铸成为华夏族。所以，费孝通才称汉族也是"中华民族"："形成多元一体格局有个从分散的多元结合成一体的过程，在这过程中必须有一个起凝聚作用的核心。汉族就是多元基层中的一元，由于他发挥凝聚作用把多元结合成一体，这一体不再是汉族而成了中华民族，一个高层次认同的民族。"②如果没有这种相对隔离的自然地理空间，多元的文化区域很难发生这些密切的文化交流和相互影响，还有可能形成"生存体系"完全不同的势均力敌的民族共同体，出现频繁的毁灭性冲撞，"华夏族系"各族发展成为巨型民族共同体——华夏民族的机会就会大大减少。

① 早在1972年，贾兰坡就曾指出华北旧石器文化至少可分为两个系统，一个是匼河——丁村系，另一个是周口店第一地点——峙峪系。
② 费孝通：《简述我的民族研究经历与思考》，《北京大学学报（哲学社会科学版）》，1997年第2期。

下篇

XIAPIAN

第六章　中华文化认同的逻辑前提
——概念、来源和内部关系

　　文化是民族和国家软实力的重要体现，与科学技术的每一次跃进都有直接的关系。在近代，人类社会已经出现了三次科技革命：第一次科技革命发生在18世纪中叶至19世纪初的英国；第二次科技革命发生在19世纪中叶至20世纪初的德国和美国；第三次科技革命发生在第二次世界大战后的美国，随后扩散至发达国家。这三次科技革命，均肇始于近代世界先进文化的发生地。比如英国16世纪的宗教改革，唤醒了英国国民的独立民族意识，主张政教分离。英国人自由、公平、义利均衡、自律等价值理念，是在历史上的宗教改革中形成的，人类第一次工业革命就是在这种新的文化基础上形成的。目前，人类社会正面临新的科技革命，是以人工智能为代表的伟大的科技与工业革命，这要比人类社会任何一次科技革命都要影响深刻。人工智能甚至会让那些人口红利消失的发达国家重新获得发展的优势。最近，美国主导成立半导体联盟，其目的一是为了确立美国在未来科技领域的优势，二是为了遏制中国在代表未来发展方向的人工智能等领域的发展。芯片是人工智能的核心，芯片产业的发展，与其他传统产业有很大的区别，需要冒险精神、协作精神、职业素质，骨干人员不能见利忘义频繁跳槽，也就是说需要一种合适的文化环境。所以说，即使在今天，国家、民族的发展也需要优秀文化的助推和浸润。

　　习近平总书记明确指出："文化是民族生存和发展的重要力量。人类社会每一次跃进，人类文明每一次升华，无不伴随着文化的历史性进步。"①这一论断是非常正确的，如果没有文化的发展、文化的跃进，国家、民族的发展就是空中楼阁，不会具有持久的动力。讨论中华文化认同的本质问题，其前提就是研究中华文化的概念、来源和内部关系，以及其与中华文化认同的逻辑关系。

第一节　关于文化与中华文化的概念研究

什么是文化？这一命题被诸多学者关注，并作出了许许多多的定义。国内外学术界对"文化"的定义有几百种之多，但并没有一个权威和公认的说法。在中西方不同的语境下，文化也被赋予了不同的内涵。所以，我们研究中华文化的概念，则必须梳理文化的内涵，对其概念进行相对准确的定义。

一、西方与中国关于文化的概念

（一）西方的文化概念

在西方的历史语境中，"culture"（文化）一词最早来源于拉丁文"cultura"，含有耕作土地、种植庄稼、饲养家畜等含义。17世纪末，法国学者费雷迪埃对"culture"（文化）的解释是："人类为使土地肥沃、种植树木和栽培植物所采取的耕耘和改良措施。"②由此可见，西方文化的早期概念是基于人类物质生产基础上的，最初主要指的是物质文化。古罗马哲学家西塞罗于公元前在《图斯库卢姆辩论》中首次使用"cultura animi"，拉丁文原意是灵魂的培养③，在此基础上，塞缪尔·普芬道夫从文化功能角度做了进一

---

① 《习近平总书记在文艺工作座谈会上的重要讲话学习读本》，学习出版社 2015 年版，第 2 页。
② [法]维克多·埃尔著，康新文等译：《文化概念》，上海人民出版社 1988 年版，第 3 页。
③ [古罗马]西塞罗著，王焕生译：《西塞罗文集》，中央编译出版社 2010 年版，第 15—16 页。

步的提升，指出文化是"使人类摆脱野蛮，通过巧法成为完全的人"①。由此可见，西方最初的文化包括了教养、教育、栽培、培养等含义。②

西方出现的最为著名的文化定义是1871年由英国文化人类学家泰勒在《原始文化》一书中首次提出的，这个定义影响至深："从广义的人种论的意义上说，文化或文明是一个复杂的整体，它包括知识、信仰、艺术、道德、法律、风俗以及作为社会成员的人所具有的其他一切能力和习惯。"③泰勒关于文化的定义，虽然被公认为是经典性定义，但仍然存在过于宽泛的问题，比如，"知识"中存在不在文化范畴的近代科学技术；"法律"的大部分内容不应该属于文化的范畴。泰勒之后，许多人类学家、哲学家、文学家、历史学家等，从不同的专业知识背景，给文化下过诸多定义，但其影响没有超过泰勒的。

对于什么是民族文化，相关概念有很多表述方式。英国人类学家马凌诺斯基认为，民族文化"是一个有机整体，包括工具和消费品、各种社会群体的制度宪纲，人们的观念和技艺、信仰和习俗"④。

1949年，美国人类学教授克莱德·克拉克洪在《人类之镜》一书中，对众多学者的文化定义进行了总结和分析，界定了文化的10种含义。⑤由他的总结我们可以看出，在西方，文化具有极为广泛和复杂的内涵。

文化概念的这种复杂性、宽泛性甚至浸润性的特点，难倒了很多的知名学者，假设说一首歌曲是文化，一个舞蹈是文化，这很好理解；但如果是一件兵器，比如弓箭，在古代或原始社会是文化，在现代则是一种体育用具。再比如法律，在原始社会是一种习俗文化，在古代是一种政治文化，但是现在的法律更多的是具有政治、社会属性了。

---

① 杨明华：《有关文化的100个素养》，台北驿站出版社2009年版，第80—81页。
② 左岫仙：《中华民族共同体民族认同建构研究》，中央民族大学，2019年。
③ [英]泰勒著，蔡江浓编译：《原始文化》，浙江人民出版社1988年版，第1页。
④ [英]马凌诺斯基著，黄建波等译：《科学的文化理论》，中央民族大学出版社1999年版，第52页。
⑤ [美]克利福德·格尔茨著，韩莉译：《文化的解释》，译林出版社2008年版，第4—5页。

加拿大哲学家威尔·金里卡因此发出感慨："实际上，根本不存在文化这种东西，存在的只是来自无数文化源头的数不清的文化碎片，而且没有任何'结构'在连接和支撑着他们。"[1]

美国文化人类学家洛威尔（Alawrencelowel，1856—1942）对文化发出这样的感慨："在这个世界上，没有别的东西比文化更难捉摸。我们不能分析它，因为它的成分无穷无尽，我们不能叙述它，因为它没有固定形状。我们想用文字规范它的意义，这正像要把空气抓在手里似的，当我们去寻找文化时，除了不在我们手里以外，它无所不在。"[2]

无所不在而又难以综合界定，随眼可见而又难以准确定义，这就成了西方文化概念研究的现状。

（二）中国的文化概念

在殷商甲骨文中，发现了"文"和"化"两个字；而在战国末年的《周易》中两个字同时出现，"观乎人文，以化成天下"。西汉时期的中国目录学鼻祖刘向（公元前77—公元前6）第一次使用了"文化"一词[3]，有"以文化人"的含义和以礼仪、知识教化的内涵。西晋学者、文学家束皙（261—300）提到"时之和矣，何思何修。文化内辑，武功外悠"[4]。尽管中国古代对文化的认识还未提高到体系化和形式逻辑的程度，但因其深厚的思想和价值属性而发挥了重要的作用。

即使到了现代社会，文化概念的研究还是比较困难的，目前为止还没有令人信服的公认的观点出现。经过梳理，笔者认为有几位学者的观点是有启

---

[1] [加拿大] 威尔·金里卡著，杨立峰译：《多元文化公民权——一种有关少数族群权利的自由主义理论》，上海世纪出版集团2009年版，第130页。

[2] A.L. Kroeber, Clyde Kluckhohn, Culture：A Critical Review of Concepts and De finitions，kraus Repnnt Co., 1952, p.4, n.5.

[3] "圣人之治天下也，先文德而后武力。凡武之兴，为不服也。文化不改，然后加诛。"（西汉）刘向编撰，程翔评注：《说苑》（卷十五，指武），商务印书馆2018年版，第696页。

[4] （西晋）束皙：《补亡诗六首·由仪》，（南朝梁）萧统编：《文选》（卷十九，诗甲），上海古籍出版社1986年版，第909页。

发性的。

季羡林研究的是广义的人类文化，他说，"我认为凡人类的历史上所创造的精神、物质两个方面，并对人类有用的东西，就叫文化"[①]。

葛剑雄认为，文化是受地理环境影响的，在特定的地理环境下长期形成生活、生产、生存方式，"在此过程中产生的行为规范、风俗习惯、价值观念、意识形态、宗教信仰等，以及相应的物质与精神产物"[②]。在一个相似的地理环境中产生的特定文化确实具有一定的共性，生活在黑龙江流域的古代民族拥有相类似的文化，比如祭熊仪式、萨满教和万物有灵观念等都比较接近，显然是与这一地域特点的影响相关。

王蒙把文化划分为广义和狭义。广义是人类的能力、经验、记忆、知识、规则与成果的总和；狭义是与政治、经济、科学技术等相对应的偏重于精神方面、智慧方面与心理方面的积淀、规范与现象。主要是语言文字、教育、宗教信仰、学术思维、道德与价值观念、文学艺术、生活方式（包括衣食住行、婚丧嫁娶、节日庆典等风习）。[③]

章义和把文化划分为表层结构、中层结构和深层结构。表层结构如看得见摸得着的物质产品、劳动创造的生产和生活资料；中层结构是制度、组织、人际关系以及依附于它们的原则、规范等；深层结构则是价值体系、人伦观念、思维模式、致知途径、审美情趣等。[④]

刘梦溪认为，文化是指一个民族的整体生活方式和价值系统。我们每天都跟文化打交道，生活在不同的文化环境中。每一种文化都不是单一的，而是多种成分共生的，呈现多种文化成分相融合的状态。[⑤]

对于文化概念的研究是中华文化研究的基础，其中重要的是分类和定

① 梁志刚：《季羡林谈文化》，《今日中国论坛》2008 年第 2—3 期。
② 葛剑雄：《中华文化自信的根由》，《北京日报》，2019 年 10 月 15 日。
③ 王蒙：《全球化视野中的中华文化》，中国政协新闻网，2006 年 11 月 28 日。
④ 章义和：《中华优秀传统文化的"守"和"变"》，《群言》2020 年第 12 期。
⑤ 刘梦溪：《中华文化是个大包容概念》，《人民日报》，2015 年 6 月 16 日。

义，分类有助于我们深刻地理解中华文化的内涵，而定义则有助于理解中华文化的本质内容。

源于物质和精神的哲学命题，一般可以把文化划分成物质文化和精神文化，物质和精神可以把人类社会所有的存在包括进去，比如传统的分类，政治、经济、文化、社会、军事、教育等，在这些分类中，都有物质和精神两类内涵包含其中。思想、意识等属于精神文化的范畴。在文化中，既有物质因素，也有精神因素。古代民族的交通工具，比如赫哲族的雪橇，形态上是物质的，但制作雪橇则一定有精神因素，设计理念、风俗和审美都在制作雪橇的过程中发挥作用。现代的汽车制造表面看与文化无关，但其设计理念却与文化密切相关，比如车辆的空间设计、油耗设计、耐冲撞设计、外形设计等，都与特定的文化相关。也因如此，在什么是文化的问题上众说纷纭，没有权威的结论。文化渗透到了人类社会所有领域，或者所有存在中，无处不在而又飘忽不定，人们很难准确地把握和定义。在物质文化和精神文化之下，所有的文化结构或者分类都脱离不出这两个范畴。有的学者把文化划分为物质、制度、精神三个层次，但是制度文化可以纳入精神文化范围；有的学者把文化划分为物质、制度、风俗习惯、思想与价值四个部分，其实也属于物质和精神两个范畴。物质、社会关系、精神、艺术、语言符号、风俗习惯六系统说文化，后五项属于精神文化范畴。有的学者把文化划分为物态文化、制度文化、行为文化、心态文化，严格地说，后三项就属于精神文化。

西方人类学家从文明发展的角度看把文化划分为野蛮文化（或低级文化、落后文化）、文明文化（或高级文化、现代文化），这种分类是种族优劣论和生物进化论的产物。从人类的发展历史过程而言，所有民族都曾经历过从原始社会到现代社会所有序列的文化，文化没有高低、优劣之分，都是适应当时的社会而产生的，对于当时的社会而言，都是适宜的、必须存在的，没有各个发展阶段文化的存在，社会就难以维系和存在，存在的就一定是需要的。

对于文化，笔者更倾向于作纵向的分层研究，而不是横向的结构和分类研究，因为通过上述分析可知，文化的结构之间和分类之间都是可以相互渗透的，当然渗透率是不同的，也就是说结构和分类之间没有明确的界限。

文化的分层可以使我们从立体呈现的多维角度理解文化的内涵，文化的分层结构就像一个金字塔，第一层是表层文化，也就是文化的直观表象层面，比如衣食住行、婚丧嫁娶、乡土风情、乡规民约、礼仪习俗、民间歌舞、器具等就属于直观表象文化，当然属于这一层面的还有许多。第二层是深层文化，所有的知识类产品、具有民族特点的制度文化（政治的、经济的、法律的等等）、文学艺术、传统教育、语言文字、宗教信仰、遗迹遗物、符号性文化、公共文化等。第三层是核心层文化，是最能代表一种文化的文化要素，代表性人物、著作或者思想体系、思维方式等都属于此类。

在中国的传统文化中，儒家、道家文化和中国化的佛教文化就是核心层文化，孔子、孟子、老子、庄子等就是代表人物。比如基督新教是美国的核心层文化。最高的是顶层文化，是在其下各层文化的基础上形成的价值观、精神力量和凝聚力。所以，文化就是在物质的、精神的文化因素总和的基础上形成的全民共享和认同的价值观与精神力量。

二、中华文化的概念

历史上，与"中华"涵义接近的称呼是"华夏""中夏""中国"等。《尔雅·释诂》曰："夏，大也。"《尚书·武成》注："冕服采章曰华，大国曰夏。"吕思勉认为："吾族正名，当云华夏。"[①]"华夏"既指大国，又是文化先进之意。"中华"同时具有地域与文化含义。从地域上理解，"中夏"的称呼说明华夏是天下的中心，如"目中夏而布德，瞰四裔而抗

---

① 吕思勉：《中华民族源流史》，九州出版社 2009 年版，第 93 页。

棱"①；"魏人据中夏，汉氏有岷、益，吴制荆、扬而奄交、广"②。从文化先进角度，《春秋左传正义》："中国有礼仪之大，故称夏；有服章之美，谓之华。"③"吾闻中国之君子，明乎礼仪而陋于知人心。"④"《小雅》尽废，则四夷交侵，中国微矣。"⑤"中华"在历史文献中也出现过，如："自强胡陵暴，中华荡覆，狼狈失据。"⑥"于时，鲜卑共轻中华朝士，唯惮服与昂。"⑦"且如胡元只任胡族为正官，中华人官佐二。"⑧

从历史角度看，"中华"是华夏民族的称呼之一是没有问题的，但它也是个开放的文化概念，不是绝对的生物学（血统）概念。"孔子之作《春秋》也，诸侯用夷礼则夷之，夷而进于中国则中国之。"⑨这说明先秦时期，华夷之辨的主要标准是礼仪高低，或者说是文化的高低。又比如楚国，中原诸国视其为"蛮夷"，楚王熊渠（公元前886—公元前877年在位）也认为"我蛮夷也，不与中国之号谥"。但是当楚国逐渐接受了中原文化以后，就"以属诸夏"了。这样的过程在秦国也同样发生过。

清朝末期至民国初期，"中华"一词作为革命派民族主义的动员工具被频繁使用，"中华民族"作为汉族的代称而与清朝的满族统治者甚至整个满族相对应，提出"驱除鞑虏，恢复中华"的口号。而改良派则倾向于将满族包括在中华民族中，或者认为满族已经与汉族融为一体。

---

① （东汉）班固：《东都赋》，陈宏天等主编：《昭明文选译注》，吉林文史出版社1988年版，第57页。
② （晋）陆机：《辨亡论》（下），王永顺主编：《陆机文集 陆云文集》，上海社会科学院出版社2000年版，第93页。
③ （晋）杜预注，（唐）孔颖达等正义：《春秋左传正义》（定公十年），上海古籍出版社1990年版，第976页。
④ （战国）荀子撰，方勇、李波译注：《荀子》（外篇·田子方），中华书局2011年版，第339页。
⑤ （汉）郑玄笺，（唐）孔颖达疏，朱杰人、李慧玲整理：《毛诗注疏》（卷第十，六月序），上海世纪出版有限公司、上海古籍出版社2013年版，第902页。
⑥ （东晋）桓温：《请还都洛阳疏》，（清）严可均辑：《全晋文》，商务印书馆1999年版，第1260页。
⑦ （唐）李百药撰：《北齐书》（卷二十一列传第十三高乾），中华书局2000年版，第201页。
⑧ （明）黄溥：《闲中今古录摘抄》，中华书局1985年影印版，第18页。
⑨ （唐）韩愈撰，（南宋）魏仲举集注，郝润华、王东峰整理：《五百家注韩昌黎集》（第二册卷十一，杂文·原道一），中华书局2019年版，第675页。

以孙中山为首的革命派很快认识到纲领的缺陷，提出"五族共和"的口号，将几个主要民族纳入"中华民族"中。实际上还是要将满、蒙古、回、藏等融入汉族中。后来，孙中山等革命派进一步提出构建美国式的公民国家，将中国的民族打造成国民共同体，"合汉，合满、蒙（古）、回、藏诸族地为一国，即合汉、满、蒙（古）、回、藏诸族为一人"①。

在民国初期，"中华"的称呼从汉族（小民族）向多民族共和（大民族）到国族（公民共同体）的递进演变，并且处于不稳定状态。而中华文化也从汉族文化向中华文化（超越民族属性之上的文化）和国民共同体文化的含义演变。

立宪派代表人物杨度认为："一民族与一民族之别，别于文化，中华云者，以华夷别文化之高下也。即此以言，则中华之名词，不仅非一地域之国名，亦且非一血统之种名，乃为一文化之族名……华之所以为华，以文化言，不以血统论，可决知也。"②

姜蕴刚提出，"中国历史上也只有文化问题而无所谓民族问题"，认为中国所有民族都不存在，存在的只是文化的区别③；顾颉刚指出，"中国之内绝没有五大民族和许多小民族，中国人也没有分为若干个种族的必要""中华民族是一个"④。这两位学者的目的是明确的，认为中国的民族（中华民族）应该是国民共同体，内部没有民族的区分，也不存在民族，由此中华文化也就演变成"国民文化"了。

1940年，毛泽东在《新民主主义论》中把中华文化定位于："民族

① 孙中山：《临时大总统宣言书》（1912年1月1日），中国社会科学院近代史研究所中华民国史研究室、中山大学历史系孙中山研究室、广东省社会科学院历史研究室合编：《孙中山全集》（第二卷），中华书局1982年版，第2页。
② 杨度：《金铁主义说》（1907年1月20日），刘晴波主编：《杨度集》，湖南人民出版社1985年版，第374页。
③ 姜蕴刚：《边区问题之理论与实际》，转引自金炳镐主编：《中国民族理论百年发展1900—1999》，辽宁民族出版社2008年版，第70页。
④ 顾颉刚：《中华民族是一个》，马戎主编：《"中华民族是一个"：围绕1939年这一议题的大讨论》，社会科学文献出版社2016年版，第36页、第39页。

的科学的大众的文化，就是人民大众反帝反封建的文化，就是新民主主义的文化，就是中华民族的新文化。"①笔者认为，"大众文化"就是人民的文化，反帝反封建、新民主主义，是新文化的内容，它是有别于封建的旧文化的。

改革开放以来，有一些学者开始关注中华文化研究，有如下几位学者的观点比较有代表性。

宁骚提出了同质性的国民文化概念，"所谓国民文化的同质性，是指各个民族国家的全体居民被一种共同的现代文化纽带联结成一个统一的集合体"②。宁骚的国民文化很接近于目前的中华文化内涵。

娄杰认为，"中华文化涵盖传统文化和现代文化。广义的传统文化应为中华民族由古迄今经过扬弃而流传下来的文化，不等于现存全部文化成果"；"狭义的传统文化，是中国现存文化中古老的部分"。③

王希恩从国内国外两个视角探讨了中华文化的性质，相对国内各民族的文化，"中华文化"是一种普同文化；相对于人类共有的普同文化，"中华文化"是一种民族文化。④

任晓伟认为，中华文化是指中华民族在长期发展历史上积淀形成的哲学思想、文化遗产、制度文教和治国理政经验等的总称。⑤

还有些学者对中华文化的概念和内涵进行了研究，但是基于中华文化等同于汉族文化的基础上，所以笔者不作介绍。

习近平总书记对中华文化进行了高度概括，指出："我们灿烂的文化是各民族共同创造的。中华文化是各民族文化的集大成。"⑥也就是说，中国56

---

① 《毛泽东选集》（第二卷），人民出版社1991年版，第708—709页。

② 宁骚：《民族与国家》，北京大学出版社1995年版，第277页。

③ 娄杰：《对中华文化内涵及特征的哲学思考》，《西北第二民族学院学报（哲学社会科学版）》1998年第3期。

④ 王希恩：《民族文化与普同文化及其在当代中国的转易》，《兰州学刊》2017年第5期。

⑤ 任晓伟：《中华文化立场的历史逻辑和科学内涵》，中网，2019年1月25日。

⑥ 习近平：《在全国民族团结进步表彰大会上的讲话》，人民出版社2019年版，第3页。

个民族的文化都是中华文化的组成部分，都对中华文化的形成做出了贡献。在中华文化内容结构上，习近平总书记指出："中国特色社会主义文化，源自于中华民族五千多年文明历史所孕育的中华优秀传统文化，熔铸于党领导人民在革命、建设、改革中创造的革命文化和社会主义先进文化，根植于中国特色社会主义伟大实践。"①

中华文化也可以称中国特色社会主义文化，它是由三部分组成的：中华优秀传统文化（中华文化的来源）、革命文化和社会主义先进文化（中华文化的现代属性）。中华文化的核心内涵是"中国精神、中国价值、中国力量"②，这也是中华文化认同的本质内涵上升为国家文化的范畴。

综合以上，中华文化就是中国56个民族文化的总和（56个民族文化的集大成），汉族文化（华夏文化）是中华文化的核心和主体，是56个民族共同熔铸的，汉族文化与作为重要构成部分的少数民族文化之间，是一种互为你我（你中有我，我中有你）的关系。在中华文化的表层、深层、核心层文化结构中，各民族文化体现为多元一体属性和关系，但处在顶层的中华文化，则是超越了各民族文化之上的国家文化（或公民文化），体现出一体和一元的属性。国家文化（中华文化顶层文化认同部分）来源于各民族文化，但不等同于各民族文化。

第二节　中华文化的来源与基础

我国考古发现的重大成就实证了我国百万年的人类史、一万年的文化

---

① 习近平：《决胜全面建成小康社会　夺取新时代中国特色社会主义伟大胜利——在中国共产党第十九次全国代表大会上的报告》，人民出版社 2017 年版，第 23 页。

② 习近平：《决胜全面建成小康社会　夺取新时代中国特色社会主义伟大胜利——在中国共产党第十九次全国代表大会上的报告》，人民出版社 2017 年版，第 13 页。

史、五千多年的文明史。① 中华文化的历史来源是中华民族五千多年的文明基础上孕育而成的，中华优秀传统文化、革命文化、社会主义先进文化共同构成中华文化。中华文化是中华各民族文化的集大成，是各民族共同创造的。在这一历史过程中，以爱国主义为核心内涵的中华民族伟大精神也是由各民族共同培育的。中华民族的文化根植于这片古老文明的土地，中华各民族都对中华文化的形成、发展做出了贡献，今天我们为之自豪的中华文化，来自于各民族文化的历史发展全过程。

一、中华史前文化、文明②

关于古代文明社会，有多种判断标准。对于典型的文明社会，一般认为要具备三个标准：具有古代社会完整管理体系的城市（或城邦）的出现、文字的使用、成文法的形成。有人认为，国家制度的出现、税收制度等也是文明社会的标志。但是城市的出现和文字的使用，事实上必然会形成一定规模的国家和税收制度。按照这个标准，人类的古代文明出现在古巴比伦、古埃及、古印度和古代中国，中国是唯一一个文明社会发展没有中断、延续至今的国家。有人认为古希腊也是文明古国之一。史前次级文明在人类发展史上具有普遍性，比如阶级的出现、贫富分化、地域关系的形成等，按照这个标准，我国各个地区均出现过不同程度的文明社会，成为形成中华文化的最初来源。

中华史前文化对人类发展做出了突出贡献。我国广泛分布着旧石器时期的文化，不仅分布于黄河流域和长江流域，而且在边疆地区也有较多分布。

在旧石器文化的早期，我国山西省芮城县西侯度就发现了180万年前人类

---

① 习近平：《建设中国特色中国风格中国气派的考古学　更好认识源远流长博大精深的中华文明》，《求是》2020 年第 23 期。
② 本节除已注释外，关于旧石器文化遗址的内容，参考了谢燕萍、游学华著：《中国旧石器文化遗址》，香港中文大学出版社 1984 年版；王幼平著：《旧石器时代考古》，文物出版社 2006 年版。关于新石器文化遗址的内容，参考了张之恒著：《中国新石器时代考古》，南京大学出版社 2004 年版。

活动遗迹和遗物遗址；在云南省元谋县上那蚌村发现了距今170万年的"元谋人"古人类牙齿化石，以及少量小型石器和哺乳动物化石。河北省阳原县小长梁遗址距今36万年。这说明了我国是人类历史的核心区域之一。属于这一时期的典型的旧石器文化还有蓝田人文化、匼河文化、东谷坨文化。

距今100万年以后的遗址逐步增多，并向边疆地区发展。贵州黔西沙井乡观音洞旧石器文化距今60万—50万年；内蒙古呼和浩特市大窑文化距今60万—50万年；北京人遗址位于周口店第1地点，一般认为距今约50万年；山西襄汾的丁村文化，是距今40万—1.2万年华北地区旧石器中期、晚期文化的代表；辽宁本溪庙后山旧石器文化遗址距今40万年，是东北地区最古老的旧石器文化；营口金牛山旧石器文化遗址距今约28万年；北京龙骨山东麓的周口店第15地点距今20万—10万年；陕西大荔人文化遗址距今20万—15万年；山西阳高许家窑人文化遗址距今10万年左右；等等。

进入旧石器时代晚期，中华大地上旧石器文化的分布更加密集、更加广泛。山西省朔州市朔城区的峙峪文化、河南安阳的小南海文化、北京周口店龙骨山的山顶洞文化、山西沁水的下川文化、河北阳原虎头梁文化等，都属于细石器文化。

在宁夏灵武市的水洞沟文化，距今约3万年。新疆阿尔泰山南麓吉木乃县通天洞文化，距今4万年。西藏旧石器时代晚期文化有定日苏热山南坡、申扎县珠洛河畔、藏北高原湖泊区尼阿木底（距今3万年以上）。在我国最南部的海南昌化江的支流南阳溪发现两处旧石器时代晚期遗址，距今2万年左右。贵州旧石器时代晚期文化遗址有毕节老鸦洞（距今1.7万年左右）、普定白岩脚洞（距今1.4万—1.2万年），其他还有长顺威远、织金大岩桐、普定双山、桐梓马鞍山、威宁东山、安龙菩萨河、毕节吴家大洞、兴义张口洞等。广西的旧石器晚期文化有桂林北门四号洞、崇左陈家岩和矮洞、柳州多思洞、桂林穿山东岩、百色上色村、田东长蛇岭等，分布广泛。云南除了距今170万的元谋文化外，还有元谋贺龙村、四家村，路南板桥山冲村、安仁村、白石岭、青山口、小野马畔、红土坡、羊角基村，马关龙口村、沧源勐省镇、保山施甸老虎洞、丘北黑箐龙村等。青海旧石器时代晚期文化有霍霍西里、柴达木（距今3万年）。台湾台东有3处旧石器时代晚期文化遗址，台东长滨（距今15000—5000年）跨越了旧石器时代晚期至新石器时代中期。我国东北地区在史前是中华文化与中华文明重要发源地之一。黑龙江有距今1万年左右的旧石器文化遗址，如呼玛十八站、昂昂溪，旧石器晚期文化遗址有哈尔滨顾乡屯。吉林有旧石器时代晚期文化遗址安图人（距今3万—2万年）、抚松枫林村、青山头（距今1万多年）等。20世纪90年代初以来，考古人员在长白山地区陆续发现了和龙大洞、和龙石人沟，抚松新屯子西山、枫林等旧石器时代遗址近30处。[1]辽宁共发现60余处旧石器时代晚期文化遗址，海城仙人洞（距今4万—2万年）、凌源西八间房、凌海沈家台等。

当中国进入新石器时代以后，开启了中华文化和中华文明的历史。早期农业出现在华南的洞穴、贝丘的新石器文化遗址，相当于公元前1万年至公元前7000年。中原地区新石器中期文化有华北磁山，华中彭头山、裴李岗，华东龙虬、后李等新石器早期文化，相当于公元前7500年至公元前5000年，旱地农业和水稻种植都较为发达。甘肃天水大地湾文化距今8000—4800年。

新石器晚期是民族共同体形成的前夜，所有民族的形成都要在这个时期分化整合，地域跨度较大的部落联盟在形成过程中。这一时期相当于公元前5000年到公元前3000年之间，也可以说是中华文明形成的前奏。包括华中西北的仰韶文化、西北的半坡文化、西南的大溪文化，华东的大汶口文化、河姆渡文化，农业特别是稻作农业较为发达。铜石并用时代覆盖新石器晚期文化，大约处于公元前3500年至公元前2000年。包括山东、河南、陕西的龙山文化，华东的良渚、大汶口文化，华中的屈家岭、石家河文化，四川的宝墩

---

① 长春市委网络安全和信息化委员办公室：《吉林东部发现近30处旧石器时代遗址》，《长春日报》，2020年5月7日。

文化，甘肃的马家窑文化等。存在于公元前2800年至公元前1100年之间的古蜀三星堆文化，与宝墩文化具有承继性，以青铜文化为主，受到了中原华夏文明的明显影响，至今有许多不解之谜。

新石器文化遗址在边疆地区分布比之旧石器文化遗址更加广泛、数量更多。目前，内蒙古有新石器文化遗址2000余处，比如，位于内蒙古阴山北麓及草原地带的裕民（距今8400年左右）、四麻沟，是内蒙古地区最早的新石器文化遗址。[①]兴隆洼文化（距今8200—7400年）、赵宝沟文化（距今7400—6500年）、红山文化（距今6500—6000年）、富河文化（距今6000—5000年）等，都是内蒙古典型的新石器文化遗址。内蒙古中南部的新石器时代文化遗址与中原仰韶文化和龙山文化存在诸多共同点。

在新疆发现了距今约四五千年的新石器文化遗址，包括吐鲁番、阿斯塔那、罗布泊、喀什乌帕尔霍加阔那勒、若羌喀拉墩、木垒伊尔卡巴（细石器）、奇台半截沟、吐鲁番小草湖等。[②]

在西藏发现了藏西北新石器文化类型，距今7500—5000年，以细石器及小型石片工具为主要特征。截至2005年，西藏高原地区发现的细石器地点已经达到102处。在日喀则西部的昂仁、仲巴、萨嘎、吉隆和山南贡嘎等地发现了大量的细石器地点。西藏新石器时期，在藏东区域类型与西藏中部腹心地带区域类型之间，还存在一个区域类型，这就是以林芝地区若干新石器遗址和采集点为代表的藏东南区域类型。从新石器时期早期开始，我们可以看到西藏文化已经接受了黄河流域古文明的深刻熏陶，从而成为中华民族古文明在边疆发展的一支。[③]

到了新石器时代，宁夏与中原文化密切相关的新石器文化遗址有马家窑文化（距今5600—4000年）、菜园文化（距今约5000—4000年）、齐家文化

---

① 格日乐图、陈文虎、包青川、张亚强：《内蒙古地区新石器时代考古》，内蒙古自治区文物考古研究所公众号，2020年3月22日。
② 新疆维吾尔自治区地方志编纂委员会：《新疆新石器时代主要遗址》，新疆地情网，2016年5月26日。
③ 史可欣：《西藏新石器时期考古综述》，《成长·读写》2016年第12期。

（距今约4000年）等，南北各种新石器文化遗址达250余处。^①

广西的新石器文化遗址甑皮岩（距今12000—7000年）在华南地区具有代表性，还有顶蛳山（距今8000—5000年）、桂南大石铲（距今4500年左右）等。

云南的新石器文化遗址发现近400处，有河湖台地（距今7000—3300年）、湖滨地区贝丘遗址和洞穴遗址三种人类居住类型。

贵州平坝飞虎山发现了新旧石器叠压的山洞文化遗址。还有赫章可乐（距今5000—4000年）、威县中水（距今3000年左右）等以及战国时期遗存。

东北历史上存在的东胡、肃慎、夫馀—濊貊三大族系，对中国历史和中华民族的形成发展产生了重大的影响。新石器文化从外兴安岭至辽河流域均有分布。

如黑龙江地区有密山新开流（距今6000年左右）、齐齐哈尔昂昂溪（距今6000—5000年）、宁安莺歌岭（距今3000年左右）等，以及青铜时代肇源白金堡（距今约3200年左右）、铁器时代友谊凤林古城（公元前后）。

吉林新石器文化遗址西部有腰井子类型（距今7000—6000年）、黄家围子类型（距今6000—5000年）；中部有左家山类型（距今约6700年）、星星哨类型（距今约6500—6000年）；东部有金谷类型（距今约4500年）。吉林青铜时代的遗址有600余处。

辽宁新石器文化遗址有查海（距今10000—7000年）、沈阳新乐（距今7500—6800年）。距今6000—5000年的红山文化是分布在西辽河流域的发达文明，与中原仰韶文化同时期，是中华文明的重要组成部分，在辽宁还发现了112处红山文化遗址。在朝阳牛河梁红山文化遗址，发现了5500年前的大型祭坛、女神庙、积石冢和"金字塔"式建筑，代表了中国北方地区史前文化的最

---

① 宁夏文物管理委员会、宁夏回族自治区文化厅：《中国文物地图集·宁夏回族自治区分册》（内部资料），1990年。

高水平，将中华文明史提前了1000多年，被称为"东方文明的新曙光"①。

在中华广阔的土地上，黄河、长江流域成为了石器时代甚至文明时期的核心区域，特别是华北地区，也就是中原地区无疑是中国石器遗址文化的核心。百万年以上的两处旧石器遗址——西侯度、小长梁均在中原地区，但在云南也发现了距今百万年以上的元谋人。说明即使在中国的人类发展阶段，边疆也是中华民族人类史的重要贡献者。

旧石器中晚期是人类发展史的重要时期，是早期、晚期智人时期，晚期智人已经开始接近文明社会的人类。在中国的旧石器中晚期，中原地区仍然处于中心的地位，但该时期遗址在华南、华东、西北、西南、东北等非华夏人口居住的地方分布比较密集，说明即使在这一时期，各民族的先民也都参与了中华民族和中华文化的形成过程，也说明中华文化的最初源头就是遍布祖国大地的旧石器中晚期文化遗址，特别是晚期文化遗址，但是这个时期还不是中华文化的形成时期，而是孕育时期，其涓涓细流正在形成，准备汇入中华文化这条大河。

新石器时代是跨入铜石并用乃至青铜时代的重要时期和基础，这一时期开始人类逐步进入了相对复杂的文化阶段，并由此进入了文明社会，也就是进入了铜器时代和铁器时代。那么我们从新石器早中晚期的文化遗址分布可见，随着新石器时代距今时间逐步临近，其分布的密度越发增大，但始终是以中原地区（华北）为主体向西周辐射状分布，其四周的新石器文化具有鲜明的地方特色，不能说是中原的新石器文化传播的结果，然而相互之间的影响和联系又是当时新石器文化的一个重要特征，体现了多元一体格局在新石器时代的中国已经形成。

应该特别提到的是红山文化，"8000年前阜新查海玉器以及其后红山文化'坛、庙、冢'的发现，是辽河流域前导地位最有力的证明。在中原地区

① 朱明宇：《辽宁发现112处新石器时代红山文化遗址》，中新网，2018年1月18日。

与之相当的时期，还未发现具有类似规模和水平的遗迹"①。这说明红山文化是中华文明起源的重要区域之一，后来可能与燕文化有一定的联系。在春秋时期的文献中，山戎活动于这一区域。

严文明提出了新石器时代中华六大文化区的概念，即中原文化区；红山文化和小河沿文化组成的北方文化区；位于山东的大汶口和龙山文化区，它们应是东夷诸族的史前文化；长江中游文化区，根据古史传说，那里曾是三苗部落活动的地区，著名的楚文化应是从这里孕育起来的；长江下游也是一个文化区，应是古越族的史前文化；黄土高原西头的甘肃和青海东北部文化区，这里的新石器文化应是往后戎羌各族的史前文化。严文明提出了"重瓣花朵"理论，中原文化区是第一个层次，它周围的五个文化区是第二个层次，最外层是第三层次文化区，包括福建、台湾、广东、云南、西藏、黑龙江、内蒙古、新疆的各类文化等。②

总之，中华民族中所有民族的新石器文化都在中华文化的体系中，既各有特点和区别，又有不同程度的联系，相互渗透始终伴随着新石器时代的全过程，体现出多元一体的特征。所以可以得出这样的结论：在即将步入人类文明的新石器时代，中华各民族的先民都是中华文化的创造者和参与者；而后经过铜器时代文化和铁器时代文化的磨炼，第一个统一王朝秦朝建立，中国多数新石器时代和铜器、铁器时代的居民通过秦朝的统一政策成为华夏民族的成员，实现了中华民族的第一次大融合，而中华文化的核心部分也在五方之民的融合下随之形成，即华夏文化的形成。

二、56 个民族的文化

中华文化来源于56个民族的文化，56个民族的文化是中华文化的来源和基础，包括形成过程以及未来的发展都是如此。习近平总书记关于"中华

① 苏秉琦：《关于考古学文化的区系类型问题》，《文物》1981 年第 5 期。
② 严文明：《中国史前文化的统一性与多样性》，《文物》1987 年第 3 期。

文化是各民族文化的集大成"的论断，就是对中华文化来源和基础的高度概括。56个民族的文化可以分为两部分，即汉族文化（华夏文化）和少数民族文化，从内涵和性质上划分为三个阶段文化，即传统文化（历史文化）、革命文化和社会主义先进文化。

汉族文化又称"华夏文化"，也有人笼统称作"中华文化""中国文化"。在国内，研究华夏传统文化的大家被称为"国学大师"，而这门学问又称"国学"。很显然，这种认识是有偏差的。首先从内涵上看，中华文化、中国文化内容是基本重叠的，中华文化可能更多的时候被理解成中华传统文化，中国文化则可能被理解成中国目前的文化状态；其次从内容上看，中华文化、中国文化都包括中国56个民族文化，而且都要包括56个民族的革命文化和社会主义先进文化。外国人中研究中国文化的学者被称为"汉学家"，也是不恰当的。

从历史文献看，"华夏""中华""中国""中夏"内涵大多重叠，内容上略有侧重。但自从民国初期对"中华民族"概念、内涵的建构完成以后，"中华民族"就是明确指向包括中国的各民族，不能再用来指称汉族。汉族（华夏）文化是中华文化的核心和主要部分。

在汉族的远古时代传说中，有巢氏、燧人氏、伏羲氏、神农氏炎帝、轩辕氏黄帝、尧、舜、禹等先祖，汉民族自称"炎黄子孙""龙的传人"。在春秋战国时代，是华夏文化的顶峰时期，出现了先秦诸子百家[1]，对中国影响巨大的三大学派——儒家、道家、法家就是这一时期产生的。儒家杰出代表是孔子、孟子、荀子，尤其是孔子被称为"万世师表"、圣人，代表作《论语》。《孟子》《荀子》虽然没有《论语》影响大，但亦是伟大的儒家经典

---

[1]《史记·太史公自序》介绍了司马谈《论六家要旨》，这"六家"是：阴阳家、儒家、墨家、名家、法家、道德家（即道家）。汉代文献整理大家刘向、刘歆父子以及史学家班固认为，先秦时期的思想学派有"十家"，除上述六家外，还有农家、杂家、纵横家，至于在街头巷尾说故事的"小说家"是否可以称为"家"，则有疑义。"十家"号称"百家"。百家争鸣形成中国春秋战国时期学术思想的活跃局面，构成中华文化中的原创性文化。（张岂之：《深刻认识中华文化的历史渊源》，《人民日报》，2014年5月16日。）

著作。道家的代表人物是老子、庄子、杨朱，《道德经》《庄子》《黄帝四经》是其代表作。法家因乱而生，将政治哲学作为重要的治国手段，在战国时期是重要学派之一。春秋时期法家的开创者是管仲、子产，战国初期法家学说真正形成，代表人物是李悝、商鞅、申不害、慎到等。战国末期的韩非是法家的集大成者。

公元前5世纪至4世纪的古希腊，出现了西方著名的哲学家、思想家苏格拉底，他的学生柏拉图和柏拉图的学生亚里士多德是古希腊"三贤"，奠定了西方哲学的基础。而在公元前6世纪至5世纪，孔子、孟子、老子则奠定了东方古代思想的基础，影响了其后中国及其亚洲一些国家的思想文化的发展。古希腊和春秋战国时期的中国是古代思想文化的巅峰时期。

中华传统文化的核心是儒、道思想和中国化的佛教，中国佛教可以简单划分为内传（内地）佛教和藏传佛教。内传佛教也称汉传佛教，笔者认为用"内传"较好，可以包括汉族主要信奉的"大众部佛教"和云南少数民族信奉的"上座部佛教"。藏传佛教有四大教派。中国佛教主要宗派包括天台宗、华严宗、三论宗、唯识宗、净土宗、律宗、禅宗、密宗等。佛教对中国的文化、历史、政治、思想等的影响是十分深刻的。

习近平总书记在谈到中华文化时，提到了诗经、楚辞、汉赋、唐诗、宋词、元曲、明清小说等伟大作品，提到了万里长城、都江堰、大运河等伟大工程，它们是各民族共同创造的文化遗产。在汉族（华夏）璀璨的文化中，包括很多类型的文化，比如新旧石器文化、铜石并用与铜器铁器文化以及语言文字、文献典籍、中国古代科学技术（四大发明等）、宗教文化、哲学社会科学、教育、文学艺术、衣食住行、婚丧嫁娶、建筑文化、工艺美术等，还有很多细分类型，不一一叙述。

习近平总书记在哲学社会科学工作座谈会上的讲话提到的先秦子学、两汉经学、魏晋玄学，到隋唐佛学、儒释道合流、宋明理学以及儒、释、道、墨、名、法、阴阳、农、杂、兵等各家学说，涌现了老子、孔子、庄子、孟子、荀子等一大批古代思想大家[1]，这些优秀的文化既有汉族的文化，也有少数民族的贡献，比如儒释道等中华文化精华，在部分少数民族中也大为流行，并有自身的创造、创新。

关于少数民族文化。在语言文字方面，很多少数民族都有自己的文字，比如蒙古文、藏文、维吾尔文、哈萨克文、傣文等。在天文历法方面，蒙古族、傣族、藏族、新疆信仰伊斯兰教的民族等，都有自己的发明创造。在医药卫生方面，蒙古族的《饮膳正要》在14世纪即已成书，并且吸收了藏、汉等民族的医学成就，17世纪、19世纪蒙古族又有重要医学著作出现。唐朝时期维吾尔族的《新修本草》，收录了新疆出产的100多种药物。在历史方面，很多少数民族用自己的文字或其他民族的文字，撰写了反映本民族历史的著作。如13世纪中叶的《蒙古秘史》，明朝时期罗布藏丹津的《黄金史》、无名氏的《蒙古黄金史纲》等；藏族思想家创作的《西藏王臣记》《贤者喜筵》《青史》等，都是闻名于世的史学著作。文学艺术方面，少数民族都有用文字书写的或口头传诵的优秀文学作品。例如藏族的《文成公主》《格萨尔王传》，蒙古族的《江格尔传》《云游僧的故事》《嘎达梅林》，柯尔克孜族的《玛纳斯》等。除此之外还有少数民族的绘画艺术、音乐歌曲、戏剧等。[2]少数民族原始信仰、宗教，布达拉宫、坎儿井等建筑工程，少数民族服饰、乐器、生活用具等，这些都是中华文化的重要组成部分，也是中华文化的重要来源和基础之一。

三、中华传统文化的精神内涵

习近平总书记指出，中华优秀传统文化是中华民族的精神命脉，是涵养社会主义核心价值观的重要源泉。"深入挖掘中华优秀传统文化蕴含的思想

---

[1] 习近平：《在哲学社会科学工作座谈会上的讲话》（2016年5月17日），新华社，2016年5月18日。
[2] 田联刚、赵鹏：《多元共生和而不同——关于少数民族文化在中华文化格局中的地位思考》，《中南民族大学学报（人文社会科学版）》2015年第1期。

观念、人文精神、道德规范，结合时代要求继承创新，让中华文化展现出永久魅力和时代风采。"①中华传统文化的精神内涵对于中华文化的发展是十分重要的，习近平总书记将其升华到至高的地位，定位于"中华民族的精神命脉""民族文化血脉""中华民族的基因"，高度概括为"讲仁爱、重民本、守诚信、崇正义、尚和合、求大同"，中华传统文化的精神内涵成为中华文化的灵魂和主干。

我国学者对中华传统文化的丰富内涵进行了提炼和概括，试图找到中华传统文化的精髓。

季羡林推崇北宋张载"民胞物与"的思想以及和谐观：自古以来，中国就主张和谐，"礼之用，和为贵。先王之道，斯为美"②。

王蒙对中华传统文化的精髓概括为包容性；和的思想，和为贵与和而不同，和是一种社会政治理想，即文明执政的理想；中庸之道乃是德的重要组成部分；"天人合一"观念是一种对于人与自然和谐的向往；等等。③

张岂之认为，老子、孔子、孟子、庄子虽然有时代和历史的局限，但他们的思想成为中华民族的共同价值观，影响了人类文明。其中包括老子的"道法自然""上善若水"思想，孔子的"仁者爱人""己所不欲，勿施于人"等思想，墨子的"兼爱""非攻"思想，孟子的"民为贵，社稷次之，君为轻"的政治哲学和"生于忧患，死于安乐"的人生哲理，庄子的"与人和""与天和"的论述等。④

陈剑认为，中华文化有两个重要的特点，即"和"的文明和包容特征。"和而不同"是中华"和"文明中极具意义和超越时空的内容，孔子曰"君

---

① 习近平：《决胜全面建成小康社会　夺取新时代中国特色社会主义伟大胜利——在中国共产党第十九次全国代表大会上的报告》，人民出版社 2017 年版，第 23 页。
② （春秋）孔子等撰，杨伯峻、杨逢彬注译：《论语》（学而篇第一），岳麓书社 2018 年版，第 10—11 页。
③ 王蒙：《全球化视野中的中华文化》，中国政协新闻网，2006 年 11 月 28 日。
④ 张岂之：《深刻认识中华文化的历史渊源》，《人民日报》，2014 年 5 月 16 日。

子和而不同"①，就是在坚持原则的基础上，承认、包容乃至尊重差异，以达共存共荣。关于中华文化的包容方面，主张"万物并育而不相害，道并行而不相悖"②。"海纳百川"是中华文明包容品格的经典概括。

"大一统"思想是中国政治文化的核心之一，从初期的哲学含义的本体论出发来解释中原王朝更替的合法合理性。"大一统"最早出现在《公羊传》，"大"有遵从、尊重的含义，是中国古代早期皇权达及天下的合法性解释，而且将政权、文化、经济的高度一致和统一作为最终目标、目的和方向。"大一统"思想还和中国古代的天下观密切关联。

中国的旧石器文化主要分布于华北和华南地区，而又以华北最为发展。到了新石器时代特别是晚期，史前文化虽然仍以华北最为发达，但史前文明出现了多点起源的现象，比如红山文化和华南地区的新石器文化，均是中华文明的重要源头之一。到了铜石并用时代甚至是铜器铁器时代，这种格局仍然没有根本变化。

先秦时期华北地区的华夏各国与周边的夷狄蛮夷各国之间共同构成了中国古代的天下。华夏与戎狄之间的关系非常紧密，除了中原的一些地域外，就是一种交错杂居的关系，华夏的周边均为戎狄蛮夷，因此，激烈的竞争是不可避免的。在华夏的眼中，对天下的认识是逐步变化的。在中国相对封闭的空间内，天下以华夏为中心，可以称作中夏、中华或中国，依照接受华夏文化的程度而向四周扩散，部分夷狄接受了华夏文化而成为中华文化的边缘构成，随着向外围扩展这个边缘又成为了中心的一部分，而且没有明确的天下边界，所有能够知晓的天下都属于"中国"，"溥天之下，莫非王土"③，就是这种思想的概括。因此，无论谁成为"中国"的统治者，都要维护这种文化才能成为正统，统治的合法性才能被承认，而要维护这种文化

---

① （春秋）孔子等撰，杨伯峻、杨逢彬注译：《论语》（子路篇第十），岳麓书社 2018 年版，第 168 页。
② （西汉）戴圣编纂，胡平生、张萌译注：《礼记》（中庸第三十一），中华书局 2017 年版，第 1007 页。
③ （周）佚名撰，王秀梅译注：《诗经》（小雅·北山），中华书局 2015 年版，第 488 页。

延续性和天下的秩序，就要维护"中国"的统一。

中华文化具有开放精神。中华文化是在新石器晚期开始进入形成阶段，历经铜石并用及铜器铁器时代至秦的建立，中华文化在华夷互动中形成，当然主要是华夏文化对夷狄文化的沁润改变，华夏文化吸收夷狄文化的优秀成分，在"夷变夏"的过程中华夏文化的版图不断扩大；同时，戎狄蛮夷的文化中也大量吸收了华夏文化成分，比如东北地区的濊貊族系公元前就开始受到华夏文化的深刻影响。这样的文化交流互动的历史过程，培育了中华文化的开放基因。

季羡林认为，中华文化历来就是开放的体系，他列举了历史上三次大规模的文化开放：一次是汉唐时期佛教的传入；一次是明清之际的西学东渐；一次是"五四"以来马克思列宁主义的输入。这些外来的文化，已经中国化，成为中华文化的组成部分。所以中华文化不断发展，历久而弥新。[1]

中华文化还具有天然的内聚力，这同中华民族的内聚力是一脉相承的。严文明认为，许多考古事实说明，中华史前文化的特点与它所处的自然地理条件是密切相连的。中国独特地理位置体现出与外界相对隔离的特点，这就决定了中国史前文化在漫长的岁月中一直走着独立发展的道路，具有土著性质。中国史前文化并没有因为突出的多样性而削弱统一性的发展，形成了一个以中原文化为核心，包括不同经济文化类型和不同文化传统的分层次联系的重瓣花朵式的格局。[2]这种重瓣花朵式的格局就是中华文化凝聚力的体现，展现了一种既各具特点又有序统一的中华文化体系。每一个花瓣都是各有特色的、相对独立的，但都是整个花朵的有机组成部分，都有不可或缺的紧密的关系。当然，"花朵"的中心部分是核心，是主要部分，但也掩蔽不了其他部分的光芒。中华传统文化具有如此的特点，它的核心部分（中原华夏文化）最具融合力，不论何种异质文化进入这一区域，都会很快融入其中成为其一部分，而且不会留下明显的痕迹。除中原地区以外的华夏文化覆盖区，

---

① 梁志刚：《季羡林谈文化》，《今日中国论坛》2008 年第 2—3 期。
② 严文明：《中国史前文化的统一性与多样性》，《文物》1987 年第 3 期。

在新石器晚期的居民并不是华夏，而是戎狄蛮夷的祖先，这些居民融入华夏后，同样具有强大融合力，进入这一区域的异质文化也同样会融入华夏文化，不过这些地区的华夏文化具有复合文化的特点，以华夏文化为基础，杂糅了各民族的文化。在中华文化的版图上，分布着文化分色圈，也就是华夷文化的接壤线，离文化分色圈越远，其独特性越为鲜明，也就是更能体现出中华文化的多元性。在这个华夷分色圈之外，戎狄蛮夷之间也存在诸多的分色圈。但无论多元性多么鲜明，都不会影响到统一性，"因为这种统一性在新石器晚期就已经开始孕育形成，由于各史前文化相互邻接，长时期相互影响和渗透，所以在一定范围内和一定程度上存在着一些共同因素，这一情况在中原及其周围文化之间表现得特别明显"①。以华夏文化形成核心区的中原为坐标，不断通过交流互动向四方自然扩散，这一过程就是各民族先民参与华夏文化的形成过程，至秦朝这一过程才告一段落。而对于华夷文化分色圈之外的中华传统文化的多元部分，华夏民族采取的态度、理念是包容和中和，也就是对于文化的差异不试图使用消除和冲突的手段，对于接受华夏文化的非华夏居民，则采取"入夏则夏"的和谐、包容的态度。所以，文化主义原则成为中华文化五千年发展的主线，华夏文化在接受、融合各民族文化的过程中版图滚雪球般不断扩大，在多元部分的影响始终保持韧性，渗透率长期处于上升趋势。在华夏文化覆盖区，无论哪个民族成为统治者，都必须在华夏文化基础上进行统治。在相对封闭的中国地理单元内，文化分色圈内外的这种文化交流互动，在不受外部文化的冲击下保持了不间断的延续性和渗透率，因而形成了强大的内部凝聚力。

四、革命文化与社会主义先进文化的精神内涵

革命文化和社会主义先进文化是中国特色社会主义文化的两个阶段，

---

① 严文明：《中国史前文化的统一性与多样性》，《文物》1987 年第 3 期。

"积淀着中华民族最深层的精神追求，代表着中华民族独特的精神标识"①。这两个阶段的中华文化，均源自于中华优秀传统文化，滋养了中华民族的发展。甚至是"决定文化性质和方向的最深层次要素"，"文化软实力的灵魂、文化软实力建设的重点核心价值观"也必须立足于中华优秀传统文化，所以，革命文化和社会主义先进文化和中华优秀传统文化是紧密联系的两个发展阶段，中华优秀传统文化的核心内涵是中华文化贯穿始终的精神命脉，决不能将两者割裂开来。

1919年的五四新文化运动，是中国科学、民主思想的发轫，是爱国主义的一次集中爆发，是思想和文化领域的全民思想解放运动，也自然成为中国革命文化的开端。中国共产党领导的新民主主义革命和社会主义事业，开启了中华文化的新的发展阶段，也就是中国特色社会主义文化的发展阶段。优秀的中华传统文化体现于"古"和"传统"的话，革命文化和社会主义先进文化体现于人民的、大众的、先进的新文化，也就是"古"和"传统"与"新"的关系，但贯穿始终的是中华优秀传统文化的"精神命脉"、根和源泉，这样分析就说清楚了中华优秀传统文化和革命文化、社会主义先进文化的关系。所以习近平总书记强调，"培育和弘扬社会主义核心价值观必须立足中华优秀传统文化。牢固的核心价值观，都有其固有的根本。抛弃传统、丢掉根本，就等于割断了自己的精神命脉"②。

中国特色社会主义文化是中国共产党领导下的马克思主义中国化的产物，其思想、理论、价值观、精神等代表了中华文化的未来发展方向，自然成为中华文化的重要来源和先进文化发展方向的基础。

五、吸收和借鉴世界优秀文化

古代中国的地理是相对封闭的和隔绝的，中华文化在很长一段时期都

---

① 习近平：《在庆祝中国共产党成立95周年大会上的讲话》，《求是》2021年第14期。
② 《习近平主持中共中央政治局进行第十三次集体学习》，中央政府门户网站，2014年2月25日。

是相对独立发展的，自我的交流、融合和组合非常频繁，形成了强大的内聚力，所以，尽管后来有与外部文化的交流、借鉴，但中华文化的本色和根本从未失去过，这就是中华文明从未中断的原因所在。过去中华文化发生过几次重要的对外交流，这就是季羡林总结的：汉唐时期佛教的传入、明清之际的西学东渐、"五四"以来马克思列宁主义的传入，这几次重要的文化传入的结果，都实现了中国化，成为中华文化的组成部分。改革开放以后，中华文化借鉴世界先进文化的范围加大、速度加快，比如在表层文化层面的衣食住行、音乐舞蹈、影视文学、体育娱乐、大众审美、语言文字等方面，影响无处不在。在深层文化方面，翻译了很多思想理论著作，在学术界影响深刻。以美国为首的西方国家，试图将其顶层文化价值观输入中国，企图以此改变颠覆中国，这是我们必须要坚决抵制的。

中华文化吸收和借鉴世界先进文化过去是中华文化的发展趋势之一，以后这种趋势也不会中断，我们"要尊重世界文明多样性，以文明交流超越文明隔阂、文明互鉴超越文明冲突、文明共存超越文明优越"[1]。古为今用、洋为中用是中华文化发展的动力源。只要"以我为主、兼收并蓄"，中华文化的开放之路就不会停止，尊重差异、包容多元、交流互鉴将成为中华文化价值的一部分。

第三节　中华各民族文化与中华文化的关系研究

关于各民族文化与中华文化的关系，是解决中华文化认同的关键命题，解释不清这个命题，对中华文化的认同就会陷入二律背反中。由于中华各民

---

[1] 习近平：《决胜全面建成小康社会　夺取新时代中国特色社会主义伟大胜利——在中国共产党第十九次全国代表大会上的报告》，人民出版社 2017 年版，第 32 页。

族的革命文化和社会主义文化的内涵是基本重叠的或相同的，所以，本文重点研究传统文化的关系问题。我们承认中华文化是56个民族文化的集大成，那么就要承认各民族对本民族优秀文化的认同，也就是要尊重差异、包容多样，这样做无疑是正确的选择，是中华文化五千年发展的规律所在。

我们面对这样的一种处境：各民族认同本民族文化是正常的、长期的现象，也就是"不让一个民族认同本民族文化是不对的，认同中华文化和认同本民族文化并育而不相悖"[①]，但是，认同本民族文化如果附加上政治属性和条件，就可能与认同中华文化成为一对矛盾，本民族文化的认同越强烈，对中华文化的认同就会越淡化。另一方面，多元一体的中华文化自信"是更基础、更广泛、更深厚的自信，是更基本、更深沉、更持久的力量"，是提振"四个自信"的基质底蕴；构筑各民族共有精神家园培育的中华文化认同"是最深层次的认同"，是实现"五个认同"的前提条件。[②]因而中华文化认同也就具有了强烈的政治属性，加强中华文化认同也就必然影响到各民族的文化认同，如何做到"并育而不相悖"，就是笔者下文所要讨论的问题。

一、中华各民族共同创造了华夏文化

在中华文化中，华夏文化是核心和主要的部分，这是历史发展的结果，无涉华夏文化是否优越的问题，因为我们必须还要承认另外一个事实——华夏文化是各民族共同创造的，而且非华夏民族做出的贡献是非常突出的。笔者还是用事实来说话。

晚期智人也即新人是生物解剖学上的现代人阶段，新人进入新石器时代后人类较为复杂的文化才真正形成，所以，我们把华夏文化的形成期界定在新石器时代是比较科学的做法。新石器时期的六大文化区的分布说明，中

---

① 习近平：《在2014年中央民族工作会议上的重要讲话》，新华网，2014年9月29日。
② 郝时远：《文化自信、文化认同与铸牢中华民族共同体意识》，《中南民族大学学报（人文社会科学版）》2020年第6期。

华各民族深度参与了华夏文化的形成过程。在严文明提出的六大文化区中，只有一个区域是华夏民族的聚居区域，即华北文化区，也就是中原地区所在区域，其他区域均为非华夏的戎狄蛮夷的聚居区域。中原文化区是第一个层次，它周围的五个文化区是第二个层次，最外层是福建、台湾、广东、云南、西藏、黑龙江、内蒙古、新疆等第三层次文化区。[①]在华夏文化从华北文化区向四周交融扩散过程中，中华文化的分色圈越来越大，在此过程中，各民族共同参加了华夏文化的形成过程，也共同参加了中华文明的创造过程。苏秉琦提出了类似的观点，在新石器时期，逐渐形成相对稳定的六大文化区系：燕山南北、长城地域文化区，山东东方文化区，关中（陕西）、晋南、豫西为中心的中原文化区，环太湖东南部文化区，环洞庭湖与四川盆地西南文化区，鄱阳湖—珠江三角洲为中轴的南方文化区。苏秉琦认为，南部的三大文化区是非华夏民族的聚集区域，民族构成复杂，方言很多。总体而言，以中原为中心的北方发展更快。苏秉琦还认为，以发展顺序看，中原文化并不都是最早在中国产生，文化也不都是从中原向四周辐射。旧石器时代晚期以辽河流域为中心，石器文化的发展走在前列，从而为辽河流域新石器时代文化的前导地位奠定了基础。[②]苏秉琦的观点说明，在华夏文化的北部近邻存在着非常高的文化发展，可能对华夏文化的早期发展产生了重要的影响。民族较多的南方文化区，后来也成为华夏文化的重点覆盖区域，说明非华夏民族对华夏文化形成的重要贡献。非常值得关注的是，华夏文化的核心思想儒家文化产生于山东，孔子、孟子均出生于与东夷混居的山东，位于华东文化区内。

在战国时期的"七雄"为秦、楚、韩、赵、魏、齐、燕，都是在兼并很多小国的过程中强大的，其中不少是非华夏的戎狄蛮夷之邦。在战国七雄中，赵、魏、韩具有华夏文化的原生性，而秦、楚、燕、齐则具有浓厚的

---

① 严文明：《中国史前文化的统一性与多样性》，《文物》1987 年第 3 期。
② 苏秉琦：《关于考古学文化的区系类型问题》，《文物》1981 年第 5 期。

戎狄蛮夷文化色彩。秦朝是中国第一个统一的多民族国家，春秋时，秦还是"秦始小国僻远，诸夏宾之，比于戎翟，至献公之后常雄诸侯"[1]。秦建立之初，"田畴异亩，车涂异轨，律令异法，衣冠异制，言语异声，文字异形"[2]，秦开启的文化统一政策，将各国各族的多元文化归于一统，华夏文化分色圈进一步扩大，而其也意味着中华各族对华夏文化形成的共同贡献。

长达360余年的魏晋南北朝时期是华夏文化又一次震荡交融的时期。公元304—439年，匈奴、鲜卑、氐、羌、羯等少数民族和汉族主要在北方和四川共建立了16个政权，将少数民族文化掺糅入华夏文化中，丰富了华夏文化的内涵。

鲜卑拓跋部建立的北魏（386—534），统治中国北部长达148年。孝文帝的汉化改革，包括政治、经济、文化等方面，文化方面就包括改汉姓、改易汉俗、使用汉语汉字等民族融合政策，一方面使得这部分鲜卑人很快融入华夏，另一方面也将拓跋鲜卑文化融入北方的汉族中。孝文帝的改革为隋唐的统一创造了条件，也为唐朝繁荣、开放和多元的文化发展环境奠定了基础。唐以后，中华各民族的文化交流融合没有中断过，但各民族文化交流融合最为典型的时期是春秋战国和秦朝初期、魏晋南北朝以及隋唐时期，这几个时期各民族对华夏文化形成发展做出了巨大贡献。

华夏文化是中华文化的核心，是中华文化最主要的一部分，因而各民族文化与中华文化的主要关系是华夏文化与中华文化的关系。笔者上述已经表明，华夏文化是各民族共同创造的，也就体现了华夏文化与中华文化的关系是中华各民族的共同贡献。

二、各民族文化都是中华文化的一部分

习近平总书记指出，"中华文化是各民族文化的集大成"，所有中华各

---

[1] （西汉）司马迁撰，（宋）裴骃集解，（唐）司马贞索隐，（唐）张守节正义：《史记》（卷十五，六国年表第三），中华书局2000年版，第537页。

[2] （东汉）许慎撰：《说文解字》（叙），中华书局1996年版。

民族的文化都是中华文化的组成部分，中华各民族都对中华文化的形成发展做出了贡献。

但由于在历史发展的过程中，各民族的人口有多有少，居住地域有大有小，发展进度有快有慢，因而其文化的差异也非常明显。特别是在传统文化的发展方面，差异更为明显，有一部分民族的文化处于阶级社会之前的发展阶段，也就是处于氏族部落社会；还有些民族处于奴隶制和半奴隶制、农奴制社会发展阶段。因此，各民族文化的"块头"大小不一，丰富度也不尽相同。对56个民族的文化共同组成的中华文化，笔者有如下的认识。

一是各民族文化有"块头"大小、传统文化发展进度相异、文化的丰富度不同等多元属性，但是文化没有优劣之分，都是各民族社会发展阶段的产物，对各民族的社会发展都起到积极作用，也都得到了各民族的认同。我们不能以"自我"和"他者"的眼光看待各民族的传统文化，以文明社会的文化作为坐标，来衡量和评价其他民族的文化。从传统文化的角度而言，所有民族都会认为自己的文化是优秀的，甚至是最优秀的。从人类社会的发展过程而言，所有民族的文化都是适应当时的社会而产生的，因而是最实用的。比如工业社会的文化如果拿到史前文化的社会，那么这个社会一定会因为不适应而崩溃。所以要"包容多样，尊重差异"。儒家就有"和而不同"的思想，这是适应当时的中国远古社会的状况而形成的思想。文化的差异不仅会在不同的民族中存在，在同一民族中也会长期存在。在中华文化的未来发展中，多样和差异会长期存在，人为消除多样和差异在信息化高度发达的现代社会是不可能的，也是不可取的，只有采取包容和尊重的态度，遵循"和而不同"思想智慧，中华文化的认同才能牢固地建立起来。

二是各民族的优秀文化才是中华文化的组成部分。每个民族的文化中都含有"糟粕"的成分，即使是在特定的时代所必然带来的"不好"的文化，也不应成为中华文化的一部分。比如一妻多夫制、猎头习俗、黥面纹身习俗等，在特定的社会是正常的文化表现形式，但也要摒除于中华文化认同之外。对于那些思想、精神方面的"糟粕"成分，更应该排除在外，比如极端宗教、邪教、恐怖主义、民族分裂主义、民族歧视、种族主义等。对于各民族的文化，国家拥有选择权，具有自主的解读意识，要向有利于国家的方向发展，繁荣各民族的文化。但即使是糟粕，也需要保留好资料，作为学术研究之用。

三是各民族文化都具有法律上的平等地位。文化权利是民族权利的重要体现之一，甚至可以说是突出的权利。文化权利平等是民族平等的关键因素之一，是从情感上、心理上影响民族关系、民族团结的重要因素。但是国家有权力基于公民个体权利的平等否定某些民族集体文化权利，比如，推广国家通用语言文字就是基于各民族公民文化和教育权利的保护。首先普通话、汉字是历史形成的，是各民族共同创造的，秦朝将"言语异声，文字异形"统一起来，就是中华民族通用语言文字形成之始。其次是没有其他语言文字能够在全国范围内代替全国通用语言文字。其三是只有掌握了国家通用语言文字，各民族公民的个体权利才能得到体现和保护。在这个原则之上，国家有权力优先保护公民个体权利的实现。所以，推广国家通用语言文字与各民族的文化权利平等没有关系。这就像使用英语的美国、澳大利亚、加拿大等国中，还有很多其他民族的语言文字，但在教育领域使用通行的英语并不涉及文化权利的平等问题。

三、各民族文化认同与中华文化认同处于不同的层级

作为对一种概念的描述，中华文化和中华文化认同是难易完全不同的两个概念，因为涉及认同的概念，就要说清楚中华文化认同的具体内容是什么，而这显然是难度很大的研究课题。对于什么是认同，事实上是一个哲学的命题。因为作为个体而言，对一个事项的认识是千差万别的，在不同的条件之下完全可以做出不同的判断，需要形式逻辑的思维方式。认同是个体基于所生存的社会的某种精神、价值乃至于思想的倾向性判断，当与不同的文

化或文化场景接触时，特别是发生摩擦、矛盾、冲突时，对自我文化体系与认同的一种自然和防御性反映。

各民族文化认同在不涉及国家间和民族间矛盾和冲突时，处于自然自在状态，而且文化认同潜移默化地存在于所有个体成员的品格、行为、生存方式、价值观、审美和判断、推理、演绎的过程中，所以说文化认同是所有个体人格的一部分，是个体在特定的社会场景下自然形成的，融入了血液，改变这种认同是非常困难的。直觉需要是人的第一本能，艾瑞克·弗洛姆[①]指出，文化是人的第二本能，这个"本能"决定了人的社会存在是一种文化存在。

所以，实现中华文化认同必须从各民族文化和中华文化的文化认同层级划分入手，才能在统一多民族国家的场景下实现。

中华文化认同可以划分为两个层级：中华各民族文化认同是中华文化认同的基础层级。56个民族的文化划分为表层、深层、核心层文化，在各民族的核心层文化中，也有价值观、精神等为特征的最高等级的民族文化认同。中华文化认同为国家文化层级。在中华文化的认同层级中，各民族的文化分布于中华文化表层、深层、核心层文化中，但顶层文化则属于中华文化认同的核心内涵，其内涵来自56个民族的文化，但某个民族的文化及认同又不等于中华文化及其认同。习近平总书记对此指出："把汉文化等同于中华文化、忽略少数民族文化，把本民族文化自外于中华文化、对中华文化缺乏认同，都是不对的，都要坚决克服。"[②]从国家的属性逻辑而言，56个民族的文化认同不应该具有政治属性，各民族不能以自身的文化为条件谋求政治权利；中华文化的认同则具有鲜明的政治属性，与国家权力、国家软实力和凝聚力密切关联。

简单进行总结：中华文化认同由56个民族文化认同的基础层级和中华文

---

① 艾瑞克·弗洛姆（Erich Fromm，1900—1980），美籍犹太人。人本主义哲学家和精神分析心理学家，其精神分析学说对世界有影响力。

② 习近平：《在2014年中央民族工作会议上的重要讲话》，新华网，2014年9月29日。

化认同的国家文化层级组成，基础层级不应具有政治属性，而国家文化层级则必然具有政治属性。中华文化认同是在认同中华各民族文化形成和发展历史的基础上，对中华文化顶层文化的价值观、精神等的认同，或者说顶层文化已经属于国家文化或公民文化的范畴，每个民族的文化认同都不能与之等同，每个民族的文化都不等同于中华文化。只有这样，各民族文化认同与中华文化认同才能"并育而不相悖"。中华文化的多元性（包括地域文化）与统一性的并存将是一个长期的客观存在，"尊重差异，包容多样"也将成为我国未来继续秉持的文化价值观。

第四节　中华文化认同的本质

"中华文化是各民族文化的集大成"，从其结构而言，划分为基础文化层级认同（各民族文化认同）和国家文化层级认同。在上文中，笔者探讨了中华文化的概念、来源和内部关系这几项内容，它们是我们研究中华文化认同本质内涵的条件和逻辑前提。

一、中华文化认同必须建立于超越族裔性之上

文化是民族的第二本能，是民族成员个体人格的一部分。当然，不是所有成员的文化人格都是一致的，有些成员的文化人格会发生变化，比如在我国，很多人的文化人格在新的社会情景和现代教育的影响下，脱离原来的家乡、民族的文化场景，逐步转化成以普遍的公民文化人格为主，这就是今天我们强调交往、交流、交融的现实意义所在。也就是说，"三交"是有利于公民的普遍文化人格的形成的。

族裔性在本文中指各民族的"族性"，也就是说族体认同的核心要素是

族源、始祖、图腾和所谓的血统一致性，尽管从科学的角度，这一切都可能不是真实的，或者是不准确的，但族裔的认同往往是根深蒂固的，不容易改变的，其文化认同作为民族的第二本能也是如此。在这样的情况下，我们要实现从各民族文化认同向中华文化认同的跨越，则必须实现中华文化认同的超越族裔性。作为社会上的人都有多重的身份认同，比如民族（各民族）身份认同、中华民族身份认同、公民身份认同、地域和地域文化身份认同、宗教信徒身份认同、政治身份认同等，其中某些身份认同可能发生变化，但民族（各民族）身份认同是最难以发生变化的，即使有些认同发生淡化甚至消失的情况，但是民族的（各民族）整体身份认同的变化也是较难发生的。取消身份证、户口、表格的民族（各民族）身份标注和以民族（各民族）为对象的政策补偿可能会对部分人的民族（各民族）身份认同产生影响，但是也难以改变这种状况，甚至可能发生地域文化身份向民族（各民族）身份认同转化的可能性，这是我们必须预判的。从铸牢中华民族共同体意识和公民权利平等角度，笔者认为目前以地域人群为补偿政策对象是正确的选择，但不意味着过去的民族补偿政策就是失误的，因为各个时期解决问题的目标和侧重点不同。

基于上述观点，各民族的自身身份认同和各民族文化认同是中华民族和中华文化多元一体的表现，短期内这种情况不会改变，甚至将长期存在，也就是在国家文化的层级上，在中华文化的顶层认同上，要将其内涵与族裔性相分离。具体而言：56个民族的文化是中华文化组成部分，但某个民族的文化不等于中华文化，这是从范围角度的理解；各民族文化的形成发展史就是中华文化的形成发展史，特别是中华文化的核心和主体部分华夏文化是中华各民族共同创造的，中华文化认同来源于各民族文化，但中华文化认同是国家意志的体现，体现为全民共享的价值观、精神等内涵，嵌入为国家文化认同和公民文化认同，已经脱离了各民族的族裔文化属性，成为公民个体的本能文化认同。在多元文化中寻求共同的文化认同，就必须建立在跨越多元文化的共享的价值观、精神力和文化符号的基础之上。

二、中华文化认同的高级阶段——国家文化认同

前述笔者提到，目前各民族的文化及其认同不具有政治属性，中华文化认同的核心内涵则具有政治属性，是价值文化、精神文化、道德文化、审美文化等与政治文化的统一，因而与各民族文化与认同存在本质区别点。在中华文化的表层、深层、核心层的各民族文化中，主要部分是与生俱来的传统文化和新出现的革命文化和社会主义先进文化的内容，各民族的后两类文化多数属于类同文化或共享文化的范畴。中华文化认同的核心内涵属于价值观、精神（精神追求、精神特质、精神脉络等）、道德标准等。习近平总书记指出："核心价值观是一个民族赖以维系的精神纽带，是一个国家共同的思想道德基础。如果没有共同的核心价值观，一个民族、一个国家就会魂无定所、行无依归。"[1]"核心价值观是文化软实力的灵魂、文化软实力建设的重点。这是决定文化性质和方向的最深层次要素。"[2]社会主义核心价值观、国家公共文化和"讲仁爱、重民本、守诚信、崇正义、尚和合、求大同"以及共享的中华文化符号，就是中华文化认同的主要内容。

中华文化认同不同于各民族传统文化认同，它是国家对中华传统文化和革命文化、社会主义先进文化精髓的提炼、概括、取舍和总结的结果，来源于各民族文化但不等同于各民族文化，是由国家选择的认同内涵和方向，由此也就融入了政治属性和国家意志，带有明确的约束性，比如，破坏国家统一和民族团结、进行分裂国家和极端宗教活动、各种欺诈行为、违背社会主义公德行为触犯法律的，在刑法和民法中都有明确的处罚条例。国家文化认同是中国全体公民共享的文化认同，与中华文化顶层文化的认同具有高度的

---

[1] 中共中央宣传部编：《习近平总书记在文艺工作座谈会上的重要讲话学习读本》，学习出版社2015年版，第24—25页。

[2] 《习近平主持中共中央政治局进行第十三次集体学习》，中央政府门户网站，2014年2月25日。

重叠性，也可以描述为同一性，目前的国家文化认同就是中华文化认同的高级发展阶段或最新发展阶段，所以，笔者提出中华文化认同就是国家文化认同或公民文化认同的观点。

三、中华文化认同的核心是对共享的价值观、精神力量的认同

共享一般指个体的公民分享同一件有价值的东西，共享一般不能指集体之间，因为集体内部成员的意见不一定一致。价值是具有高度的普遍性和概括性的理念，包括理想、信念、规范、准则、准绳、公德、公理等属性，价值蕴含真理含义，所以它对人的行为、思想等有潜移默化的制约、影响和指向。精神是指个体和社会在思想、理想、信念、性格等方面的积极的、向上的因素，这些因素综合起来形成的动力就是精神力量。精神因素中有些属于与生俱来的逻辑和自然阶段的产物。所以，中华文化共享的价值观和精神力量就是中华文化五千年发展过程中形成的具有高度普遍性、概括性、抽象性的跨越多元文化的、族裔的价值观念、精神力量，这种价值观和精神力量被中华各民族成员广泛接受，并具有推动中国发展的积极因素和作用，同时，对中华民族所有成员具有普惠的价值和意义。如果只是针对一部分人有价值和意义，就丧失了共享的属性，也就失去了中华民族共同体成员的广泛一致的认同。

那么，共享的价值观和精神力量是如何在56个民族文化中萃取的？国家是如何选择的？标准是什么？这是中华文化认同合法性的基础。笔者上述已经总结了中华文化认同的主要内涵，这些内涵是通过以下几个渠道和方式获取的：一是在中华文化形成和发展的历史中自然形成的共享的价值观和精神力量，比如，各民族的革命文化和社会主义先进文化具有高度共享的价值观和精神力量，各民族虽然各具特点，但基本内容是重叠的。在中华传统文化中也有此类内容，大一统成为入主中原的少数民族和汉族统治者共同价值标准；中华传统文化的跨族裔性成为一些古代民族的共识，比如匈奴人、突厥人、鲜卑人、高句丽人、夫馀人、渤海人、契丹人、女真人、满洲人以及

进入中原地区的其他民族都具有这样的理念。数十万沙陀人在南宋末期融入汉族中，同样具有这样的理念。二是某个民族传统文化的精华成为中华文化的代表性文化认同，比如华夏民族的"和合"文化，成为中华文化认同的经典内涵，特别是"和而不同"的观念，成为中华文化认同的跨越历史时空的内容。"并育而不相害"的包容品格，"海纳百川"的广阔胸怀，都说明包容成为中华文化认同的普遍共识。诸如此类的华夏民族的传统文化精华，自然会成为中华文化认同的重要内涵之一。华夏民族和少数民族文化共同拥有的开放、勤劳的精神品格，也成为中华文化认同的内容之一。这样的例子很多，不一一列举。

所有成为中华文化认同的重要内涵，都要具有至关重要的标准，即普遍的价值和各民族成员广泛接受的文化内涵，这样才能成为中华文化认同的内涵，也就是说，只有那些对各民族都有益的、普惠的文化价值和精神才能成为国家文化（公民文化）认同内涵的标准。

四、中华文化认同的最高境界是中华人民的爱国主义

习近平总书记指出："核心价值观是一个民族赖以维系的精神纽带，是一个国家共同的思想道德基础。""在社会主义核心价值观中，最深层、最根本、最永恒的是爱国主义。"[1]可见，爱国主义是中华文化顶层文化认同的灵魂，没有爱国主义作为基础，其他的中华文化认同都将失去意义。在中华民族多元一体的认同中，多元指各民族的认同，这属于基础层面，而作为其上一级层面的最高级层面认同是中华人民认同，也就是作为个体总和的中国公民共同体的认同，因而本文使用了"中华人民的爱国主义"的概念。

在世界所有国家中，都有爱国主义的高度认同及其作为基础的思想、理论、道德、品格、人格等。各国各民族爱国主义的内涵是有很大的区别

---

① 《习近平总书记在文艺工作座谈会上的重要讲话学习读本》，学习出版社 2015 年版，第 24、26 页。

的。中华人民的爱国主义体现于内部关系和对外关系中。孔子的"和而不同""和为贵"的思想，不仅成为当时处理社会关系和民族关系的准则，即使在今天，也可以成为处理国际关系的准则，因而成为爱国主义的内涵之一。《孟子》云"天下之本在国，国之本在家，家之本在身""如儒家'以天下为一家，中国为一人'等观念，道家'抱一为天下式'等主张，法家'为天下治天下'等观点，墨家'一同天下之义'等思想，莫不以治天下为对象来构建学说，为实现天下'太平''大同'提供文化理论支持"。①《礼记·大学》中，提出了修身齐家治国平天下的家国理念。在中华传统文化中，"大一统"观念成为"天下主义"的核心观念。在目前，爱国主义的要求是着力扎紧全国各族人民团结奋斗的精神纽带，厚植家国情怀，培育精神家园，引导人们坚持中国道路、弘扬中国精神、凝聚中国力量，为实现中华民族伟大复兴的中国梦提供强大精神动力。②坚持爱党爱国爱社会主义相统一，坚持以维护祖国统一和民族团结为着力点。在对外关系中体现的爱国主义，我们坚持"协和万邦"理念。习近平总书记提出："各国应该在相互尊重、求同存异基础上实现和平共处，促进交流互鉴，为人类文明进步注入动力。"③但我国并不会一味地追求和平主义，在国家核心利益受到侵害时，和平与和谐不可能实现时，会义无反顾地坚决维护国家和中华民族的利益。抗美援朝就是中华人民爱国主义的典型例证。没有爱国主义，就不会有中华文化认同。

---

① 陈家兴：《传承中华文化"天下观"》，《人民日报》，2017 年 12 月 26 日。
② 《中共中央、国务院印发〈新时代爱国主义教育实施纲要〉》，新华社，2019 年 11 月 12 日。
③ 《国家主席习近平在北京以视频方式出席世界经济论坛"达沃斯议程"对话会并发表特别致辞》，新华社，2021 年 1 月 25 日。

第七章　中华文化在增进中华民族共同性上的作用

增进中华民族的共同性，是铸牢中华民族共同体意识的基础和前提，因而备受重视。关于中华民族共同性的研究，必须结合与差异性的关系和内涵的分析来进行，两者是中华民族共同体的一体两面，不可分割。所以，"增进共同性、尊重和包容差异性是民族工作的重要原则""要正确把握中华文化和各民族文化的关系，各民族优秀传统文化都是中华文化的组成部分，中华文化是主干，各民族文化是枝叶，根深干壮才能枝繁叶茂"①。以上论述涉及文化的共同性与差异性关系，除此之外，中华民族共同性与差异性还表现在其他诸多方面。本文从相关概念梳理入手，研究中华文化对增进中华民族历史共同性和现代共同性的作用，中华文化认同是铸牢中华民族共同体意识的思想性基础。

第一节　相关概念梳理

本文主要研究中华文化对中华民族共同性的影响，所涉及的概念包括中华民族、中华文化、共同体、共同性等，这些概念在中华民族共同体研究

---

① 《习近平在中央民族工作会议上强调以铸牢中华民族共同体意识为主线推动新时代党的民族工作高质量发展》，新华社，2021 年 8 月 28 日。

中都是重要的问题，同时也是争论和分歧较多的问题，内涵有较大的不确定性，所以，笔者首先要对这些概念进行简单梳理和分析，在此基础上进入下一步的研究。

最早将"中华"和"民族"两词结合为"中华民族"是梁启超的《论中国学术思想变迁之大势》（1902）："齐，海国也。上古时代，我中华民族之有海思想者厥惟齐。故于其间产出两种观念焉：一曰国家观，二曰世界观。国家观衍为法家，世界观衍为阴阳家。自管仲藉官山府海之利，定霸中原，锐意整顿内治，使成一'法治国'Rechtsstat之形。"①这个从单一民族国家日本引进的西方"民族"（nation）一词具有浓厚的"一族一国"的意味，因而用其指称"华夏"的齐国似乎非常贴切。在该文中，梁启超大量使用"中华"一词指称华夏，还使用了黄族、诸夏、中国种族、国民、中国等称呼，认为中国种族的学术思想源泉来自黄帝子孙，可见，中国种族亦指华夏—汉族。以上所有概念均与汉族（梁启超认为满族已经融入汉族，"不能谓为纯粹的异民族也"。——笔者注）、中国（君主立宪）及其国民相关。在该文中，"中华民族"一词似为偶然使用，意指先秦的诸夏，不具有近代民族概念的含义。梁启超提出近代民族概念是在1903年："小民族主义者何？汉族对于国内他族是也。大民族主义者何？合国内本部属部之诸族以对于国外之诸族是也。中国同化力之强，为东西历史家所同认。"②在同文中，梁启超还提出了"合汉，合满，合蒙，合回，合苗，合藏"组成一个"大民族"的概念，"以汉人为中心点""必成于汉人之手"。③梁启超的以上观点，与辛亥革命后革命派、国民党政界的"五族共和""中华民族"观趋于

① 梁启超：《新民说·论中国学术思想变迁之大势》（1902年），《梁启超全集》（第二册第三卷），北京出版社1999年版，第573页。
② 梁启超：《新大陆游记·政治学大家伯伦知理之学说》（1903年），《梁启超全集》（第二册第四卷），北京出版社1999年版，第1069页。
③ 梁启超：《新大陆游记·政治学大家伯伦知理之学说》（1903年），《梁启超全集》（第二册第四卷），北京出版社1999年版，第1070页。

一致。

有学者认为，民国时期大体可以划分为"一元多流"和"多元一体"两种中华民族观念。"一元多流"论如蒋介石、顾颉刚、熊十力等（孙中山、杨度等的观念也应该归为"一元论"——笔者注）；"多元一体"论包括费孝通（费孝通的老师吴文藻也持"多元一体"观——笔者注）、后期的梁启超，中国共产党的"中华民族"观也大体上属于后者。[①]

新中国成立前中国共产党的中华民族观大体以1938年为分水岭，1938年之前受民族自决权理论和革命斗争形势的影响，对国家的统一性和不可分割性重视不够，如1925年对民国"大中华民族"概念的排斥，反对以此为名的"同化"（融合）[②]，对"五族共和"论的排斥等。此后全面抗日战争爆发，中国共产党开始探索用民族区域自治的方法解决民族问题，"中华民族"概念的统一性和不可分割性充分体现出来，"中华民族"与"中国人民"并列使用，以覆盖"各民族""全民族""各民族人民"，"中华民族"具有了各民族复合体的含义。应该特别指出，1946年12月25日通过的《中华民国宪法》第一章"总纲"第五条，列"中华民国各民族一律平等"条款，明确承认各少数民族的"民族"地位，没有使用"中华民族""中华国族"的提法，蒋介石以宗族论为基础的"中华民族"观更没有体现。这显然被动接受了此前中国共产党的影响。[③]1949年9月29日通过的《中国人民政治协商会议共同纲领》也没有使用"中华民族"的提法，第六章"民族政策"第五十条写道："中华人民共和国境内各民族一律平等，实行团结互助。"[④]很明显，当时两党的观点已经比较接近。

---

① 黄兴涛：《重塑中华：近代中国中华民族观念研究》，北京师范大学出版社2017年版，第377页。
② 中共中央文献研究室中央档案馆编：《建党以来重要文献选编（一九二一——一九四九）》（第二册），中央文献出版社2011年版，第216页。
③ 黄兴涛：《重塑中华：近代中国中华民族观念研究》，北京师范大学出版社2017年版，第356页。
④ 中共中央统战部编：《民族问题文献汇编（一九二一·七——一九四九·九）》，中共中央党校出版社1991年版，第1290页。

在清末民国时期，"中华民族"的使用与西方的"nation"概念密切相关。但不可否认的是，西方的"民族"与中国的"民族"历史过程差异明显。历史上，中国由于其相对隔离的自然地理空间从而形成了"五方天下"，在这个相对隔离的"天下"的"五方之民"内部形成循环交融关系，尽管存在广泛的多样性和差异性，但共同性、统一性是主导和方向，秉持儒家文化为核心的中华文化成为夏或夷的中央政权正统性、合法性的共同基础，形成了中华民族的精神疆域。也因此，中国是唯一一个古代文明没有中断的文明古国。清末民国时期对"中华民族""中华国族"内涵进行了广泛的探索和争论，但最终也没有写入1946年通过的《中华民国宪法》，足以说明这种特殊情况。

2014年，习近平总书记指出，中华民族多元一体，"一体是主线和方向，多元是要素和动力""各民族的关系，是一个大家庭里不同成员的关系"①。2018年3月11日通过的《中华人民共和国宪法修正案》，首次将"中华民族"写入宪法。2021年习近平总书记指出"四个与共"的共同体理念②，强调中华民族与各民族在共同性与差异性、共同体意识与各民族意识、中华文化与各民族文化、精神与物质的辩证关系和区别，对中华民族和中华民族共同体的内涵进行了独创性的论断。

笔者认为，"ethnic group"（适合于多民族国家使用，属于多民族国家的"民族"）更加接近共同渊源、"原生性"含义，对应"中国的各民族"，国内部分学者译为"族群"，难以直观表达原义，用"原生民族"表述更为贴切；"nation"的近现代概念与"国民""公民"内涵十分接近，与"国家"概念交集，相当于我国的"中华民族"。现代"nation"含义与国民、公民属性最为贴近，而且与国家概念互为表里，但由于其现代属性强

---

① 习近平：《在2014年中央民族工作会议上的重要讲话》，新华网，2014年9月29日。

② 《习近平在中央民族工作会议上强调　以铸牢中华民族共同体意识为主线推动新时代党的民族工作高质量发展》，新华社，2021年8月28日。

烈，建构意味过强，容易忽略与历史的联系和演变过程，所以，笔者主张将"nation"翻译成"人民共同体"，将"中华民族"理解为"中华人民"，单数称呼则为"中国人"，从而使得"中华民族"概念既能联系历史渊源，又能覆盖近现代国民或公民属性。[1]这样，普通民众更容易理解"中华民族"与"各民族"的本质区别，也能避免文字上的"民族套民族"的弊端。

关于中华文化内涵，学术界多从华夏—汉文化的角度进行研究，有些学者将中华文化视同中国文化，因而很少关注中华文化的内部分层结构，即华夏—汉族文化与少数民族文化的关系以及各民族文化与中华文化的关系，不梳理清楚这几个关系，是难以真正理解中华文化内涵的。

习近平总书记于不同的讲话中对中华文化进行了高度概括。在中华文化的来源方面，指出："我们灿烂的文化是各民族共同创造的。中华文化是各民族文化的集大成。"[2]在中华文化内容结构上，包括"中华优秀传统文化""革命文化""社会主义先进文化"[3]。后两种文化又可合称"中国特色社会主义文化"。在中华文化与各民族文化的关系上，中华文化是主干，各民族文化是枝叶。中华文化的核心内涵同时也属于国家文化的范畴，即中国的价值观、精神底蕴、文化软实力等，这也是中华文化认同的本质内容。中华文化是56个民族文化的总和，华夏—汉族文化是中华文化的核心和主体，是56个民族共同创造的。汉族文化与作为重要构成部分的少数民族文化之间，是一种互为你我的关系。在中华文化的表层、深层、核心层文化结构中，各民族文化体现为多元一体的属性和关系，但处在顶层的中华文化，则是超越了各民族文化之上的国家文化（或公民文化），体现出一体和一元的

---

① 关于"ethnic group""nation"内涵理解和翻译，得到了黑龙江大学副教授王敬非博士的指导，在此致谢。

② 习近平：《在全国民族团结进步表彰大会上的讲话》（2019年9月27日），人民出版社2019年版，第3页。

③ 习近平：《决胜全面建成小康社会夺取新时代中国特色社会主义伟大胜利》，人民出版社2017年版，第23页。

属性。国家文化（中华文化顶层文化的认同部分）来源于各民族文化，但不等同于各民族文化。[①]

关于共同体，西方对公民、"民族"共同体一般从社群主义和自由主义两个视角进行研究，但都无法摆脱文化内涵、社会联系、政治属性等这些基本特征。查尔斯·泰勒从认同角度描绘现代共同体的内涵："首先，现代的内在性，即作为带有内部深度存在的我们自身的感觉，以及我们是'我们自己'的联结性概念；其次，由现代早期发展而来的对日常生活的肯定；第三，作为内在道德根源的表现主义本性概念。"[②]政治共同体的集体行为包括："立法、裁决、实施以及政府的其他行政职能。整合为一体的公民会认为，他的共同体在这些正式的政治行为中的成败，与他自己的生活息息相关，对它有着改进或损害的作用。"[③]共同体总体而言是社会性、政治性兼具的，具有强烈的认同性、归属感。偏重于社会性的有家族、宗族、氏族、部落或部落联盟以及宗教、文化、社会团体，各类约束性弱的组织等；政治性突出的共同体是民族、政党、公民或国民、国家等。如果再进行归类，"自然民族"（如我国的各民族）以始祖、各自文化、历史事件为内容的自我认同为主要维系方式，而公民共同体或人民共同体则以政治的、法律的归属感为主要维系方式，并附带有文化、历史符号的认同。

中华民族共同体具有多重内涵，首先它是历史共同体，从"五方之民"的"天下"共同体演变而来；其次它是文化共同体，从历史上"精神疆域"到如今的社会主义先进文化共同体；第三是近现代的政治与法律共同体，是56个民族的公民组成的人民共同体（公民共同体）；第四是命运共同体。习

[①] 都永浩、王禹浪：《中华文化认同的逻辑前提——概念、来源和内部关系》，《青海民族研究》2021年第4期，第20页。

[②] [加]查尔斯·泰勒著，韩震等译：《自我的根源——现代认同的形成》，译林出版社2012年版，序言第2页。

[③] [美]罗纳德·德沃金著，冯克利译：《至上的美德：平等的理论与实践》，江苏人民出版社2007年版，第240页。

近平总书记将中华民族共同体比喻为"休戚与共、荣辱与共、生死与共、命运与共"①，说明了这个共同体的历史性、统一性和不可分割性。

共同性是非常重要的概念，阐释了原则、立场与逻辑性、辩证性的统一。"共同"不是"同质""同样""无差异"这样的客观标准，而是"一同""共享"这样的主观追求的共同方向和目标。差异性（多样性）表现的是形式、表层或特色特点的内涵，共同性（统一性）表现的则是原则和本质的内涵。

先秦儒家在辩证认识共同性上为我们树立了样板，《国语》曰："夫和实生物，同则不继。以他平他谓之和，故能丰长而物归之；若以同裨同，尽乃弃矣。"②包容多样性（差异性）的共同性才能繁荣发展，没有差异就会影响发展。包容、协调、平衡差异可称为多样性基础上的统一（共同性），不仅能够促进发展还能增强共同性；反之则会出现相悖的结果。习近平总书记指出，"要正确把握共同性和差异性的关系，增进共同性、尊重和包容差异性是民族工作的重要原则"③，体现了在共同性与差异性上的辩证观。

第二节　共同精神疆域与中华民族的历史共同性

中华文化对中华民族历史共同性的作用，主要体现于"天下""天下观""文化一统"以及由此形成的中华民族的"精神疆域"上。何谓中华民

---

① 《习近平在中央民族工作会议上强调　以铸牢中华民族共同体意识为主线推动新时代党的民族工作高质量发展》，新华社，2021年8月28日。
② （春秋）左丘明撰，陈桐生译：《国语》（郑语·史伯为桓公论兴衰），中华书局2013年版，第573页。
③ 《习近平在中央民族工作会议上强调　以铸牢中华民族共同体意识为主线推动新时代党的民族工作高质量发展》，新华社，2021年8月28日。

族的"精神疆域"？一般而言，疆域是指一个政治团体（国家、部落及其联盟等）所能控制的地理空间的范围。中华民族拥有一个广阔的相对隔离的自然地理空间①，因而在这个空间形成的中华古文明没有因为外敌的入侵而中断，然而不幸的是世界其他三个文明古国均因开放的地理空间遭到外敌的大规模入侵，并因此导致古文明的分崩离析。在中华民族相对隔离的、天赐的自然地理空间内，必然形成夏夷"五方之民"无法分离的交融互动关系，演化出稳定的内部循环体系，这就是"精神疆域"形成的基本条件。下面，笔者从"天下""天下观""文化一统"入手，论述中华民族"精神疆域"的形成及中华民族历史共同性的内涵。

中华民族的古代"天下"是非常独特的历史现象，不仅其他三个文明古国不曾发生，也从来没有在欧洲的历史上出现过。"天下"有地域的内涵，在先秦时期，这个"天下"是以华夏的"中国"为中心向四方的逐步认知过程，因此，带有想象的成分。"天下"的范围和边缘是不确定和模糊的，《诗经》中描绘为"邦畿千里""四方""四海"。"邦畿千里"是最初的认识，这个"天下"仅限于王畿及其直接管辖的周边地区，但"四方"和"四海"则是一个模糊的视域，以"中国"为中心，由其直接管辖的地域和由此向周边延伸至边缘的区域，就是整个的"天下"。正如有学者指出的："天下"是先秦中原地区农耕人群对自己认知环境范围的描述，同时也是对"天子"施政疆域的指称，并有理想中的"天下"（广义"天下"）和现实

---

① 中国的地域体现为相对隔离的特征，地势西高东低，青藏高原成为中国的第一级阶梯。由内蒙古高原、黄土高原、云贵高原、四川盆地作为主线，帕米尔高原、塔里木盆地、准噶尔盆地和阿尔泰山、天山、昆仑山为辅线，形成第二级阶梯，宽度约4000千米，有效阻遏了外敌的入侵。以大小兴安岭、太行山、巫山、雪峰山为界限，东达中国沿海是第三级阶梯，分布着广阔的平原，穿插着低缓的山脉和丘陵。中国的北部渐趋寒冷，不适宜古人类的生存，所以北部多为原始部落。有些强大的北方原始部落集团每一次社会发展的跃进和南下，都与学习与借鉴中原文明和文化紧密相关。再向北就是人口极少的适应着寒冷地域生存方式的原始部落。而从第三级阶梯和第二级阶梯向南，则气候炎热、瘴病流行，且山峦叠嶂，没有形成过有实力入主中原的强大民族。在中国三级阶梯内，六种陆地地形的基本类型——高原、山脉、平原、丘陵、盆地、沙漠一应俱全，在远古时期，这样的地形类型的影响是非常明显的，形成了多样的经济类型和文化，这是中华民族多元一体格局形成的客观原因。

中的王朝疆域（狭义"天下"）两种不同的含义。[1] 概括起来中华民族的"天下"有三层概念，即先秦的"中国天下"及其想象的"天下"，以及中华民族天赐的相对隔离的自然地理空间，第三个"天下"在清朝得以实现。这个自然地理空间囊括了所有陆地地理类型，差异巨大，因此，在新石器时代和夏商周形成多元的民族和多样性的文化，笔者将其称为"中华族系"。由于相对的空间隔离性而产生"漩涡约束"[2] 和内部循环交融体系，决定了共同性和统一性是主导和方向。以上因素成为"天下观"形成的基础。

"天下"丰富的自然地理样貌和巨大的差异，直接导致了文化多样性和"民族"多元性。比如苏秉琦提出的中国新石器"六大文化区系"的"满天星斗"论和严文明提出的新石器文化"重瓣花朵"格局中六大文化区及其第三层次文化区[3]，中原文化区（系）与其他文化区（系）的差异明显存在，但同时存在统一性、共同性为主导的纽带。在中原文化区（系）内部也存在明显的多样性，同时存在更为强烈的统一性、共同性纽带。比如，《左传》（哀公七年）记载夏"执玉帛者万国"、《史记》（卷三殷本纪第三）记载"诸侯叛殷会周者八百"、《荀子》（儒效）记载周"兼制天下，立七十一国"，在这些诸侯、方、国之中，属于夷狄者不在少数，呈现出交错杂居的局面，这就是多样性、多元性的体现。

李大龙认为："'天下'的人群是由'中国，戎夷五方之民'构成，是先秦时期就形成的观念，而指导对'天下'进行治理的理念则是在西周时期

---

① 李大龙：《农耕王朝对"大一统"思想的继承与发展》，《云南师范大学学报（哲学社会科学版）》2020 年第 6 期，第 4 页。

② "天下"有一个特定的场域，而且限定在了天赐的、相对隔离的自然地理空间内，具有天然的内聚力，在这个自然地理空间内的华夏与四方夷狄被一种宿命凝结在一起，很难产生大规模的外溢效应，因而形成了"漩涡约束"，"五方之民"始终围绕着"中国"这个"漩涡"中心而交融互动，中心的范围越扩越大，"中国"逐步向"天下"的边缘扩展，随着"漩涡"范围扩大，逐步进入平稳阶段。"天下"由于有了这个强有力的中心，从而维持了一种稳定、平衡的关系。

③ 苏秉琦：《关于考古学文化的区系类型问题》，《文物》1981 第 5 期；严文明：《中国史前文化的统一性与多样性》，《文物》1987 年第 3 期。

已经完善的服事制。"①面对华夏"中国"与四方夷狄共存的局面，而且这种
共存局面由于处于相对隔离的地理空间形成内部交融循环体系，也就是形成
了"漩涡约束"，很难产生体系性的外溢效应，"五方之民"建立起了宿命
的联系。

赵汀阳将"天下观"的内涵展延至全球的范围，但是其论点和逻辑也
适应于古代的"天下"，非常具有启发性。他认为，"共在"是"天下"的
本质，互相伤害最小化是共在关系的必要条件，相互利益最大化也优先于自
身利益最大化。"天下"体系之意图也必当如此，必以普遍受益的制度去维
护多样性，并以共在原则去建构相辅相成的存在关系，使世界的共在利益大
于排他私利。"天下"的概念是"协和万邦"，协和是一种兼容、化敌为友
的能力，意味着以兼容保证和平的政治。从根本上说，如果一种政治哲学不
以"共在"的存在论假定为基础，就无法想象"天下"的内部化。根据共在
存在论，如果不同的存在者之间能够形成必要的而非偶然的互相依存关系，
就能够形成良性的共在循环。他还认为，"天下"内部化就是使世界成为容
纳一切的"天下"，从而使"天下"只有内部性，而不再有无法克服的外部
性，不再寻找无法兼容的敌人，不再把他者识别为无法共同生活的异己，不
再把不同的价值观定义为不可接受的异教。他将兼容普遍主义理解为"可以
用于每种关系"，就是说，普遍价值只能以"关系"去定义而不能以"个
体"去定义。②笔者认为，除了"天下"内部化的观点，关于"兼容普遍主
义"的观点也非常经典，它向我们解释了夷狄入主中原后改宗"六艺之科孔
子之术"并不是因为华夏文化先进，而是为了获得王朝统治的正统、合法性
地位，"独尊儒术""为政以德"也并非个体的意愿，而是为了适应"天
下"秩序和夷夏关系，甚至为了获得正统地位甘愿"以夏变夷"。正如韦伯

---

① 李大龙：《农耕王朝对"大一统"思想的继承与发展》，《云南师范大学学报（哲学社会科学版）》
　　2020年第6期，第4页。
② 赵汀阳：《天下观与新天下体系》，《中央社会主义学院学报》2019年第2期，第71—75页。

所言："坚信自己的习俗优秀，而他人的习俗低劣，这种支撑本族自豪感的信念，实际上与地位独特的各群体的荣誉感很类似。"①

对于不同发展阶段的民族而言，各自主观认为本民族文化最为优秀。但在统治权、文化归属、民族身份三个选项中，入主中原的夷狄统治者永远会将统治权作为唯一不可变更的选项，因为对于文化的认同，永远受制于政治的利益和需要。正是由于华夏文化核心价值的地位、作用不可动摇和替代，夏、夷"大一统"中央政权或者局部统一政权的更替并未影响到中华文明的绵延不断，这在世界古代文明史上是绝无仅有的个案。

"天下观"的形成需要适应这种多元、多样的世界，要建立一个共存的秩序，实现"天下"的内部化需要一套有效的观念体系。笔者认为，这个观念体系由三部分组成：一是"和"文化；二是"辨"与"变"的辩证观念；三是"自强不息"与维新精神。

"和"文化产生的土壤就是多元性和多样性，不限于儒家所提倡，但集大成于儒家。最早明确提出"和"文化理念的是《易经》："'象'曰：地势坤，君子以厚德载物。"②包容"天下"万物成为德性的标准。对"和"文化最经典的概括是孔子，"君子和而不同，小人同而不和"③。"有子曰：'礼之用，和为贵……知和而和，不以礼节之，亦不可行也。'"④第一句话如果放置"天下"来讲，就是和谐是有原则性的，不能盲目；第二句话更为具体，治理"天下"和谐至关重要，但无原则的和谐是行不通的，要用礼仪制度进行节制。《国语》对"和"的论述更加深入，多样性的统一才有生命力，单一性、雷同性不可持续，说明了包容差异的重要性。《礼记》则在

① [英]斯蒂夫·芬顿著，劳焕强等译：《族性》，中央民族大学出版社 2009 年版，第 71 页。
② （西周）姬昌撰，于海英译注：《易经》（上经·坤卦二·坤为地），华龄出版社 2017 年版，第 19 页。
③ （春秋）孔子等撰，杨伯峻、杨逢彬注译：《论语》（子路篇第十），岳麓书社 2018 年版，第 168 页。
④ （春秋）孔子等撰，杨伯峻、杨逢彬注译：《论语》（学而篇第一），岳麓书社 2018 年版，第 10—11 页。

"和"中引入孔子的中庸之道，提出"中和"的概念，"致中和，天地位焉，万物育焉"[①]。"中"是"天下"根本，"和"是"天下"顺遂昌达之道，"中和"使得"天下"秩序井然、万物昌盛。"和"文化是"天下观"的基础，其观念决定了首先会用和谐、平衡的方式维护"天下"秩序，比如在处理夏夷关系方面，先秦的"五服制"及历朝采取的"修其教不易其俗，齐其政不易其宜"[②]的政策，目的是"化敌为友"，使夏夷的"天下"内部化。"天下"内部化的主要手段，自然是华夏"中国"对夷狄的"教化"。"教化"的原因之一是夷狄的文化与华夏相比是落后的，"子曰：'夷狄之有君，不如诸夏之亡'"[③]。孟子则把夷狄比之"幽谷"，华夏比之"乔木"，只能由"幽谷"入"乔木"，不能逆向流动。[④]因之，"教化"自然是由华夏的"中国"主导，"远人不服，则修文德以来之"[⑤]，实现"四海之内皆兄弟""华夷一体"的大同理想社会。

"教化"虽然是实现"天下"秩序的主要手段，但不能由此保证"大一统"的顺利实现，或者说难以保证"天下"内部化的终极目标，因为在先秦时期，不仅"天下"四方存在众多的氏族部落和民族，而且即使在中原地区，也存在与华夏不同的大量氏族部落、民族与华夏族系各族交错居住，其中，存在一些敌对的势力是难以避免的，所以，必须要有另一种方法保证"教化"的实施，这就是"夷夏之辨""夷夏之防"。华夏不仅认为夷狄的文化落后，而且还将这种华夷文化关系推及政治上的对立关系，比如《左传》中的夏夷观就反映了这种认识："'非我族类，其心必异。'楚虽大，非我族也，其肯字我乎？"[⑥]"管敬仲言于齐侯曰：'戎狄豺狼，不可厌也；

---

① （西汉）戴圣编纂，胡平生、张萌译注：《礼记》（中庸第三十一），中华书局2017年版，第1007页。

② （西汉）戴圣编纂，胡平生、张萌译注：《礼记》（王制第五），中华书局2017年版，第263页。

③ （春秋）孔子等撰，杨伯峻、杨逢彬注译：《论语》（八佾篇第三），岳麓书社2018年版，第32页。

④ （战国）孟子撰，方勇译注：《孟子》（滕文公上凡五章），中华书局2010年版，第97页。

⑤ （春秋）孔子等撰，杨伯峻、杨逢彬注译：《论语》（季氏篇第十六），岳麓书社2018年版，第207页。

⑥ （春秋）左丘明撰，郭丹、程小青、李彬源译注：《左传》（昭公九年），中华书局2012年版，第913页。

诸夏亲昵，不可弃也。'"①从这两段话可以反映先秦的夏夷观中存在对立、竞争甚至是敌对的一面，但"天下"秩序的主流是"和"文化，而不是消灭四方独存"中国"。当然，由于中华民族存在相对隔离的自然地理空间，华夏"中国"无力将四方夷狄驱离"天下"，而四方夷狄也无法从民族身份和文化两个方面取代华夏的地位。"夷夏之辨"也因此具有了另一种功能——保护中华文化核心价值的延续（"文化之辨"）和华夏政权的正统地位。从"辨"到"变"是"天下"内部化的过程，即使用相对和谐的方式化敌为友，甚至化敌为我，这就是"以夏变夷"，与此对应亦可"夏变夷"，身份转换标准是文化，即"孔子之作《春秋》也，诸侯用夷礼则夷之，夷而进于中国则中国之"②，"天下"成为"万物并育而不相害，道并行而不相悖"的社会③。

在中华民族的"天下观"中，有一个重要内涵往往被忽视，这就是坚韧不拔的自强精神和与时偕进的"维新"精神。在《易经》中对此有明确的表述："《象》曰：天行健，君子以自强不息。"④"天下"就如永恒不息的天体，"君子"就如天体一样永恒而坚强。《诗经》云："周虽旧邦，其命维新。"⑤这种与时偕进的"维新"精神伴随了"天下一统"的历史进程。

"和"代表怀内和柔远；"辨"代表守护和转换；"强"代表坚持和韧性；"维新"代表进步。以上是"天下"观的核心内涵，是"大一统"的思想基础，也是中华民族历史上"精神疆域"形成的条件。

所谓中华民族的"精神疆域"，就是指"文化一统"的形成。"大一统"原意是表达"周王"为诸侯共主，强调周朝统治秩序的正统性。董仲舒

---

① （春秋）左丘明撰，郭丹、程小青、李彬源译注：《左传》（闵公元年），中华书局2012年版，第293页。

② （唐）韩愈撰，（宋）魏仲举集注，郝润华、王东峰整理：《五百家注韩昌黎集》（卷一一，杂文·原道一），中华书局2019年版，第675页。

③ （西汉）戴圣编纂，胡平生、张萌译注：《礼记》（中庸第三十一），中华书局2017年版，第1036页。

④ （西周）姬昌撰，于海英译注：《易经》（上经·坤卦二·坤为地），华龄出版社2017年版，第6页。

⑤ （周）佚名撰，王秀梅译注：《诗经》（大雅·文王），中华书局2015年版，第577页。

对"大一统"进行了新的诠释，"大一统"必须以"六艺之科孔子之术"为圭臬，"文化一统"即以"独尊儒术"作为正统、合法性的原则，只有遵守这一原则，中央政权才能获得正统、合法的地位。如果放弃"儒术"，即使是华夏政权也被视为夷狄；反之，如果入主中原的夷狄"改宗儒术"，即可"夷变夏"，获得正统、合法的统治地位。因此，从西汉开始，以儒家文化为核心的中华文化成为华或夷统治"中国"或"大一统"政权正统性、合法性的基础，如此形成了中华民族历史上共享的"精神疆域"，并在清朝最终实现了"文化一统"的目标。这就如英国哲学家伯兰特·罗素所概括："与其把中国视为政治实体，还不如把它视为文明实体——唯一从古代存留至今的文明。从孔子的时代以来，古埃及、巴比伦、马其顿、罗马帝国都先后灭亡，只有中国通过不断进化依然生存，虽然也受到诸如昔日的佛教、现在的科学这种外来的影响，但佛教没有使中国人变成印度人，科学也没有使中国人变成欧洲人。"[1]伯兰特·罗素看到了中华文明赓续不断的现象本身，但其更深刻的逻辑是中华文化的"文化之辨"，即无论哪个"天下"的内部民族建立"大一统"或局部"大一统"的政权，均会选择中华文化的核心内涵作为其统治正统、合法性的基础，中华文化的精髓成为"天下"内部化之基，也就是中华民族存在一个稳定并不断扩张的"精神疆域"。

第三节　"以文化人"——中华文化的沁润属性

除了上述历史共同性，中华文化本身所特有的属性也是增强共同性的有利因素，这就是中华文化对人群的沁润作用。

---

[1] [英] 罗素著，秦悦译：《中国问题》，学林出版社1996年版，第164页。

在甲骨文中，"文"的本义中有"文身"之义，后来向"纹理"的含义引申，表示事物间的联系、关联；《周易·系辞传》的"物相杂，故曰文"，也是说明事物间的相互联系和影响。

虽然唐代诗人李观在其散文《与膳部陈员外书》中用过"以文化人"的描述，但在先秦和西汉，已经出现了类似的观念。《易经》曰："刚柔交错，天文也。文明以止，人文也。观乎天文，以察时变。观乎人文，以化成天下。"①这里的"文"，就相当于中国最早的"文化"。所谓"天文"，是指刚（阳）与柔（阴）交错变化的自然法则，"天文"与"人文"对应，是指"天人合一""道法自然"。"文明以止"指"人文"的功能和法则，即如日月般的道德礼仪如果施行于"天下之民"，则会沁润教化出德的"天下"。"化"既有对人的"教化"之意，也有沁润的蕴含。"教化"具有主观性，而沁润则表述客观效果。在《礼记》中，对文化的"沁润"直接描述为"富润屋，德润身"，对后一句孔颖达疏："谓德能沾润其身，使身有光荣见于外也。"②文化具有对人群的沁润功能是中华文化的独特之处，强调共存、共在的"教化"、引导，反对强迫、威慑，这与"厚德载物""和而不同""民胞物与"观念一脉相承。刘向第一次使用了"文化"一词："圣人之制天下也，先文德而后武力。凡武之兴为不服也。文化不改，然后加诛。"③在这段话中，"文德"与"文化"中的"文"同义，"文化"即"文德教化"或"文德感化"，而"教化"、感化的方式就是礼仪道德对人群的沁润，沁润是入脑、入心的过程，一旦完成则持久不变、历久弥新。所以，"以文化人"是中华文化一个十分特殊的属性，是"天下观"首要的价值取向之一。

---

① （西周）姬昌撰，于海英译注：《易经》（上经·贲卦二十二·上火贲），华龄出版社 2017 年版，第 83 页。

② （西汉）戴圣编纂，胡平生、张萌译注：《礼记》（大学第四十二），中华书局 2017 年版，第 1164 页。

③ （西汉）刘向编撰，程翔评注：《说苑》（卷十五，指武），商务印书馆 2018 年版，第 696 页。

在"天下观"中，"以文化人"又被概括为"怀外""怀远""怀服""柔外""柔远""化内""化外"等，具有用礼仪道德"沁润"诸夏以及四方夷狄的含义。"诸侯用夷礼则夷之，夷而进于中国则中国之"也揭示了"文可润人"的规律。

儒家强调文化环境的重要，否认存在不可改变的"天性"，文化积靡、沁润才是"居楚而楚，居越而越，居夏而夏"的原因。"以文化人"应该在自然、潜移默化的"无形"状态进行，也就是一个积微成著的渐进过程，"夷变夏"就是这一过程彻底完成的标志。"以文化人"不是指用中华的表层文化沁润四方，而是追求"六艺之科孔子之术"的德治和"礼""仁"为核心的价值观。"天下"内部化依靠正统、合法性的统一准则，但不代表单一化、雷同化，而是色彩斑斓、因俗而治。就当今而言，正如郝时远灼见：中华文化的"以文化人"，是建立在"四方殊风而同化，千里异俗而同治"基础上的"认同化"和"共同治"，而非消除多样性。中华文化的"以文化人"，就是全体人民的"中华民族化"。在集大成地丰富和整合中华文化的实践中，实现各民族共享的中华民族化，这就是中华文化"以文化人"的时代任务。①

习近平总书记高度重视中华优秀传统文化的作用和价值，指出："对历史文化特别是先人传承下来的价值理念和道德规范，要坚持古为今用、推陈出新，有鉴别地加以对待，有扬弃地予以继承，努力用中华民族创造的一切精神财富来以文化人、以文育人。"②提出要通过教育引导、舆论宣传、文化熏陶、实践养成、制度保障等，使社会主义核心价值观内化为人们的精神追求，外化为人们的自觉行动，提出落实"以文化人、以文育人"的具体措施。"化""育"有文化沁润、"教化"的内涵，与中国古代的"以文化人"的内涵一脉相承。习近平总书记在第三次中央新疆工作座谈会的重要讲

① 郝时远：《以文化人，铸牢中华民族共同体意识》，中国民族宗教网，2010 年 1 月 5 日。
② 《习近平主持中共中央政治局进行第十三次集体学习》，中央政府门户网站，2014 年 2 月 25 日。

话中提出"依法治疆、团结稳疆、文化润疆、富民兴疆、长期建疆"①，再一次提到了文化的浸润属性，这个"润"，就是对人的价值观的"教化"和中华民族共同性的培育。

青觉对"五疆建设"进行了系统深入的研究，认为"文化润疆"真正关注和意在解答的，应是建立起与其所存立的中华文化母体的有机性联系，并通过对中华文化的进一步嵌入与吸纳，在中华文化这一母体中持续汲取营养以充实自我和强健自身，进而为其在新时代的中华民族共同体建设与治理实践提供内在文化支撑和持续性精神动力的深度过程。②笔者认为，"以文化人"的沁润属性，主要有三个方面：一是跨政权属性，二是跨族裔属性，三是持久的黏着属性。

核心文化内涵延续的跨政权属性是中华民族有别于欧洲历史和其他文明古国历史的一个鲜明特征，即中华文化的核心内涵不会因为不同民族政权的更迭而发生结构性改变。而其他的文明古国则会出现另外一种情况：政权的更迭不一定改变其文化的核心要素，但政权主导民族的变化则一定会中断原有的文化和文明，所以，古埃及、古巴比伦、古印度、古希腊的文明都没有延续下来。

英国学者马丁·雅克说中国并不是单纯的国家，而是"伪装"成国家的文明，"中国实际上就是一个具备多样性的文明国家。文明国家所塑造的政治与传统民族国家的政治有着明显的不同，比如统一的思想就在文明国家中更加根深蒂固，会成为高于一切的优先目标"③。"天下观"和"大一统"思想是中华民族历史发展不变的精神支柱和主线，是中华传统文化的核心价值观和精神内涵，由此形成了"天下"强大的内部凝聚力。"天下"内部化

---

① 《习近平出席第三次中央新疆工作座谈会并发表重要讲话》，新华社，2020年9月26日。
② 青觉、吴鹏：《文化润疆：新时代新疆地区铸牢中华民族共同体意识的理念、话语与实践逻辑》，《中国边疆史地研究》2021年第1期。
③ ［英］马丁·雅克著，张莉、刘曲译：《当中国统治世界：中国的崛起和西方世界的衰弱》，中信出版社2010年版，第165页。

的过程，主要是文化"教化"的过程，也就是"以文化人"的浸润过程。这种文化的浸润并不是单向的，也包括由夷到夏的逆向的文化浸润，体现为中华传统文化的核心要素是各民族共同创造的，但无法改变华夷的文化秩序，即以儒家文化为核心的价值观、精神底蕴是统治"天下"正统性、合法性所要遵循的圭臬，即便是不承认华夷共祖的元朝、清朝统治者也必须遵守这一"天下"原则。将一种文化价值塑造成不同民族政权统治"天下"或部分"天下"共享的原则，绝对不是一朝一夕就能完成的，也不可能靠文化霸权来实现，因为文化的强迫性只能使不同文化间依赖创造壁垒来维护自身的文化主体性，所以，只有对人群的核心价值观、精神底蕴的漫长、自然的浸润过程才能实现这一目标。

"以文化人"浸润性的跨族裔属性是"天下"内部化的鲜明特征，是中华民族独具的内部凝聚力的表现。文化浸润（"教化"）的对象主要是四方夷狄，但并不单方面把夷狄看成是"一体""共存"的关系，这需要一个预设的前提条件，即夷狄必须接受中华文化的核心价值观——以儒家文化为基础的礼仪道德，否则仍然存在严格的族类之辨，即"戎狄豺狼""非我族类，其心必异"，中国古代传统的夷狄观将不存在纽带关联的夏夷关系看成是敌对的、对立的，至少是互不相关的，没有被沁润"教化"的夷狄被排除于"天下"体系之外。文化浸润还有一个重要的理念没有被学界重视，即这不是整体文化替代的过程，重点也不是表层文化的改变，而是中华文化核心价值观逐步"化人"的浸润过程，形成共享的精神内涵和认同，并将其作为正统性、合法性的旗帜，这就是"修其教不易其俗，齐其政不易其宜"形成的思想基础。

在"天下"内部化文化因素的影响过程中，随着距离中心的远近而发生变化，即离中心越远、边缘越近则影响力愈弱，沁润度愈低，这就是"五服制"产生的原因，其后两千余年这一原则一直得以延续。受文化浸润度的影响，在华夏族系（诸夏）内部和华夏族系的边缘是沁润度最高的区域，夏夷间可以依据"文化之辨"的原则实现族类身份的转换，即"夷变夏"或"夏变夷"，总体趋势是"夷变夏"，华夏族的规模逐渐扩大，直至今天达到中华民族的90%以上。在"天下"的华夏区之外和边缘，尽管均被中华文化的核心观念浸润覆盖，但各民族的文化多样性依然清晰可见，这就是赵汀阳所提出的"天下"内部化"化敌为友"的必要性所在，实现了"夷变夏"就完成了"化敌为我"。

文化的传播如果采取暴力的、强迫的方式必然导致文化鸿沟的出现，甚至将"文化之辨"作为守护本文化主体性的唯一选项，因此，中华民族的"天下观"既适应了相对隔离的自然地理空间的特点，又适应了华夷历史发展演变的规律，即主要以"以文化人"的"教化"、浸润的方式对"天下"之民施加影响，实现"天下"内部化的目标。

"以文化人"侧重于人心、秉性的改变，浸润是影响、变化的过程，即于自然而然、不知不觉的过程中，润物无声，"教化也微，止邪也于未形"，因此必然是入心入脑的。甚至于有这样一些民族，比如吴、越、楚、秦、夫馀、高句丽、渤海、拓跋鲜卑等，将华夏的核心文化元素置换成自身文化的灵魂，从而与"中国"形成了密不可分的文化纽带关系，这些都来自"以文化人"漫长的浸润、"教化"过程。

文化"化人"、浸润形成的持久的黏着力，即是笔者上述提到的中华民族的"精神疆域"。由于"精神疆域"的存在，尽管在中华民族的历史上也曾存在较长时间的分裂时期，但由于存在非常稳固的文化纽带，政治上的分裂没有影响到"精神疆域"的统一性，没有改变中华文化核心价值符号的黏着属性，而且引导着"大一统"的方向和目标。

习近平总书记指出"以文化人，以文育人"和"文化润疆"，主要是指中华文化对人民群众的影响和教育，用中华文化的价值观和精神内涵，增进、扩大各族人民的共同性，同时包容差异性。

"润"字也体现了包容、和谐的精神。"文化润疆"的内涵可以扩大到整个中华民族的范畴，它的蕴含包括两个方向：一是中华文化核心价值观影响、教育人，既然是"润"，就要入脑入心，沁入血液，绝不是说教和模式化的灌输，而是一种潜移默化、全方位的社会化教育、影响过程；二是对各民族文化的影响，即用中华文化的核心价值观影响各民族的文化，使各民族文化与中华文化间形成价值和精神纽带，两者之间的共同性越来越多，重叠面愈来愈大。

第四节　中华文化认同是"铸牢中华民族共同体意识"的思想基础

56个民族是中华民族共同体①，是一个大家庭和家庭成员的关系。中华民族共同体内包含56个民族的单元，也就是"多元"，中华民族共同体是"各民族"的共同体，"各民族"是要素和动力，是中华民族共同体的基础；但"一体"是主线和方向，是本质和根本，是中华民族共同性的集中体现，习近平总书记将这种共同性形容为"休戚与共、荣辱与共、生死与共、命运与共的共同体理念"，对这四句话进行概括主要有两方面的内容：命运共同体和利益共同体的融合。"四个与共"体现了不可分割的共同性和统一性内涵，休戚、荣辱、生死都是命运共同体的描述话语，是对命运共同体特征的全景式展现。但命运共同体必须以共同的利益作为基础，否则这个共同体的多元是无法长期共存、共在的。

"在人们高度互相依存的条件下，相互利益最大化就比自身利益最大化更能促进每一个人或国家的利益，因此也是更理性的选择。在这个意义上，

---

① 习近平：《56个民族是中华民族共同体，要同舟共济、迈向第二个百年奋斗目标》，新华社微博，2021年7月23日。

相互利益最大化也优先于自身利益最大化。"①赵汀阳对全球视角"天下"的利益纽带认识，是我们综合认识中华民族共同体的有益借鉴。对于中华民族共同体进行全方位的扫描，呈现为一体多面的特征。以命运共同体为一体，它是历史形成的，是历史共同体；由于其处于天赐的相对隔离的自然地理空间，它是地理共同体；"天下"理想的最终目标是"大一统"，因此"政治一统"是目的，及至近现代"民族国家"的形成，公民与国家结合为一体，所以它是政治—法律共同体；"天下"自始至终存在"精神疆域"，从中心由近至远逐渐浸润全域的"天下"，而且绵延不断至今形成中华文化认同，所以它是文化共同体。如果以此进一步延伸，也可以认存在经济共同体、社会共同体等，但这些并不是核心的部分，因为它们是中华民族共同体核心内涵的衍生物。

笔者认为，在中华民族命运共同体的诸多部分中，最重要的是政治—法律共同体和文化共同体，前者是目标，后者是纽带，亦是共同体的灵魂。铸牢中华民族共同体意识是指对中华民族的共同性的认识和认定的程度，所谓铸牢就是要深入心灵、沁入血液，形成一种不可动摇的意识，而中华文化认同一旦形成则最具有稳定、黏着、纽带的属性，而且可以位于政治演变、族裔差异、地域间隔等因素之上，因此是中华民族共同体中最具有稳定性、持久性和影响力的共同性，是增进中华民族共同性的主要方向，也是影响其他共同性因素的主要力量。

习近平总书记关于中华文化的论述指出了文化因素的高度重要性。强调坚持文化认同是最深层的认同，文化是一个民族的魂魄，文化是中华民族强大的精神纽带。"文化自信，是更基础、更广泛、更深厚的自信，是更基本、更深沉、更持久的力量""中国有坚定的道路自信、理论自信、制度自信，其本质是建立在5000多年文明传承基础上的文化自信"②。在

① 赵汀阳：《天下观与新天下体系》，《中央社会主义学院学报》2019年第2期，第73页。
② 习近平：《建设中国特色中国风格中国气派的考古学 更好认识源远流长博大精深的中华文明》，《求是》2020年第23期。

党的十九大报告中，习近平总书记将中华文化提升至影响中华民族伟大复兴的高度："文化是一个国家、一个民族的灵魂。文化兴国运兴，文化强民族强。没有高度的文化自信，没有文化的繁荣兴盛，就没有中华民族伟大复兴。"①

上述表明，在"四个自信"中，文化（中华文化）自信是基础；在"五个认同"中，中华文化认同是最深层的认同；在"四观"中，文化观是魂魄、是灵魂；中华文化兴盛、强大决定了国家兴盛、强大；中华文化的高度自信、繁荣兴盛，才能实现中华民族的伟大复兴。因此，对中华文化的认同是铸牢中华民族共同体意识的思想基础和精神力量，是灵魂之所在。中华文化认同是中华民族最大的、最重要的、最核心的共同性，铸牢中华民族共同体意识必须从增强中华文化认同入手。

关于文化有非常多的定义。从狭义而言，文化是在精神、物质因素基础上形成的群体共享、认同的价值观、精神底蕴等，以及由此形成的内部凝聚力、精神力量。成熟的文化认同是本能认同，因为其价值观、精神底蕴已经深入心扉，无须思考而自然显现。对于特定群体而言，它是自在的，无须证伪的，无比神圣的。广义的文化是包罗万象的概念，很难做出准确的定义。

"中华文化"也存在广义和狭义两个概念，广义指56个民族优秀文化的集大成，各民族优秀文化都是中华文化的组成部分；狭义的中华文化是指各民族共享、共有的核心价值观、精神底蕴等。"中华文化认同"属于对狭义概念的认同。广义中华文化是个综合的概念，包括基础层级的各民族优秀文化和中华文化的核心层、顶层文化（国家文化），因此，广义中华文化中既包括共同性的内涵（主干），又包括差异性、多样性的内涵（枝叶），也可以将其概括为中华文化的基础层级文化和核心层、顶层文化两大类。这些内

---

① 习近平：《决胜全面建成小康社会　夺取新时代中国特色社会主义伟大胜利》，人民出版社2017年版，第22页。

部的差异是我们必须了解的，否则就会在文化共同性的理解上出现偏差，影响增进、增加共同性的建设进程。

目前在学术研究上，存在将各民族的优秀文化等同于中华文化，将各民族优秀文化的认同等同于中华文化认同的现象，这是非常有害于增进中华文化的共同性的，也会从根本上动摇铸牢中华民族共同体意识。

"'认同'一词在这里指的是某个个人与某种独特的价值之间的联系，这种价值是某种独特的历史孕育出来的，是属于他自己那个民族的……认同的是那个族群一以贯之的内在精神。"①上述的族裔文化认同必须与国家文化认同相区分，才能增加国家文化认同。中华文化的形成过程完全不同于西方国家文化的形成规律，古代中华文明是唯一没有中断的文明，其文化也必然如此，因此，中华民族的"天下"存在一个事实上的共同精神疆域，英国学者马丁·雅克称之为"文明共同体"。

中华文化是各民族共同创造的，特别是华夏文化也是如此，各民族深度参与了这个过程，不存在文化单向同化的问题。与广义中华文化概念不同的是，中华文化认同是指对各民族文化的共同性的认同，即各民族共享、共有的文化内涵的认同，具体而言是对属于中华顶层文化内涵的核心价值观、精神底蕴以及以此为基础形成的精神力量、文化符号等的认同。中华文化认同内涵是指全体中华人民共享、共有的文化共同性内涵，而广义中华文化则既包括共同性也包括多样性和差异性，这就是要区分狭义中华文化与各民族文化的重要性所在。

一般而言，我们在提到"中华文化"时，是指广义的中华文化；在提到"中华文化认同"时，是指对狭义中华文化的认同。这些概念很容易混淆，需要在使用时明晰化。

与中华文化认同概念接近的是中华民族共有精神家园概念。在2014年的

---

① [美]哈罗德·伊罗生著，邓伯宸译：《群氓之族——群体认同与政治变迁》，广西师范大学出版社 2008 年版，第 51 页。

中央民族工作会议上，习近平总书记提出要把建设各民族共有精神家园作为战略任务来抓；2019年9月在全国民族团结进步表彰大会讲话中，指出以社会主义核心价值观为引领，构建各民族共有精神家园。在各族群众中加强社会主义核心价值观教育，牢固树立正确的祖国观、民族观、文化观、历史观，对构筑各民族共有精神家园、铸牢中华民族共同体意识至关重要；在2021年8月的中央民族工作会议上强调，必须构筑中华民族共有精神家园，使各民族人心归聚、精神相依，形成人心凝聚、团结奋进的强大精神纽带。

在习近平总书记关于构筑各民族共有精神家园的论述中，引领、树立、突出的都属于中华文化核心价值观、精神底蕴、文化符号、文化形象等内容，构筑目标是形成各民族强大的凝聚力和精神纽带。所以，"共有精神家园"是指中华文化中共享的共同性内涵，即中华文化的核心价值观、精神底蕴、文化符号、文化形象等内容，具体而言包括中华民族的精神命脉——优秀传统文化，立足其上的社会主义核心价值观，"五个认同""四个观念"等。

儒家提倡修身齐家治国平天下的观念，特别重视家庭家族、家乡的凝聚作用，即欲治其国者，先齐其家，家齐而后国治，家庭家族、家乡是向心力和凝聚力的象征。"中华民族共有精神家园"将家庭家族、家乡概念延伸至"天下国家"，体现了最大的共同性；中华文化（狭义）认同就是对各民族共有精神家园的认同，前者属于共同性内涵，后者属于共同体成员的行为，两者互为表里，密不可分，是中华民族最重要的共同性构筑体系。

笔者认为，中华文化认同和中华民族共有精神家园的构筑是铸牢中华民族共同体意识的主要途径和方式，尽管"铸牢"的内容包括政治、法律、历史、社会、经济等诸多方面，甚至"铸牢"的最终方向和目标是凝聚力更强的政治—法律共同体，但文化认同是最深厚的、基本的和持久的，这是由其浸润性所决定的，对于中华民族政治—法律共同体而言，它是强大的精神纽带。

从"天下"到中华民族的历史演变中我们发现，政治、经济、疆域等风云变幻，但中华民族的精神纽带却始终没有中断，中华文化的核心价值观念始终未予更替，中华民族的精神疆域从未发生断裂和动摇，并最终与天赐的自然地理空间重合。当然，古代精神疆域属于统治者及精英的认同，而现代共享的精神家园和中华文化认同，则属于中华人民全民的认同。

安东尼·史密斯认为："其他类型的集体认同比如阶级、区域等，只作为利益集团发挥作用并且因此在达到它们的目的之后非常易于消融，文化的共同体则要稳定得多，因为建构文化共同体的文化成分如记忆、价值观、象征、神话和传统等趋向于持久稳定和紧固。"[①]这一结论对于我们是有借鉴意义的。

---

① [英]安东尼·史密斯著，叶江译：《民族主义——理论，意识形态，历史》，上海世纪出版集团2006年版，第19页。

第八章　文化认同研究综述及分析

文化认同是近代以来全球性的研究课题，被频繁纳入人类学家、政治学家、哲学家等的研究视野，甚至作为国家、地区和社会治理的重要手段和工具。多数学者形成共识的观点是，文化认同是国家认同的重要来源，也是一个必要的阶梯。

第一节　国内外文化认同研究的背景

什么是认同？西方学术界早期从哲学的视角认识此问题。古希腊哲学家柏拉图把认同概念建立在先验的、理性的基础上。英国哲学家约翰·洛克、美国哲学家奎因、英国哲学家保罗·格莱斯等学者认为，认同来自于人的直觉观念。美国哲学家约翰·佩里认为，认同来源于实践，是记忆意念的反映之一。

19世纪末，奥地利心理学家、精神分析学派创始人弗洛伊德在心理学研究中引入认同概念，得出这样的结论：认同是个体与他人或其他社会群体在感情上、心理上趋同的过程，属于个体内在的心理防御机制。美国新精神分析学派代表人物埃里克森认为"自我同一性"就是认同的概念，个体在特定环境中的自我整合与适应的感觉就是认同，是"我是谁""我如何适应社会"等问题的主观感受和意识。伴随心理学科的发展，人们对认同研究的不断深入，"认同"这一概念也开始应用于政治学、社会学、文化人类学等人文社科领域。

20世纪五六十年代，文化认同问题更加成为学术热点。一大批社会学家、人类学家、政治学家，批判西方传统的建立在个人主义基础上的消极自由，肯定西方社会中普遍存在的文化多元主义，主张各种文化之间平等、包容。多元文化主义理论兴起，逐渐成为西方国家解决民族问题的重要理论工具之一。

20世纪90年代以来，伴随着世界两极格局的终结，人类全球化成为发展趋势，全球化导致的世界范围内文化流动性不断蔓延，西方国家的文化认同越来越具有多元性，"西方文化中心主义"在一定程度上受到冲击。国外学者从多角度探讨文化认同问题，如英国哲学家、社会人类学家厄内斯特·盖尔纳在《民族与民族主义》中提到，文化认同的重要意义在于它是国家民族凝聚力及国家认同的基础。美国政治学家本尼迪克特·安德森在《想象的共同体》一书中，从民族情感与文化根源来探讨不同民族属性的、全球各地的"想象的共同体"（指公民共同体——笔者）。英国民族学家安东尼·史密斯在《民族认同》等著作中指出，民族认同的文化因素，包括共同的神话和历史记忆，共同的大众文化等，他将公民的民族认同和族群的民族认同加以区分。以色列著名学者耶尔·塔米尔在《自由主义的民族主义》中认为，归属、成员身份与文化忠诚以及随之而来的个人的道德信念的重要性是自由主义者所承认的。英国近代史大师艾瑞克·霍布斯鲍姆在《传统的发明》中，揭示了传统不是古代流传下来的不变的陈迹，而是当代人活生生的创造，为构建文化认同提供了颇具操作性的途径。二是从全球化角度研究文化认同。在此背景下，美国政治学家塞缪尔·亨廷顿先后提出了"文明的冲突""谁是美国人"等观点，肯定了文化认同是国家和民族安身立命的根本，是维系民族和国家的重要纽带，也是民族和国家"合法性"的来源。美国人类学家乔纳森·弗里德曼在《文化认同与全球性过程》中提到，民族认同的方式在全球性的联系过程中塑造。

21世纪以来，西方学者提出了构建国家共同文化的理论。如加拿大著名政治哲学家威尔·金里卡提出构建国家的共同文化——"社会性文化"或"社会文化"；美国公共文化政策领域杰出学者凯文·马尔卡希将共同文化称之为"公共文化"（public culture）；美国社会学家菲利克斯·格罗斯提出"国家—公民文化"概念；等等。

我国学术界对于认同问题的关注始于20世纪80年代。1989年，费孝通提出了"中华民族多元一体"理论，认为中华民族认同包括两个层次认同（中华民族认同、56个民族认同）。从费孝通先生的研究开始，中华民族认同的研究开始活跃，学者们从历史学、政治学、文化学、社会学等不同角度探讨中华民族认同的形成问题，涉及中华民族多元一体形成的条件、过程、因素等（陈连开、谷苞、王明柯等），中华民族意识（俞越、林家有等），中华民族精神（郑师渠、俞祖华、包心鉴、刘文英等），中华民族凝聚力（马戎、周星、肖君和、陈剑安等）。

自20世纪90年代开始，学术界也开始关注文化认同问题，从2000年左右开始，中国学术界对于中华文化认同的研究领域日益多样化，费孝通在《关于"文化自觉"的一些自白》等论著中，指出了全球化背景下中华文化认同存在的困境，提出了"文化自觉"理论，指明了中华文化发展的方向性。自2007年开始，学者们围绕中华文化认同的内涵和重要性、中华文化认同的战略价值、中华文化认同建设的重要举措等展开了专题性研究。自2010年开始，民族认同与国家认同成为学术界研究的重要议题，我国如何构建超越民族认同的国家认同，学者们围绕内涵、两者关系、整合路径等方面进行了研究，其中，有许多观点与文化认同、中华文化认同密切相关。同时，马戎、都永浩、杨虎得等学者也对国家共同文化建设进行了研究，引起了学界关注。

第二节　国外的文化认同研究

国外文化认同具体研究成果及观点主要包括以下几个方面。

一、文化认同研究

（一）文化认同的内涵

乔纳森·弗里德曼指出，文化认同指的是以有意识的具体的特定文化构型为基础的社会认同。[①]黎巴嫩著名学者萨利姆·阿布认为，文化认同包括三个层次，即对民族集团文化遗产的认同、对民族国家同质文化的认同和对超民族整体的共同文化的认同。[②]在文化认同形成问题上，学者们认为文化认同既是原生的，同时也是建构的。乔纳森·弗里德曼认为，文化认同是给定人群的一种特征属性，是每个人"携带在血液中"的文化认同，这种认同是人先赋性、固有性的。同时，它既是一种生物遗传，也是传统，是人人都可以学习的文化遗产。文化认同也是人们在历史、语言和种族等因素基础的"社会性建构"的现实。[③]

（二）文化认同的重要作用

国外学界主要存在如下几种观点：文化及文化认同是民族形成和维系的基础。厄内斯特·盖尔纳在其为民族所下的定义指出："当且只当两个人共享同一种文化，而文化意味着这种思想、符号、联系体系以及行为和交流方

[①] [美]乔纳森·弗里德曼著，郭建如译：《文化认同与全球性过程》，商务印书馆 2004 年版，第 356 页。

[②] 《第欧根尼》中文精选版编辑委员会编选：《文化认同性的变形》，商务印书馆 2008 年版，第 11—12 页。

[③] [美]乔纳森·弗里德曼著，郭建如译：《文化认同与全球性过程》，商务印书馆 2004 年版，第 356 页。

式，则他们同属一个民族。"① 对于如何界定民族，安东尼·史密斯给出了五个维度，其中，涉及文化因素的是"起源神话和共同体历史记忆的共享本质；大众标准文化的共同联结"②，凸显了文化认同在民族形成中的核心作用。本尼迪克特·安德森在《想象的共同体》一书中指出，在民族国家的形成中，民族语言、文学作品等文化手段成为强化民族意识的重要手段。民族国家在建立后，更是通过共享的符号、神话和记忆等文化认同将所有公民融合成为一个文化共同体。③

（三）文化认同的发展趋向

文化认同趋向就是不同民族、不同国家文化认同的未来走向。法国重要思想家雷蒙·阿隆、美国著名社会学家爱德华·希尔斯、美国政治学家西摩·马丁·李普塞特、美国思想家丹尼尔·贝尔等学者提出了"意识形态的终结"理论，该理论认为，伴随着资本主义与社会主义正在走向趋同化，"曾经是行动指南的意识形态现在已经逐渐走到了死亡的终点"④。从目前而言，这一判断明显是错误的。

二、共同文化研究

共同文化对国家凝聚、动员、整合等具有重要作用，为此，国家层面的共同文化建设成为多民族国家重要建设目标，对此，国外学者也从不同角度对共同文化进行了思考和探讨，提出的思想和观点包括如下内容。

（一）共同文化的内涵

美国社会学家菲利克斯·格罗斯认为，国家总要发展或培育一种自

---

① Ernest Gellner, "Nations and Nationalism", Oxford: Basil Blackwell, 1983, p.7.
② Athony D.Smith, "Nationnal Identity and the Idea of European Unity", International Affairs, Vol.68, NO.1（Jan, 1992）, p.60.
③ [美]本尼迪克特·安德森著，吴叡人译：《想象的共同体—民族主义的起源与散布》，上海人民出版社 2003 年版，第 46—55 页。
④ [美]丹尼尔·贝尔著，张国清译：《意识形态的终结：五十年代政治观念衰微之考察》，江苏人民出版社 2001 年版，第 451 页。

己的文化，特别是政治文化，具体为"国家—公民文化"（national-civic culture），共同文化包括一系列为大多数个人或团体所接受的共同行为规范和共同原则，这是国家的"大气候"（mega ethos）或大风气（super ethos），内容包括基本、核心的价值理念，法律、习俗惯例等共同的规则。上述准则具有普遍性，包含许多文化和民族。[①]美国政治学教授凯文·马尔卡希将共同文化称为"公共文化"（public culture），公共文化是文化政策依托的基岩。形塑公共文化的是历史、信念和一般政治文化的价值观。[②]威尔·金里卡在多部著作中提出了"社会文化"（societal culture）的概念，"一种集中于特定领土区域的文化，以共同语言为中心，这种语言广泛地用于社会公共领域和私人领域的各个制度机构"[③]。社会文化的重点包括共同记忆、价值观以及共同的制度和实践，不包括因地缘和血缘联系在一起的共同的宗教信仰、家庭世俗或者个人生活方式，"人们隶属某个代代相传的社会，享有共同的疆域并拥有共同的过去和未来"[④]。

（二）共同文化的作用

英国著名的文化理论家雷蒙德·威廉斯指出了共同文化对于共同体建立的重要作用，认为我们的共同体受到多种多样的不平等的分割，由于缺乏一种真正"共同拥有的经验"，导致有效传播十分困难，为此，我们需要"共同经验"，人们在此基础上进行协商与沟通，创造共同文化，共同体才能得以建立。[⑤]厄内斯特·盖尔纳认为，统一的文化是现代社会形成的前提因素，"是文化，而不是社群，提供了内部约束力"，每一个国家

---

① [美]菲利克斯·格罗斯著，王建娥等译：《公民与国家》，新华出版社2002年版，第230—231页。
② [美]凯文·马尔卡希著，何道宽译：《公共文化、文化认同与文化政策：比较的视角》，商务印书馆2017年版，第210页。
③ [加拿大]维尔·金里卡著，邓红风译：《少数的权利——民族主义、多元文化主义和公民》，上海世纪出版集团2006年版，第12页。
④ [加]威尔·金里卡著，刘莘译：《当代政治哲学》，上海译文出版社2011年版，第284、362页。
⑤ [英]雷蒙德·威廉斯著，高晓玲译：《文化与社会》，吉林出版集团有限责任公司2011年版，第330页。

都"管辖、维持和认同着一种文化……它们在这个国家的领土上占主导地位"①。

（三）共同文化认同建设路径

学者们普遍认为，国家共同文化建设是一个综合性的、系统性的过程。耶尔·塔米尔主张共同文化建设中要尊重文化差异，但要坚持文化的共享原则，"分享同样的语言，记忆同样的历史，崇拜同样的英雄，享有充实的民族生活"②。并且要坚持公民教育与民族教育相分离。英国学者保罗·霍普指出了多民族国家的共同文化（公共文化）体系建设的总体思路是以政府为主导，整个社会都必须加强公共文化的参与、建设和认同，建设的具体措施包括公立教育、官方语言和公务员制度等，并且提出了要建立包括国民教育课程、意识形态、文明新风、价值观等内容的公共文化体系。③

第三节　国内的文化认同研究

党的十八大后，习近平总书记指出了文化认同对于中华民族大团结的长远性和根本性作用，对中华文化的认同也成为"五个认同"的重要内容，由此，文化认同及中华文化认同进一步成为中国学者重点关注的议题。相关研究成果及主要观点主要包括如下内容。

---

① [英]厄内斯特·盖尔纳著，韩红译：《民族与民族主义》，中央编译出版社2002年版，第183—184页。
② [以]耶尔·塔米尔著，陶东风译：《自由主义的民族主义》，上海世纪出版集团2005年版，第6页。
③ [英]霍普著，沈毅译：《个人主义时代之共同体重建》，浙江大学出版社2010年版，第81—88页。

一、文化认同研究

（一）文化认同概念

有学者认为，文化认同包括：一是文化认同属于人的情感归属需求；二是文化认同是对某种文化的认可、接受和归属；三是文化认同属于确定自己的身份；四是文化认同是对语言、宗教信仰、风俗习惯等文化象征符号的认同。[①]

（二）文化认同的内容

有学者认为，文化认同具有多样化的内容，从文化要素的角度看，包括认同价值规范、风俗习惯、宗教信仰、语言文字、艺术认同；从文化结构角度看，包括认同国家文化、社会文化、群体文化等，还包括认同物质文化、制度文化、行为文化和精神文化等。[②]

（三）文化认同的作用

一是文化认同对于文化发展的作用。郑晓云认为，文化认同是文化的核心，文化认同在很大程度上决定文化发展，这是因为文化认同支配人的文化行为。对于一种文化而言，人们只有一致认同它有存在的意义以及发展前景时，这种文化才会得到人们的肯定，并被保留、发展和改进。[③]二是文化认同对多元认同的作用。学者们肯定了文化认同与民族认同、国家认同等存在着密切的联系，如关于文化认同与民族认同，韩震认为，"文化认同构成族群认同与国家认同的中介形式"[④]。

[①] 刘亚妮：《反新疆分裂斗争中的文化认同研究》，兰州大学博士论文 2016 年，第 55—57 页。

[②] 王霞：《民族地区中华文化认同与边疆文化安全》，《黑龙江民族丛刊》2012 年第 5 期。

[③] 郑晓云：《文化认同论》，中国社会科学出版社 2008 年版。

[④] 韩震：《论国家认同、民族认同及文化认同——一种基于历史哲学的分析与思考》，《北京师范大学学报》2010 年第 1 期。

二、共同文化研究

（一）共同文化的内涵

1995年，宁骚教授提出了同质性的国民文化概念，"所谓国民文化的同质性，是指各个民族国家的全体居民被一种共同的现代文化纽带联结成一个统一的集合体"[①]。这种文化的核心是对民族国家的认同和忠诚，是一种现代性文化，具有世俗性、同质性的特点。这种文化的基础是统一的民族语言和共同的社会文化，核心是共同的政治文化，特别是占统治地位的意识形态。都永浩教授从民族文化对国家认同建构的不利影响为出发点，认为共同文化建设是多民族国家建设的重要问题，指出"共同文化是一个国家所有居民共享的文化"[②]。这种共同文化的核心内容包括各民族可以共同交流的语言、共同的价值观和价值标准、国家精神的共同理解。马戎教授认为，人类社会文化包括三个层面：全球性文化、"国家特色"的文化、各国内部各类群体拥有的文化。同时，从民族国家角度而言，这三个层面的文化构建当中最核心的是国家层面的文化构建。[③]王希恩从国内国外两个视角探讨了中华文化的性质，相对国内各民族的文化，"中华文化"是一种普同文化；相对于人类共有的普同文化，"中华文化"是一种民族文化。[④]

（二）共同文化的作用

学者立足于中华民族、国家发展史，从古今维度介绍了共同文化的作用。孙拥军认为，传统中国儒家文化共有的一套完整的宇宙观、人生观和社会政治文化观等，是中国历史演进的思想保障。[⑤]石文斌、杨虎得指出，我国

---

① 宁骚：《民族与国家》，北京大学出版社1995年版，第277页。
② 都永浩：《多元民族文化与国家共同文化》，《黑龙江民族丛刊》2011年第5期，第19页。
③ 马戎：《中国民族史和中华共同文化》，社会科学文献出版社2012年版，第199—203页。
④ 王希恩：《民族文化与普同文化及其在当代中国的转易》，《兰州学刊》2017年第5期。
⑤ 孙拥军：《从反叛到回归的曲折认同历程——"五四"新文化与中国传统文化的关系》，《求索》2009年第6期。

当前在保护少数民族文化权益过程中，由于缺乏共同文化的措施引导，使得文化的亲和力更倾向于本民族传统文化认同，而没有展示少数民族和汉文化的相互影响，现实中文化之间的高度互动关系，这种情况放任自流，有可能导致认同失谐。①

（三）共同文化的形成

徐迅指出，共同文化是由多元文化整合而来，突出了文化的建构性。民族现代化过程中，绝大多数民族国家均突破民族文化边界，将各族群多元异质文化整合成"统一的文化"②。刘怀光、刘若飞指出了共同文化认同是由交往互动形成的，"它是一种包括了许多不同地区的文化类型的文化在相互交往互动过程中形成的一种人类的共同文化"，共同文化建立的基础是各个民族和国家对涉及人类整体利益的问题进行反思和沟通。③

（四）中华文化认同的结构

何星亮认为，中华文化认同具有多样性、同一性的特征，其中，多样性文化是各民族文化认同基础，而同一性是中华民族文化认同基础。④纳日碧力戈认为，民族文化认同先是各民族文化之间彼此认同，然后提升为对中华复合文化的共同认同。⑤麻国庆从记忆的多层次出发，认为中华民族的共同记忆是一个立体系统，各民族形成个体记忆，个体记忆进一步整合成各民族集体记忆以及区域文化集体记忆，进而形成中华民族共同记忆。⑥

（五）共同文化认同建设

余英时指出了文化认同形成的长期性过程，他说："文化认同建设是一个中西互为作用、折衷发展的历史过程……以常态情形而言，文化认同必

---

① 石文斌、杨虎得：《多元文化整合：国家认同建构的文化路径》，《青海社会科学》2012年第6期。
② 徐迅：《民族主义》，东方出版社2014年版，第43页。
③ 刘怀光、刘若飞：《文化全球化的根据：共同生活的现代性诉求》，《中州学刊》2014年第10期。
④ 何星亮：《中华民族文化的多样性、同一性与互补性》，《思想战线》2010年第1期。
⑤ 纳日碧力戈：《民族文化生态与国家政治认同》，《原生态民族文化学刊》2018年第2期。
⑥ 麻国庆：《记忆的多层性与中华民族共同体认同》，《民族研究》2017年第6期。

然是在实际生活中逐渐发展和形成的，其间本土的成分和外来的成分互为作用，保守和创新也相反相成，折衷是无可避免的结局。"[①]对于如何建设中华文化认同，众多学者的论述涉及到建设理念和具体方法。在理念上，沈桂萍指出，各民族传统文化、中华传统文化和现代文化这三种文化融合创造出一种"新文化"，这种新文化包括三部分：一是作为文化内核的价值共识，需要从各民族传统文化中凝练而出；二是作为文化载体的中华民族通用语言文字——汉语的推广和普及；三是各民族和地区丰富多彩的表层文化"交融与共享"[②]。马戎指出，在中华民族整体性文化建设中，需要理解中国传统"泛文化主义的天下观"，克服狭隘的"民族主义观"，在传统文化与现代公民权之间寻找和设计衔接契合点。[③]在具体的建设上，许多学者对于共同文化认同的建设提出了措施和建议，包括：要渗透在文化教育和社会建设方方面面，既要增加少数民族参与度，更要培养社会成员之间的在民族与民族文化上的尊重、接纳。[④]在历史文化建设上，要"选择、提炼、重塑"中华民族共同的历史文化，"加工与提升"共同民族历史记忆，推动中华民族形成一个"价值共同体"[⑤]。

第四节　文化认同研究的评价

综上，笔者梳理了国内外学者文化认同的研究情况，使我们对文化认同有了粗略的认识，但是，文化认同研究还是存在诸多问题，无法通过这些研

---

① 余英时：《现代危机与思想人物》，三联书店 2005 年版，第 42 页。
② 沈桂萍：《培育中华民族共同体意识构建国家认同的文化纽带》，《西北民族大学学报》2015 年第 3 期。
③ 马戎：《中华民族的共同文化与"黄帝崇拜"的族群狭隘性》，《西北民族研究》2010 年第 2 期。
④ 沈桂萍：《培育中华民族共同体意识构建国家认同的文化纽带》，《西北民族大学学报》2015 年第 3 期。
⑤ 曹海峰：《全球化语境中文化认同的现实考验与建构策略》，《学术界》2016 年第 12 期。

究成果对文化认同的内涵、作用以及其概念的边界，以及与国家认同、社会认同等之间的关系有一个清楚的认识。

一、关于"文化"的定义

什么是文化？这是数百年来西方学术界研究的热点课题，但到目前为止，事实上也没有明确的、权威性的一致的结论。既然文化的定义都不明确，文化认同的研究也就会存在很多逻辑上、内涵上的问题。英国文化人类学家爱德华·伯内特·泰勒在1871年出版的《原始文化》中，对"文化"做出了一个著名的定义："从广义的人种论的意义上说，文化或文明是一个复杂的整体，它包括知识、信仰、艺术、道德、法律、风俗以及作为社会成员的人所具有的其他一切能力和习惯。"[1]这是学术界公认的有关文化的经典定义。但我们可以很容易发现，泰勒的定义也是很宽泛的，还不能说是一个科学的定义，比如，知识是一个包罗万象的概念，具有庞大的内容，不是文化所能覆盖的。法律也是如此，既有文化的内容，同时，更多体现于现代制度、政治层面。泰勒之后，有关"文化"的定义还有很多，但都没有泰勒的定义影响大。季羡林先生认为，目前全世界学界给文化下的定义有500多个，但没有一个是获得公认、令人满意的定义。这个评价是相当客观的。1949年，美国人类学家克莱德·克拉克洪教授在《人类之镜》一书中，对以往西方学者的文化定义总结出了12种含义，即：其一，"一个民族的生活方式的总和"。其二，"个人从群体那里得到的社会遗产"。其三，"一种思维、情感和信仰的方式"。其四，"一种对行为的抽象"。其五，就人类学家而言，是一种关于一群人的实际行为方式的理论。其六，"一个汇集了学识的宝库"。其七，"一组对反复出现的问题的标准化认知取向"。其八，"习得行为"。其九，"一种对

---

[1] [英]爱德华·伯内特·泰勒著，蔡江浓译：《原始文化》，浙江人民出版社1988年版，第1页。

行为进行规范性调控的机制"。其十，"一套调整与外界环境及他人的关系的技术"。其十一，"一种历史的积淀物"。其十二，"一幅地图、一张滤网和一个矩阵"。①这段话被很多人引用，是对西方文化定义广泛和复杂的内涵的全面概括。这是一个复杂的内容，我们几乎无从入手来解析它，其包罗万象内涵的外延漫无边际。如果说有规律可循的话，西方的文化概念总是与精神价值和行为准则层面的内容相关，这也是西方学者在研究公民的民族文化认同和族裔或族群文化认同时的主要关注点。但不可否认的是，由于还没有比较令人信服的文化定义，对文化认同的研究必然受到拘囿。

在文化认同的研究中，从大的分类角度而言，还要区分氏族—部落族群文化认同、族裔民族文化认同和公民民族文化认同（或国家、国民文化认同），在文化认同研究中，重点是研究后两者。但从国外文化认同的研究成果看，还是没有把族裔民族文化认同与公民民族文化认同（或国家、国民文化认同）的联系、影响和核心区别、内涵特点清晰地呈现出来。安东尼·史密斯在给民族（公民或国民共同体）和族群下定义时，在文化认同方面，仅仅区别于是否有公共文化的认同，民族具有公共文化认同，而族群则没有，只有共享记忆、共享的文化，拥有共同的神话和祖先。②但是对于族群文化认同与公民民族文化认同的关系和影响方面的研究则并未涉及。威尔·金里卡对于少数族群的文化采取了虚无主义的态度，认为根本不存在文化这种东西，存在的只是来自无数文化源头的数不清的文化碎片，而且没有任何"结构"在连接和支撑着它们。③威尔·金里卡强调社会性文化以共同语言为中

---

① [美]克利福德·格尔茨著，韩莉译：《文化的解释》，译林出版社2008年版，第4—5页；同时见郭湛：《文化：人为的程序和为人的取向》，《中国人民大学学报》2005年第4期。

② [英]安东尼·史密斯著，叶江译：《民族主义——理论，意识形态，历史》，上海世纪出版集团2006年版，第13页。

③ [加拿大]威尔·金里卡著，杨立峰译：《多元文化公民权——一种有关少数族群权利的自由主义理论》，上海世纪出版集团2009年版，第130页。

心。①英国政治学家戴维·米勒认为，"一种公共文化"，"这可能包括诸多政治原则，例如信奉民主或法治，但是它比这个广泛得多""它可能还包括某些文化理想，例如宗教信仰或者保护民族纯洁性的承诺。公共文化的范围因情况不同而不同，但是它会为民族内不同私人文化留有空间"。②多数西方学者对族裔的、少数人的文化具体化、物质化，比如具体的风俗习惯、宗教信仰、族源记忆等，认为这种认同是自然的、合理的，同时也是传承的。总体而言，西方的学者的研究主要是没有解决一体的文化认同（用国家文化、公民文化、公共文化、社会性文化等概念描述）与多元文化认同之间的关系，在国家文化认同之下，多元文化认同的空间和权利的界限，仍然是模糊不清的。事实上，西方的多元文化政策至今仍没有完全适应西方社会。

我国学术界对于现代文化定义的研究，没有超出西方学者的研究视域，也没有出现突破性的有说服力的成果。这是我们的文化认同研究必须解决的课题，因为这是我国建立文化自信的基础。

二、关于文化的载体——族裔民族与公民民族（国家民族）

在文化认同研究中，如果对其载体的概念不清晰的话，其研究必然受到诸多的限制，研究成果的说服力也会大大降低。

美国政治学教授哈罗德·伊罗对"民族"（nation）这个字的使用提出质疑，居然认为可以跟部落（tribe）、人民（people）、族群（ethnic group）、种族（race）、宗教（religion）、邦国（country）与国家（state）互换。而这些字词之间的区别也是多重的，随着规模、领土、"发展阶段"或"落后"程度、意识层次的不同，又各有各的用法，到

---

① [加拿大] 维尔·金里卡著，邓红风译：《少数的权利——民族主义、多元文化主义和公民》，上海世纪出版集团 2006 年版，第 12 页。

② [英] 戴维·米勒著，刘曙辉译：《论民族性》，凤凰出版传媒集团、译林出版社 2010 年版，第 26 页。

了最后，甚至只是在跟着作者的感觉走。①基于这种认识，美国不承认任何移民的"民族"集体权利。19世纪以后，法国和意大利"民族"（nation）是指在国家的范围内融合所有的民族和族群，打造成一个统一的公民共同体。英国、西班牙、瑞士、比利时也是如此，但又不得不为某些"民族"或族群留下空间，给予自治的地位。德国将公民权授予"同一血缘"和文化的日耳曼民族，甚至是疆域外的日耳曼族也被视为其国民。王建娥认为，nationality专门指谓那些有一定的历史土地，有文化、语言，有自己独特的历史，但在近代国家体系形成过程中没有建立独立国家的民族。"19世纪，中部欧洲的人开始区分'民族'（nation）和'民族性'（nationality）两个概念，认为前者是比后者更宽泛、更高层次的范畴。'我的共同体是一个民族，而你的共同体只有民族属性。'基于这一区分所建立的种种民族理论，其目的旨在于否定其他人的民族地位。"②将建有现代主权国家的族体（nation）称为国家民族或政治民族，而没有建立国家的族体则称为只具有民族性（nationality）的文化民族，文化民族是不应该具有集体政治权利的，这是欧洲的逻辑。在混乱的民族定义之下，"国家民族"或"公民民族"的文化认同如何描述就很困难了。涉及这种民族文化认同与族裔群体文化认同的关系，也就是多元文化认同与国家的一元文化认同如何摆布的问题。既尊重包容多元文化认同，同时强化国家的一元文化认同，还要做到不影响增强国家的凝聚力，这一问题目前看还没有很好的结论性成果。

我国的民族概念研究没有本质上的突破。新中国成立初期使用斯大林的民族定义，但这个"民族"是指资本主义上升时期的公民共同体，并不符合中国的国情状况。"民族识别"后，56个"民族"包罗万象，囊括了世界所

① [美]哈罗德·伊罗生著，邓伯宸译：《群氓之族——群体认同与政治变迁》，广西师范大学出版社2008年版，第224页。

② [英]爱德华·莫迪默、罗伯特·法恩著，刘泓、黄海慧译：《人民·民族·国家——族性与民族主义的含义》，中央民族大学出版社2009年版，第144页。

有"民族"阶段或状态。

2000年以后，西方的民族概念被推崇，"族群"作为文化群体的概念广泛使用，忽视了对历史上建立过地方政权的具有较强政治属性的少数民族的研究，所以，56个民族的文化认同研究存在格式化的问题，个性化的研究是明显不足的。习近平总书记指出，"中华民族是命运共同体"，是"多元一体格局"，"一体是主线和方向，多元是要素和动力"，"中华民族和各民族的关系，是一个大家庭和家庭成员的关系"。这一论述，是对中华民族共同体的准确定位，指明了研究方向。但学术界的研究明显滞后，对中华民族共同体核心内涵的研究上乏善可陈，在此基础上，中华文化认同的研究就出现了内涵过于宽泛、定位不准确的问题。

三、关于民族文化、中华文化、国家文化的认同

在我国的文化认同研究中，非常重要的基础性研究是要在民族文化、中华文化、国家文化研究上取得重要成果。比如民族文化，是指56个民族的文化，但在众多研究成果中，界限不清的情况经常发生，也就是混淆各个族裔民族文化与中华文化的内涵区别，或者经常将具体的民族文化事项等同于中华文化，这样的中华文化认同研究是存在逻辑上的问题的，不仅不会助力中华文化的认同，还会对中华文化的认同起解构作用。对于中华文化的核心内涵的提炼还没有令人信服的成果，我们要认同的是价值观、理念、准则，它建立在56个民族的文化基础上，但又不等于其具体的文化事项，否则，这种认同是很难建立起来的。中华文化是指作为公民民族或国家民族的统一的文化，所以，它也就是国家文化。国家文化是需要建设的，是国家竞争力和凝聚力的重要组成部分，只有把国家文化建设好，才能产生文化的自信。

四、文化认同的核心内涵

文化认同的核心内涵体现于符合国家利益的价值观、理念、行为准则，这主要表现于国家层面的共同体的认同中，比如国族（公民民族、国民民族）的文化认同。我们所研究的文化认同主要是指国族的文化认同，这才是一个国家真正需要关注和建设的内容。而对于族裔民族或"生物属性"的民族，其文化认同当然有构建的成分，但作为国家而言，对于族裔民族文化的认同不应该有建设或保持的责任，而应遵循包容、平等的原则，或者保持其自然状态可能是一个合适的选择。

族裔民族（比如56个民族）的文化与国家文化（比如中华文化、国家文化）是有本质的不同的。尽管国家文化是在民族文化的基础之上来建设，但也是有着以下区别。比如，族裔民族文化既是开放的又是封闭的。

二战以后的第一轮全球化，使得很多民族的文化表层特征趋同化，比如服饰、艺术、饮食、习俗、语言等，甚至公司治理的国际化特征也很明显。为什么说民族文化又是封闭的，血缘崇拜（始祖崇拜）、某些历史英雄人物的记忆是不能共享的，涉及历史荣誉的事项也是不容外界诋毁的。

民族文化认同不受先进落后的影响，所有民族都认为，自己的文化最合理，最适合自己，也是最优秀的。正如韦伯指出，"坚信自己的习俗优秀，而他人的习俗低劣，这种支撑本族自豪感的信念，实际上与地位独特的各群体的荣誉感很类似"[①]。民族文化认同的依据越古老，甚至与现实的联系越少则越稳固。国家文化（公民民族、国民民族文化）认同必须来源于国家内部的各"民族"文化，但不能具体化，因为一旦具体化就会疏离国家的文化认同，因为一部分民族成员认同的具体文化事项，恰恰是另一部分民族的成员所不认同的。当然逻辑上也可以融合所有民族的文化认同，从而达成一致，

---

① [英] 斯蒂夫·芬顿著，劳焕强等译：《族性》，中央民族大学出版社2009年版，第71页。

但在互联网时代实现这样的目标显然是不现实的。

　　国家文化认同来源于境内的各民族文化，但需要提炼和编织，甚至形式逻辑的思考，其内涵必须符合国家利益和人民的需要，必须有助于国家凝聚力的形成和增强，所以，国家对于民族文化的萃取是有选择性的，甚至有的学者提出为了国家文化认同，要"曲解""改造"民族文化，如果需要，"文化遗忘"也是选项。厄恩斯特·伦南认为，为了在多民族国家中建立一种共同的认同感，可能需要对历史进行更为选择性的记忆。[①]国家文化的认同也是如此。在我国学术界的中华文化认同研究中，很遗憾没有注意到这些需要研究的问题。

---

① [加拿大] 威尔·金里卡著，杨立峰译：《多元文化公民权——一种有关少数族群权利的自由主义理论》，上海世纪出版集团 2009 年版，第 241 页。

附录

FULU

附录1 鄂伦春族非物质文化遗产保护、传承研究

鄂伦春族目前主要分布在内蒙古自治区呼伦贝尔市鄂伦春自治旗、莫力达瓦达斡尔族自治旗和黑龙江省北部的黑河市爱辉区、呼玛县、逊克县，大兴安岭地区塔河县等地。据2020年全国第七次人口普查统计，鄂伦春族人口为9168人。

鄂伦春族有本民族的语言，没有文字，在其历史过程中创造了传统艺术、民间口头文学、民俗活动、民间礼仪、节庆、传统手工艺技能等丰富的非物质文化遗产。国家重视鄂伦春族非物质文化遗产的保护、传承与弘扬，我国鄂伦春族有国家级非遗项目6项[①]，其中内蒙古3项、黑龙江3项；省级（自治区）一至五批非遗项目34项，其中黑龙江27项、内蒙古7项[②]。学术界对于鄂伦春族非物质文化遗产也给予了应有的关注，研究成果较多。

新中国成立之前，国内学者对于鄂伦春族研究的成果较少，在20世纪20年代以前，以历史学记述和研究为主。清代的官修著述，如《清实录》为清代官方纂修的编年体史书，有大量相关史实的记载；《皇清职贡图》对鄂伦春族的分布区域、生产生活方式、服饰、性格等均有较为详细的记述。个人著述方面，如曹廷杰的《东北边防辑要》《西伯利亚东偏纪要》《东三省舆地图说》等，为我国东北史地研究做出了很大贡献，这些文献中有关鄂伦春族的文献内容极为丰富。另外，清代文书档案也是目前研究鄂伦春族的重要资料。20世纪20至40年代，除了继续延续清代研究的特点外，还开始了学科性专题研究，如，《黑龙江志稿》（1928年，共分62卷12志），对鄂伦春族

---

① 分别是鄂伦春族"摩苏昆"、"赞达仁"、桦树皮制作技艺、桦皮船制作技艺、"古伦木沓"节、狍皮制作技艺等项目。

② 刘晓春、关小云：《鄂伦春非遗项目及传承研究》，《黑龙江民族丛刊》2018年第4期。

的风俗、语言等情况作了记述，为后来的研究提供了可贵的历史资料。

20世纪50年代，国家民委等部门组织开展了少数民族社会历史调查，对鄂伦春族进行了大规模、系统详尽的调查，真实记录了有关鄂伦春族的经济文化状况。特别是一些民族高校和专业科研机构建立起来后，关于鄂伦春族的研究成果也逐渐丰富起来，学者们对于鄂伦春族非物质文化遗产的研究持续关注，截至目前，研究成果可以划分为如下几类。

一、综合性成果中的鄂伦春族非物质文化遗产研究

当前，国内学术界对鄂伦春族的研究出版了多部综合性著作，包括历史、文化、社会等多方面研究。这些著作有大量关于鄂伦春非物质文化遗产方面的内容。秋浦在《鄂伦春人》中论述了鄂伦春族的神话、萨满教信仰等[1]；赵复兴在《鄂伦春族游猎文化》中用很大篇幅详细介绍了鄂伦春族的文学艺术，包括神话、传说、故事、史诗、叙事诗、笑话、寓言、谚语、谜语和音乐、舞蹈、雕刻、刺绣、绘画、编制、剪桦树皮等文学艺术以及婚姻、丧葬、礼仪、节庆等[2]。宋兆麟根据赴大兴安岭鄂伦春族自治旗进行田野调查、征集民族文物的实录撰写了《最后的捕猎者》一书，其中详细介绍了鄂伦春族的兽皮与桦皮工艺、雕刻与绘画、剪皮和刺绣、萨满信仰、婚丧习俗等。[3]《鄂伦春族简史》等有关鄂伦春族历史性著作中，设专门章节对鄂伦春族的文学艺术、礼仪、礼节等非物质文化遗产进行了概述性研究。[4]韩有峰的《鄂伦春族风俗志》，从民俗文化的角度，介绍了鄂伦春族独特鲜明的民俗文化，其中包括衣食住行、婚丧嫁娶、生产交通、家庭村屯、岁时禁忌、宗教信仰、道德礼仪、民间文学、体育娱乐等，并就其产生、发展、演变作了

---

① 秋浦：《鄂伦春人》，民族出版社1956年版。
② 赵复兴：《鄂伦春族游猎文化》，内蒙古人民出版社1991年版。
③ 宋兆麟：《最后的捕猎者》，山东画报出版社2001年版。
④ 《鄂伦春族简史》编写组：《鄂伦春族简史》，民族出版社2008年版。

较细的论述。^①刘晓春、刘翠兰、刘晓红等编著的《鄂伦春族风情录》，分为宗教信仰、风俗禁忌、节日、服饰工艺、文学艺术、体育娱乐，介绍了鄂伦春族的诸多非物质文化遗产。^②白兰、白梅介绍了鄂伦春族的婚俗、民间口头文学、民间艺术、节日习俗、民族歌舞等。^③

二、鄂伦春族非物质文化遗产的专题研究

鄂伦春族非物质文化遗产内容十分丰富，多年来，学者基于不同视角，对鄂伦春族非物质文化遗产开展了专题性、专门性研究，通过对现有成果进行梳理，可以分为如下几个方面。

（一）鄂伦春族非物质文化遗产整理性研究

这些研究以对鄂伦春族非物质文化遗产的概括、描述性研究为主，一是鄂伦春族民间文学。鄂伦春族创作了丰富的民间文学，包括神话传说故事、笑话、寓言、诗歌、谚语、谜语等多种形式。《鄂伦春民间说唱故事》^④（韩有峰、孟淑贤）、《鄂伦春民间文学》^⑤（孟淑珍）、《漫话山上人——鄂伦春族的故事》^⑥（巴图宝音）等著作中汇集整理了大量的鄂伦春族说唱故事，全面反映了鄂伦春族的生产、生活。故事情节动人，可读性强。有的还采用国际音标标注语音。

这些著作，具有重要的历史、人类学、民俗学价值，对鄂伦春族语言传承和文化的保护起到了积极作用。除了对鄂伦春民间文学进行整体性的搜集整理外，有的学者还分门别类对鄂伦春族民间文学进行整理，如王慧、邵慧编著的《鄂伦春族寓言故事》，共收录22则鄂伦春族寓言故事，以拟人化

① 韩有峰：《鄂伦春族风俗志》，中央民族学院出版社1991年版。
② 刘晓春、刘翠兰、刘晓红等：《鄂伦春族风情录》，四川民族出版社1999年版。
③ 毅松等：《来自森林草原的人们 达斡尔族 鄂温克族 鄂伦春族风情》，内蒙古人民出版社2003年版。
④ 韩有峰、孟淑贤：《鄂伦春民间说唱故事》，黑龙江人民出版社2018年版。
⑤ 孟淑珍：《鄂伦春民间文学》，黑龙江省民族研究所1993年。
⑥ 巴图宝音：《漫话山上人——鄂伦春族的故事》，内蒙古人民出版社1981年版。

的手法展开故事，赞扬和歌颂了助人为乐、甘于奉献、大公无私的美德，嘲笑和批评了奸诈贪婪、忘恩负义、见风使舵的行径。全书耐人寻味，幽默辛辣，富有哲理，具有讽喻和训诫的意义。①同时，有的学者还将鄂伦春民间文学翻译成英文，提升其传播力与影响力，如常芳精选了《英雄格帕欠》《鹿的传说》《双飞鸟的传说》三部鄂伦春族"摩苏昆"代表作，将其英译并附中文对照，突出经典，将鄂伦春族非物质文化遗产介绍给世界。②

二是鄂伦春族民歌。鄂伦春族是一个善于创作、及物抒怀、能歌善舞的民族，他们在以猎为生、依林为家的社会发展中，创作了丰富多彩的民歌，按照民歌的实用功能、艺术特色及其反映的社会生活，人们大致把它们分成"赞达仁""鲁日格仁""萨满调"三大类别。其中，"赞达仁"是山歌、小调等类民歌的总称，是鄂伦春族民歌的主体，其反映的社会生活面最广、内容最丰富、数量最多。具体类型包括新生活歌曲、山歌、猎歌、酒歌、情歌、民俗歌曲、摇篮曲——儿歌、故事歌、舞歌曲、萨满歌曲和无词歌。"鲁日格仁"是歌舞的总称。萨满调是神歌的总称。从事音乐研究的学者对鄂伦春民歌进行搜集整理，如暴侠收集了鄂伦春族民歌400余首，这些民歌全面反映了鄂伦春人的生产生活和丰富多彩的野林生活。③

三是鄂伦春桦树皮、兽皮、剪纸、服饰、图案艺术等研究。哈纳斯介绍了鄂伦春族的兽皮文化，包括兽皮的加工工具和方法、兽皮制品的种类和制作工艺、兽皮制品上的图案及其制作方法、兽皮制品的图案种类及寓意。④同时，他也对鄂伦春族桦树皮工艺进行了研究，包括桦树皮制品的制作工艺、桦树皮制品上图案的制作方法、桦树皮制品上纹样种类和寓意、桦树皮制品上艺术形式原理的运用。⑤空特勒通过《图腾之灵》《石的崇拜》《剪画之魂》收集了鄂伦春风

① 王慧、邵慧：《鄂伦春族寓言故事》，北方文艺出版社2015年版。
② 常芳：《鄂伦春族摩苏昆经典》，黑龙江人民出版社2019年版。
③ 暴侠：《鄂伦春族民歌选》，黑龙江人民出版社2005年版。
④ 哈纳斯：《试论鄂伦春族的兽皮文化》，《黑龙江民族丛刊》1993年第2期。
⑤ 哈纳斯：《试论鄂伦春族桦树皮工艺》，《内蒙古社会科学》1993年第1期。

情剪画200余幅，以带着自然清香的剪画展示了鄂伦春民族图腾与自然生活的精华。①何青花、宏雷在《鄂伦春服饰》著作中，用200幅精美图片，以图文并茂的方式，展现了鄂伦春族服饰（衣服、鞋袜、帽子等）的取材类型、制作工艺流程、服饰上的各类图案及其所富涵的文化内容。②刘玉亮在《中国北方捕猎民族纹饰图案与造型艺术（鄂伦春族卷）》全面系统地搜集整理了中国北方捕猎民族鄂伦春族的非物质文化遗产——纹饰图案与造型艺术。③

上述这些关于鄂伦春族非物质文化遗产的描述性、整理性研究，对于进一步开展鄂伦春族非物质文化遗产文化人类学、民俗学、历史学和美学等各方面的深入理论研究提供了宝贵的基础，具有一定的参考和研究的价值。

（二）鄂伦春族非物质文化遗产的理论研究成果

改革开放后，从事鄂伦春族研究的队伍不断扩大，研究成果也日见丰硕。这些成果在继承前人研究成果的基础上，对鄂伦春族的历史、经济、文化、宗教等各方面的非物质文化遗产作了进一步理论上的探讨和研究，推进了研究的深入开展。

1.对鄂伦春族不同类型的非物质文化遗产研究

这些研究成果涉及鄂伦春族的民间文学、民间音乐、服饰等各方面。综合性研究方面，王丙珍在《鄂伦春族审美文化研究》中，采用田野调查法获取第一手资料，跨学科地分析了鄂伦春族审美文化的内涵、特征及流变，阐释了鄂伦春族的宗教信仰、日常生活、文学、原始岩画、现代油画、工艺、歌舞等的审美观念、审美传统、审美意识、审美取向和审美表达。她以文化全球化视域为基点，证明鄂伦春族审美文化是鄂伦春族精神的载体与象征系统，倡导鄂伦春族审美文化的族群性差异与跨文化认同。④王为华在《鄂伦春原生态文化研究》一书中，从文化生态的角度审视鄂伦春原生态文化，对鄂

---

① 空特勒：《鄂伦春风情剪画》，中国文联出版社2000年版。
② 何青花、宏雷：《鄂伦春服饰》，民族出版社2010年版。
③ 刘玉亮：《中国北方捕猎民族纹饰图案与造型艺术（鄂伦春族卷）》，黑龙江教育出版社2008年版。
④ 王丙珍：《鄂伦春族审美文化研究》，中国社会科学出版社2018年版。

伦春族的渔猎文化、居住文化、萨满文化、图腾文化、桦皮文化对小民族的生存、发展与外族文化互动的关系进行理论总结。[①]

在鄂伦春族民间文学研究上，王丙珍、关小云、关红英在《鄂伦春族文学研究》中，以生态审美文化为基础，从跨文化、跨学科、跨民族、跨地区的视角，运用哲学、美学、人类学等多学科研究方法，将文献资料和田野调查结合，总结了鄂伦春族的文学史成就，并且从理论上分析了鄂伦春族民间文学作品中的生态审美意识、生态伦理意识。[②]杨金戈在《鄂伦春族神话研究》中，以鄂伦春族的神话为研究对象，借助神话理论，以搜集整理的鄂伦春族神话研究丰富学术资料为基础，以必要的实地调研数据材料为支撑，将纷繁复杂的鄂伦春族神话分为创世神话、人类起源与族源神话、英雄神话和萨满神话四种类型，进行深入的主题分析、意涵挖掘以及形象研究，并将鄂伦春族的神话与其他民族的神话进行比较，同时阐释鄂伦春族神话的社会文化价值与当代传承，呈现鄂伦春族神话的特点与文化内涵。[③] "摩苏昆"是鄂伦春族民间长篇说唱叙事文学，是古老的民间文学艺术，它反映了鄂伦春族社会历史、经济文化、语言、风俗习惯、思想意识、宗教信仰等。孟淑珍探究了鄂伦春语"摩苏昆"的含义，认为从表现形式上，"摩苏昆"就是"说唱"，从音乐上看，是"悲调说唱""能悲能喜"的意思，从内容上看，包括"求神说唱""说唱苦情""说唱莫日根""说唱氏族苦难"等含义。[④]她还研究了"摩苏昆"的韵律，指出了其讲述和咏唱二者有机结合的特性，总结了其韵律特点，包括语言平实古朴、流畅优美、形象生动，节奏感鲜明和音乐性强，押韵自然和谐。[⑤]

在民间音乐研究上。曹丽艳研究总结了鄂伦春民歌"赞达仁"的演唱艺

---

① 王为华：《鄂伦春原生态文化研究》，黑龙江人民出版社 2009 年版。

② 王丙珍、关小云、关红英：《鄂伦春族文学研究》，北方文艺出版社 2014 年版。

③ 杨金戈：《鄂伦春族神话研究》，社会科学文献出版社 2019 年版。

④ 孟淑珍：《鄂伦春语"摩苏昆"探解》，《满语研究》1991 年第 2 期。

⑤ 孟淑珍：《"摩苏昆"的韵律》，《黑龙江民族丛刊》1994 年第 2 期。

术，提出其旋律高亢悠扬、粗犷豪放，演唱润腔时运用音和、倚音等表现原始山野风格的技法，同时，详细阐释了其狩猎歌、情歌、酒歌、摇篮歌等不同题材歌曲演唱时采用不同的艺术处理方式。①高贺杰从生态视角研究了鄂伦春歌唱，从发生学角度探讨了鄂伦春歌唱的来源，以及鄂伦春族如何将自然生态透射于歌唱中，将生存的世界融入歌唱，展现了鄂伦春族歌唱文化生态的图景。②

在桦树皮文化研究上。张晓丽、周晓杰在《黑龙江流域鄂伦春族桦树皮艺术研究》中，概述了黑龙江流域鄂伦春族传统文化特色、桦树皮艺术，对鄂伦春族桦树皮历史演变、造型艺术特征进行研究，对鄂伦春族桦树皮制品工艺的物质外貌进行全面整体的研究。在此基础上，对黑龙江流域桦树皮艺术保护与传承策略、当代学术界对黑龙江流域桦树皮艺术的研究、北方高校对黑龙江流域桦树皮文化艺术教育的传承策略，鄂伦春民族桦树皮制品工艺研究的传承问题和面临的挑战等，进行了理性、客观的剖析。③

传统体育研究方面。丛密林在《达斡尔、鄂温克、鄂伦春族传统体育文化研究》中，运用多学科理论与方法，对鄂伦春传统体育项目进行了全面挖掘与整理，对传统体育文化进行了历史溯源考证。首次对体育非物质文化遗产的概念和分类进行了诠释与重构，对鄂伦春族体育非物质文化遗产属性、当代价值、存在的问题及保护措施等进行了全面的阐述。同时，对鄂伦春族传统体育传承情况进行回顾，分析存在的问题，提出了现代教育传承措施等合理化的发展对策，探寻鄂伦春族传统体育文化传承与发展的可行之径。④白洁在《鄂伦春族传统游戏的教育人类学》一书中，通过历史文献法、理论分析法和人类学的实地调查方法，在对鄂伦春族传统游戏的起源、演变、主要内容及特征进行整理和分析的基础上，根据多元智能理论和心理学、教育学等学科关于游戏与儿童发展关系的理论，以教育人类学为视角，对游戏在鄂

---

① 曹丽艳：《鄂伦春民歌赞达仁的演唱艺术》，《内蒙古大学艺术学院学报》2020年第3期。
② 高贺杰：《马·鱼·小孩——生态视角下的鄂伦春歌唱》，《音乐研究》2011年第4期。
③ 张晓丽、周晓杰：《黑龙江流域鄂伦春族桦树皮艺术研究》，中国社会科学出版社2020年版。
④ 丛密林：《达斡尔、鄂温克、鄂伦春族传统体育文化研究》，吉林大学出版社2018年版。

伦春族中的社会文化功能和教育功能进行分析。

通过对当今鄂伦春族传统游戏的传承现状的实地调查及其相关因素分析，论证了自然环境、制度环境和文化环境的变迁与游戏传承困境之间的关系。最后，分别从历史、现实和未来三个视角，对鄂伦春族游戏的挖掘、保护和传承进行了梳理，对如何进行现代化变革提出了看法和思路。①

2.鄂伦春族非物质文化遗产的比较研究

金铁宏在《内蒙古蒙古、达斡尔、鄂温克、鄂伦春族传统音乐比较研究》一书中，对内蒙古的蒙古族、达斡尔族、鄂伦春族、鄂温克族4个少数民族的传统音乐进行了比较研究。主要包括萨满教与萨满教音乐对4个少数民族传统音乐的影响，4个民族萨满教仪式音，4个少数民族传统民歌中的常用歌词、曲式结构、发展旋律手法以及音调相似或同曲变体民歌的比较等，说明4个少数民族传统音乐的产生和发展过程中，萨满教与萨满教音乐起到的根茎作用，4个少数民族传统音乐在诸多方面确有千丝万缕的联系，呈现出了很多的共同性。②

季敏在《赫哲、鄂伦春、达斡尔族服饰艺术研究》著作中，分析了鄂伦春族服饰艺术演变的过程、服饰文化装饰及纹饰的演变及其特征、服饰美学的探索，同时也论述了赫哲族、达斡尔族的服饰意识特征，并且在此基础上，对赫哲、鄂伦春、达斡尔族服饰美学进行了比较，比较了这3个民族服饰审美的共性与区别特征、服饰图案各自区别和审美价值。③

李树新在《达斡尔族、鄂温克族、鄂伦春族谚语文化研究》著作中，以这3个人口较少民族的谚语为载体，通过归纳分析，探寻这3个民族谚语与民族起源、社会发展、环境资源、宗教文化和生产生活的关系，揭示这3个民族历史变迁状况和社会发展信息、宗教信仰印记和具有民族特色的生产生活方式、文化风俗体系。④

---

① 白洁：《鄂伦春版族传统游戏的教育人类学》，中央民族大学出版社2016年版。
② 金铁宏：《内蒙古蒙古、达斡尔、鄂温克、鄂伦春族传统音乐比较研究》，人民音乐出版社2014年版。
③ 李敏：《赫哲、鄂伦春、达斡尔族服饰艺术研究》，黑龙江美术出版社2006年版。
④ 李树新：《达斡尔族、鄂温克族、鄂伦春族谚语文化研究》，商务印书馆2019年版。

黄任远、闫沙庆通过对赫哲族和鄂伦春族说唱文学的结构形式、情节内容、英雄形象、表现手法等方面的比较研究，全方位剖析了这两个民族说唱文学所具有的相同特点及其相同原因。结论认为，赫哲族与鄂伦春族说唱文学之所以具有相同特色，主要在于两个民族的语言同属一个语族、居住地域环境相近、渔猎经济生活基本相似、宗教信仰大致相同及其族源关系密切等因素。①

3.鄂伦春族非物质文化遗产的调查报告

丛密林通过对鄂伦春自治旗、民族乡、中小学、高校鄂伦春族传统体育开展情况调查研究，指出了鄂伦春传统体育文化的传承存在的问题，包括家庭传承方式消失殆尽、学校传承状况参差不齐、社会传承方式成效不显著、传承手段单一、传承效果不明显、入选各级体育非物质文化遗产名录分布不均衡、民族地区高校作用发挥不强、民族中小学体育师资缺乏、重视程度不高、经费投入不足、传统体育文化的产业化开发不足。提出了传承与发展传统体育文化的对策，比如提高政府相关部门对传统体育文化内涵的再认识和重视，加强家庭、学校和社会传承方式的有机结合，加大传承的手段和力度，加大对传统体育文化人才的培养，借助传统体育赛事，加大宣传力度，促进传统体育文化的普及与推广，加强传统体育文化的产业化开发，利用资源优势构建互动发展模式。②

语言是文化传播、传承的重要载体，刘晓春、关小云调查了鄂伦春语的使用范围和使用现状，指出了由于适应环境的变化，鄂伦春语濒危的状况，总结了鄂伦春语多年来保护所取得的成就与保护措施，同时，对鄂伦春语传承提出了八个方面的建议，包括：强化和鼓励使用鄂伦春语，扩大使用范围，提供鄂伦春语生命力；制定和落实相关立法，建立鄂伦春语语料库，借鉴国外经验提高保护实效；规范和强化文化、民族、教育等部门职能，加

---

① 黄任远、闫沙庆：《伊玛堪与摩苏昆——赫哲族与鄂伦春族说唱文学之比较》，《黑龙江民族丛刊》2000 年第 2 期。

② 丛密林：《关于达斡尔族、鄂温克族、鄂伦春族传统体育文化的调研报告》，《内蒙古社会科学（汉文版）》2016 年第 5 期。

强与高校和科研机构合作，抢救性记录鄂伦春语；设立"濒危语言保护示范区"；通过制定拼音字母或文字符号，记录和保存鄂伦春语；运用微信平台、网站等传承鄂伦春语；提升鄂伦春族对本民族语言的热爱；积极组织编写教材，开设民族语言教育课程，加强语言创新。①

4.鄂伦春族非物质文化遗产的传承与弘扬研究

刘晓春、关小云指出，伴随我国非物质文化遗产工作的不断深入，鄂伦春族的非遗保护得到高度重视，"摩苏昆"、"古伦木沓"节、桦皮船制作技艺等均列入国家非遗保护名录，同时，在现代化进程中，在外来文化冲击下，非物质文化遗产赖以生存的土壤逐渐缺失，传承面临危机与挑战，表现为文化遗产破坏严重、文化生态环境逐渐消亡、传承人年事已高且体弱多病；同时，对于非物质文化遗产工作，提出了政府要高度重视、积极抢救珍贵非物质文化遗产、加强对非物质文化遗产和文化生态保护区建设、鼓励和支持非遗传承人开展工作、强化国际交流与合作、加强旅游和文化产业发展等措施。②

田艳指出，对鄂伦春族桦树皮制作技艺进行法律保护，提出当前法律保护存在的问题，如保护意识淡薄、桦树皮制作技艺后继乏人及"文化贬低"现象等，提出鄂伦春族桦树皮制作技艺法律保护措施的完善，主要包括尽快出台《非物质文化遗产保护法》《传统知识保护条例》。鄂伦春族聚居地的地方立法亟待加强，要促进鄂伦春人对桦树皮制作的参与，加大各级政府的资助扶持力度，保障鄂伦春族的环境保护权等。③

张宵临从新媒体使用方式的角度，认为应当找寻与鄂伦春族文化相适应的新媒体形式，通过CSS网站设计、移动页面设计、博物馆或民俗馆的互动装置、网络品牌建立与社交营销等方式，提升鄂伦春族文化传播的话语权和影响力，促进鄂伦春族文化的发展。④

---

① 刘晓春、关小云：《鄂伦春族语言文化现状与保护对策》，《黑龙江民族丛刊》2019年第3期。
② 刘晓春、关小云：《鄂伦春非遗项目及传承研究》，《黑龙江民族丛刊》2018年第4期。
③ 田艳：《鄂伦春族桦树皮制作技艺法律保护研究》，《黑龙江民族丛刊》2010年第5期。
④ 张宵临：《新媒体语境下的鄂伦春族文化传播方式探究》，《黑龙江民族丛刊》2016年第1期。

李健对于建立鄂伦春"文化保护区"提出了设想，即在鄂伦春自治旗这样的鄂伦春族聚居区内，保留其一定范围的传统"领地"，从实际条件出发，吸收国外保留地的相关经验，与时俱进，科学规划，让生活在其中的鄂伦春人保持其固有的生产、生活方式，在日常生活中保留和发展民族文化。[①]

三、鄂伦春族非物质文化遗产保护、传承的理论问题研究

在鄂伦春族非物质文化遗产研究中，要特别重视与中华文化的关系研究，将其作为中华文化的一部分，在中华文化认同的基础上进行研究。鄂伦春族非物质文化遗产在中华文化多元一体的体系中，属于多元的部分，其差异和特色是中华文化体系中的差异和特色，没有脱离中华文化的范畴。在非物质文化遗产保护、传承和弘扬研究中，要重视提炼中华文化共享的符号和一体属性的精神和价值。

（一）要保护、传承和弘扬优秀的非物质文化遗产

突出的文化意义和普遍价值观的各种社会实践、观念表达、表现形式、知识、技能及相关的工具、实物、手工艺品和文化场所是优秀的非物质文化遗产判定的标准，并且要具有世代的相传性、互动性、再创造性，同时还要具有持续的认同感，从而增强对文化多样性和人类创造力的尊重。[②]优秀的非物质文化遗产是鄂伦春民族文化成就的重要体现，是中华优秀传统文化的重要组成部分。"讲弘扬和保护各民族传统文化，不是原封不动，更不是连同糟粕全盘保留，而是要去粗取精、推陈出新。"[③]所以，对于鄂伦春族非物质遗产名录项目的选择上，必须坚持是优秀的非物质文化遗产，要有悠久的历史传承，传承有序，真正代表鄂伦春民族的优秀传统文化，受到普遍的认同并具有较大的文化人类学意义和人类价值，受到保护的非物质遗产对现代

---

① 李健：《对建立鄂伦春族"文化保护区"的设想》，《黑龙江民族丛刊》2010 年第 5 期。
② 联合国教科文组织：《保护非物质文化遗产公约》第 2 条"定义"，2003 年 10 月。
③ 《习近平在中央民族工作会议上的讲话》，中国共产党新闻网，2014 年 9 月 30 日。

的社会主义核心价值观是一种补充，在多元性中体现出一体的文化价值和意义。

在过去一些民族的非遗项目选择上，存在把陈规陋习、糟粕当作代表性的传统文化遗产，把与现代社会价值观完全相悖的古老习俗当作经典的现象，如猎头祭、一妻多夫等。在有些民族的非物质文化遗产中，存在臆造或人为篡改的现象，这些都必须杜绝。当然，在人类发展的各个阶段，有些非物质文化遗产属于糟粕之类，但却是人类发展过程中必然伴随的，这些非物质文化遗产要利用现代技术保留封存，作为学术研究的资料，但不宜作为保护和传承的对象。

（二）各民族非物质遗产保护、传承要有利于对中华文化的认同

"不让一个民族认同本民族文化是不对的，认同中华文化和认同本民族文化并育而不相悖。当然，繁荣发展各民族文化，要在增强对中华文化认同的基础上来做，对本民族历史坚持正确的观点，不能本末倒置。"[1]我们要坚持中华文化是多元一体的结构的认识，一体的中华文化是中华各民族文化的集大成，各民族都对中华文化的形成发展做出了贡献。

中华文化就是中国56个民族文化的总和（"56个民族文化的集大成"），汉族文化（华夏文化）是中华文化的核心和主体，是56个民族共同熔铸的，汉族文化与作为重要构成部分的少数民族文化之间，是一种互为你我（你中有我，我中有你）的关系。把汉文化等同于中华文化、忽略少数民族文化，把本民族文化自外于中华文化、对中华文化缺乏认同，都是不对的，都要坚决克服。[2]

在中华文化的表层、深层、核心层文化结构中，各民族文化体现为多元一体属性和关系，但处在顶层的中华文化，则是超越了各民族文化之上的国家文化（或公民文化）。国家文化来源于各民族文化，但不等同于各民族文化。

---

[1] 《习近平在中央民族工作会议上的讲话》，中国共产党新闻网，2014年9月30日。
[2] 《习近平在中央民族工作会议上的讲话》，中国共产党新闻网，2014年9月30日。

所以，在认识鄂伦春族非物质文化遗产时，要认识到鄂伦春族文化与中华文化的关系，鄂伦春族非物质文化遗产是中华文化多元的部分，是鄂伦春族传统民族文化认同的一部分，但它同时是中华文化的组成部分，属于表层和深层的文化认同，认同鄂伦春族非物质文化与认同中华文化并育而不悖，是一体中的多元，两者并不矛盾。在认识鄂伦春族非物质文化与中华文化关系的同时，还要在鄂伦春族非物质文化中提炼各民族共享的中华文化符号和中华民族价值观和精神，成为中华文化认同的推动力量。

（三）重视地域性的非物质文化遗产的保护、传承

黑龙江流域的各民族历史是非常悠久的。如，呼玛十八站旧石器文化，距今1万年；北山洞旧石器时代晚期遗址位于大兴安岭呼中区碧水镇；小南山旧石器文化遗址位于黑龙江省饶河县乌苏里江左岸，第一期文化遗存距今约17000—13000年。

新石器文化遗址遍布黑龙江流域，甚至在外兴安岭南侧亦有几处新石器遗址。北山洞文化遗址有新石器早期、新石器晚期、汉代鲜卑文化遗存；抚远市亮子油库遗址位于抚远市西南约6千米处，遗存堆积包括新石器、汉魏、辽金等多个时期。小南山第二期文化遗址距今9200—8600年，属于新石器早期遗址；第三期距今4700—4500年，属于新石器中期遗址；第四第五期属于西周中期和西汉时期，发现了陶器。①这些文化遗址的存在说明，黑龙江流域是中华民族史前文化的重要发源地。新石器是民族形成的时期，黑龙江流域从新石器晚期开始出现地域关系人们共同体，出现了贫富和阶级分化，形成了三大族系，即肃慎族系、东胡族系、濊貊—夫余族系，在这些族系的民族之间，其文化是有很多共性因素的。比如鄂温克族、鄂伦春族、赫哲族，在历史族源上存在交融关系，特别是鄂温克族、鄂伦春族两族在17世纪南迁以前，还属于一个文化族群，即埃文基人。

① 《黑龙江流域十大古遗存，你知道几个？》，《黑龙江日报》，2020年11月6日。

这些民族很多文化是存在共性因素和共享文化符号的，比如万物有灵信仰、原始萨满教信仰、熊祭、桦树皮与兽皮文化等，都存在较多的共性，属于同一个文化体系，在这一文化体系形成和演进的初期还未形成民族，处于没有统一的自我认同的文化族群阶段，所以，将共性因素较多的非物质文化遗产统一立项保护和申报非物质文化遗产名录是非常有意义的，说明处于中华文化组成部分的各民族文化也是互为你我的关系，处于漫长的交融演变中。以地域性非物质文化遗产作为对象进行保护、传承和申报名录，更有利于加强各民族对中华文化的认同。

（四）重视鄂伦春族非物质文化遗产保护、传承的创造性转化和创新性发展

鄂伦春族的非物质文化遗产带有特定社会发展时期的特征，也就是说，产生、发展于氏族部落社会时期的这些非物质文化遗产，尽管在中华人民共和国成立后和改革开放以后，已经有了一些明显的现代性改变或改造，但仍然具有原始社会末期文化的明显痕迹。这些非物质文化，在鄂伦春族社会的那个时期是适宜的和必要的，但有些非物质文化用现代社会的价值观和审美衡量，属于文化糟粕和陈规陋习，应该用技术手段封存研究。有些非物质文化，其表现形式、内涵不符合现代社会的审美和价值观，但却是鄂伦春族传统社会的文化主体和精神社会的基础，比如万物有灵观念、萨满教信仰、原始禁忌、熊祭等，是原始社会文化的核心，作为人类文化遗产，可以保存保护，进行专业化的传承，并进行学术研究，其中具有普遍价值的文化元素，可以加入到现代文化中弘扬。这就是创造性转化的内容。

对于诸如服饰、纹饰图案、饮食、歌舞、民间传说故事等，以及勇敢无畏、互助友爱、保护自然等良风美俗，就是创新性发展的内容。创新性发展就是把鄂伦春族的优秀非物质文化遗产进行保护传承，并利用现代社会的文化形式和价值观进行创新改造，成为中华文化共享符号和共同价值观的一部分而弘扬发展。

附录2 黑龙江流域鄂温克族的来源、 部落族群与社会结构

在鄂温克语中，"鄂温克"直译为"下来者"，意译为"从高山森林走下来的人"。"鄂温克"作为民族自称，凝练地概括了鄂温克族走出山林、走向平原的历史演进过程。

鄂温克族是中国北方人口较少的民族之一。据全国第七次人口普查结果，鄂温克族人口为34617人，与俄罗斯的同源部落族群埃文基人口数相仿，加上同源的部落族群鄂伦春人口9168人，这个历史上的同一部落族群人口为7万余人。目前，鄂温克族主要分布在内蒙古自治区和黑龙江省，内蒙古的鄂温克族自治旗、根河市、鄂伦春自治旗、陈巴尔虎旗、莫力达瓦达斡尔族自治旗、阿荣旗、扎兰屯市是主要聚居区，黑龙江省集中在讷河市鄂温克族乡。在黑龙江中上游左岸，生活着3.5万俄罗斯埃文基人，与我国的鄂温克族、鄂伦春族同源。

鄂温克族没有本民族文字，其语言属阿尔泰语系满—通古斯语族通古斯语支，南迁黑龙江左岸后，逐步形成了海拉尔、陈巴尔虎和敖鲁古雅三种方言。埃文基人迁到黑龙江中上游右岸后，分化成鄂温克的不同部落族群，形成了文化上有所区别的3个次级部落族群"索伦人""通古斯人"[1]和"雅库特人"（使鹿部）。但在明末清初形成"索伦人"的初期，"索伦人"（索伦部）中包括鄂温克族、鄂伦春族、达斡尔族3个民族成员，是3个民族成员特定群体的他称。由于索伦部骁勇无比，很多黑龙江中上游与其相邻的部落

---

[1] "通古斯人"（Tungusic peoples）最初是来自于雅库特人（Yakuts）对鄂温克人（Evenks）的称呼，也被称为满—通古斯语族的各个部落族群。它不属于严格的部落族群或者民族名称，如果一定要明确一种含义，则是从文化角度对文化相似人群的一种泛称。

"不问部族概称索伦，而黑龙江人居之不疑。亦雅喜以索伦自号，说者谓索伦骁勇闻天下，故借其名以自壮"[1]。鄂温克族与鄂伦春族、蒙古族、达斡尔族、汉民族长期交错杂居，居住在牧区的鄂温克族可以比较熟练地使用蒙古语，在黑龙江省农区的鄂温克族通用汉语。鄂温克语与鄂伦春语相似度很高，可以互相交流。后来，"索伦"概念发生变化，由于鄂伦春、鄂温克人战死或其他原因死亡较多，一度成为人口较多的达斡尔人的象征名称。清乾隆年间的伊犁索伦营，是由达斡尔人、鄂温克人和锡伯人组成的。清末，部分鄂温克人成为"索伦"的专属称呼，在中华人民共和国的民族识别中，这部分鄂温克人自称"索伦"。这部分人就是居住在内蒙古自治区鄂温克族自治旗、莫力达瓦达斡尔族自治旗、阿荣旗、扎兰屯市的鄂温克人，黑龙江省讷河市的鄂温克人也自称为"索伦人"。从事畜牧业的鄂温克人自称"通古斯人"，主要居住在陈巴尔虎旗、鄂温克旗锡尼河流域。还有一部分鄂温克人最接近南迁黑龙江右岸前的先祖，从事着古老的驯鹿饲养和游猎，称为"使鹿部"，这是埃文基人迁至黑龙江右岸前的原生形态。突厥人与埃文基人曾经居住于现今的俄罗斯萨哈（雅库特）自治共和国相邻的地域，是一个盛产宝石的雅库特（突厥语"雅库特"即宝石）河流域，饲养驯鹿并以游猎为生的鄂温克人南迁以前就生活在这条河流沿岸，所以，以采挖宝石为生的突厥人称这部分埃文基人为"雅库特"。随后而来的俄罗斯人沿用了"雅库特"一词，但使鹿鄂温克人对这一称呼非常反感。[2]

这3个鄂温克部落族群南迁以前属于同一个地域族群，拥有大致共同的语言和文化，这个地域族群不是政治共同体，也不是统一的部落联盟，但是由于拥有相似的文化而自称为"鄂温克"（埃文基）。"鄂温克"有"住在大山林中的人们""住在山南坡的人们""从山顶下来的人们"三种含义，与鄂温克族同源的鄂伦春族的自称含义与此相似，都说明这两个民族长期生活

---

① （清）何秋涛纂辑：《朔方备乘》（卷第二，圣武述略二），文海出版社有限公司1972年版，第138页。
② 波·少布：《黑龙江鄂温克族》，哈尔滨出版社2008年版，第4页。

于山林之中。根据民族识别和本民族的意愿，1957年族称定为"鄂温克"，与"埃文基"是同音异译。

一、鄂温克 3 个部落族群的来源

鄂温克族是长期生活于中国东北边陲的人口较少的民族，要厘清这一民族的族源并不是一件容易的事情，因为对一个自身没有文字的民族来说，它的历史，一是靠周边其他有文字的民族来记载，二是靠口耳相传。从古史来看，向来以中原为王朝正朔的各种史籍，对周边少数民族的记载要么笼而统之，要么语焉不详，一部二十四史，记载北方民族史实的资料凤毛麟角，有关族源与民族迁徙的资料匮乏。

那么，鄂温克族的口传文学是否留下了足够多的材料呢？很遗憾，由于时间漫长，加之历史的断裂，即使原本丰富的传说也逐渐变得模糊不清，甚至有的已经遗忘。有的虽然传承下来，但经过多代人的转述、加工，也逐渐偏离原型，难以令人信服。在《鄂温克族简史》所附的鄂温克族《大事年表》中我们可以发现，17世纪以前，存在着大段的时间空白，譬如，从公元前2000年到公元6世纪之间，2500多年的历史付诸阙如，鄂温克族的历史脉络一直逮至17世纪才清晰起来。[①]

勾稽古史并结合田野、考古等实证，我们大致可以给鄂温克族的源头勾勒出一个粗线条的轮廓，即北魏时期（338—534）在今黑龙江流域出现的"失（室）韦"，与鄂温克族历史来源有可供研究的线索。《隋书》记载室韦"南室韦、北室韦、钵室韦、深末怛室韦、大室韦"五部，其中，北室韦、钵室韦、深末怛室韦被认为与鄂温克族有着密切的渊源关系，根据是这三部室韦人都从事狩猎、捕鱼，使用滑雪板为交通工具，穿兽皮衣，夏天用桦木搭屋居住，人去世后将遗体放在树上进行风葬。这些经济文化特点与目

---

① 《鄂温克族简史》编写组：《鄂温克族简史》，内蒙古人民出版社 1983 年版，第 164—172 页。

前鄂温克族都非常接近。史籍中记载的北室韦、钵室韦等部落的活动区域在贝加尔湖以东和外兴安岭以南，这与鄂温克族口传文学中所描述的十六七世纪以前的生活区域也大体吻合。"鞠"部落被认为与鄂温克族中的使鹿部落有渊源关系，这一部落生活在"拔野古"，即今贝加尔湖东北岸边的巴尔古津河流域，与北室韦等几个部落比邻而居，所处环境"气候最寒，冬则入山，居穴中"①。这些特点与使鹿鄂温克人生活在苔原森林，饲养驯鹿，传说中曾以薛苔为食，住"斜仁柱"等习俗无疑有着高度的一致性，其传承关系不容忽视。而从拔野古往东北方向500里，便进入了使鹿鄂温克人的传统居住地勒拿河支流维提姆河苔原森林区域。

可以这样说，贝加尔湖周围和黑龙江上中游地区，两汉时期为鲜卑居地，南北朝时期黑龙江上中游地区为北室韦、钵室韦诸部所据。唐代，有北山室韦以及使鹿的"鞠"部，北室韦等部以及鞠部等部落当是鄂温克族的多元来源，是鄂温克族的祖先之一。而自唐王朝设置幽陵督都府和室韦督都府管辖贝加尔湖周围及黑龙江上中游地区以来，历辽、金、元乃至明清，这一地区的鄂温克族与中原王朝保持着长期的政治隶属关系，早已成为中华民族大家庭的成员之一。

鄂温克族现在的主要分布区域并不是他们历史上的居住地。他们来自何方？多年来，中外学者对鄂温克族族源做了不断的探寻，产生了三种最有代表性的观点：一是来自南方说，二是起源于贝加尔湖周围说，三是源于乌苏里江、绥芬河、图们江下游说。

20世纪20年代，著名的俄国民族学家和人类学家C.M.史禄国认为，鄂温克人的远古祖先最初居住在黄河流域下游和长江流域下游之间的地方，于公元前3000年，在从河南、陕西向黄河下游推进的人们蜂拥而至的压力之下，开始离开故土，向北和东北迁徙，至金石并用时代就已到达贝加尔湖一带。

---

① （宋）马端临撰，上海师范大学古籍研究所、华东师范大学古籍研究所点校：《文献通考》（卷三百四十七，四裔传二十四），中华书局2011年版，第9628页。

史禄国在物质文化方面提出的论据是：17—18世纪鄂温克人穿的敞襟式服饰与历史上中国南方人穿的围裙相似；套裤与华北、东北汉人用的膝甲相似；鄂温克人用的简单的弓与南方的弓也一样；鄂温克人用的遮雪光的护眼罩也起源于南方，不适应北方的大雪。在人种学上，史禄国将在贝加尔湖巴尔古津地区测得的鄂温克人相关数据和在华北测得的汉人相关数据作比较，发现二者存有相似性。在宗教文化方面，他认为鄂温克人萨满教中的自然崇拜与中原汉人巫教很接近。

史禄国的这一观点，因为材料局限和缺乏考古材料的支持，没能得到学界的广泛认可。后来，另一位研究鄂温克族的著名学者吕光天修正了史禄国的部分观点。[①]贾兰坡先生也持"南来说"，他根据山西峙峪遗址出土的28000多年前的细石器，认为华北是细石器的起源地，贝加尔湖地区和西伯利亚地区的细石器文化来源于华北。原因是该地区的细石器属于船底形细器，与华北相同，更为重要的是这些地区的细石器的绝对年代没有一处超过18000年。但问题是，这一地区也有旧石器文化遗址发现，"在南起五常市、北至黑龙江畔的呼玛县、西到嫩江、东达乌苏里流域的广大地区内，均发现了旧石器时代晚期的古人类活动的文化遗存"[②]。我们知道，文化是传承和延续的，不大可能无故中断，文化传播并不会成为主流，因为人类每时每刻都要生存。就如火一样，有人认为黑龙江流域的火来源于南方的传播，如果这样，这一地区的人们早在火从南方传来之前都冻死了。所以，史禄国的观点是无法证实的悖论。

侯育成先生认为，鄂温克先民向北方和东北方移动经过了一个相当长的过程，在移动的过程中逐渐分为北方群体和南方群体。[③]从地理位置上看，华北平原与贝加尔湖地区并没有无法逾越的地理鸿沟，人类在旧石器时代晚期和新

① 吕光天：《北方民族原始社会形态研究》，宁夏人民出版社1981年版，第409页；波·少布：《黑龙江鄂温克族》，哈尔滨出版社2008年版，第8页。
② 王禹浪：《黑龙江流域的历史与文化（二）》，《大连大学学报》2003年第3期。
③ 侯育成：《鄂温克》，《黑龙江民族丛刊》1986年第3期。

石器时期从南向北的迁徙是完全有可能发生的。何况在当时东北亚地区，气候并没有今天这样寒冷，存在大量的披毛犀、猛犸、野马、野牛、大角鹿、诺氏象等动物，为了猎捕这些动物，华北平原的人们逐步向北移动是生存的需要。

有的学者认为，从语言学上来看，在这一地区可以找到很多用通古斯语词来解释的地名，可以从某一方面印证鄂温克先民从华北向北和东北方迁徙的说法。

吕光天认为，鄂温克人起源于贝加尔湖周围地区，"今天鄂温克族的分布地区并不是他们历史上的原居住地。根据考古学和人类学的研究，鄂温克族的祖先大体分布于贝加尔湖周围和以东地区直至黑龙江中游以北地区。早在公元前2000年，即铜石器并用时代，鄂温克族的祖先就居住在外贝加尔湖和贝加尔湖沿岸地区"[①]。吕光天还从人类学、考古学角度佐证他的观点，比如，在黑龙江上游、石勒喀河洞穴中发现了一个头盖骨，与鄂温克人的头盖骨具有相同的本质特征；在色楞格河左岸班斯克村对面的佛凡诺夫山上发掘了一个古墓，发现了数十个贝壳制作的圆环，与鄂温克人萨满服前襟上的串珠以及缀饰贝壳圆环样式完全一样。随墓葬还出土了白玉圆环，与生活在17—18世纪鄂温克人服饰上的白玉圆环完全相同。

鄂温克人的神话对此也有体现，当然，神话是不能作为历史依据的。鄂温克人始祖传说提到，鄂温克人的故乡就在列拿河流域，列拿河流域有一个拉马湖，鄂温克人的祖先来自拉马湖旁边的高山。[②]拉马湖即贝加尔湖，列拿河、石勒喀河等也都在贝加尔湖附近，吕光天据此认为，人类学、考古学以及民间口头传说资料都证明，鄂温克人起源于贝加尔湖一带，其中，有一支鄂温克人东迁到黑龙江中游、精奇里江流域、外兴安岭南北地区。总之，鄂温克人的祖先活动地区，是在贝加尔湖沿岸及其以东以北的广大山林之中。

乌云达赉认为，迄止西晋时期，从谢列姆贾-结雅河下游流域至黑龙江

---

① 《鄂温克族简史》编写组：《鄂温克族简史》，内蒙古人民出版社1983年版，第5页。

② 汪立珍：《鄂温克族神话研究》，中央民族大学博士论文，2003年。

中游流域、牡丹江流域、乌苏里江流域、绥芬河流域、图们江流域，东至大海，为满—通古斯语、通古斯文化地理区。因此，满—通古斯语族的民族起源于这里，这其中就包括鄂温克族。他认为："鄂温克族来源于乌苏里江、绥芬河、图们江下游等流域，他们的祖先是靺鞨七部之一的安居骨部，并提出向西发展说。"①他将秦汉时期的沃沮部，视作安居骨部的先民，而安居骨部又是鄂温克人的先民。据此提出了鄂温克人起源于乌苏里江、绥芬河、图们江下游，后来逐渐向亚洲北部的广大地域迁徙的观点，并进而论证整个迁徙运动，是通过横贯亚洲北部的4个天然历史通道进行的。这一过程从公元3世纪末持续到17世纪。

第一个历史通道是从安居骨部②最初的居住地乌苏里江、绥芬河、图们江流域，沿着长白山北麓逐步迁徙到西流松花江③西岸流域。

第二个历史通道是从西流松花江西岸作为起点，西溯洮儿河、哈拉哈河流域进入到呼伦贝尔地域。

第三个历史通道是从呼伦贝尔作为起点，西溯鄂嫩河、音果达河、齐尔库河、乌达河流域进入贝加尔湖东岸地域。

第四个历史通道是沿着贝加尔湖畔，向北至西顺安加拉—叶尼塞河流域，进入到叶尼塞河中下游流域。④除此通道外，公元1233年，元灭东夏国时，居住在乌苏里江流域的鄂温克诸部仓皇出逃，北渡黑龙江，迁到布列亚河（牛满江）上游，结雅河（精奇里江）上、中游，黑龙江上游等地区，这些鄂温克人一直到清初还居住在这里。

乌云达赉也运用了使鹿鄂温克人有关族源的《"拉马"湖的传说》来论

---

① 乌云达赉：《鄂温克族的起源》，《内蒙古社会科学》1992年第4期。

② 安居骨又称安车骨，唐时靺鞨七部之一。《隋书·靺鞨传》："靺鞨在高丽之北，凡有七种：……安车骨部，在伯咄东北。"后并入渤海国。《吉林通志》卷十："安车骨，即按出虎也。"历史地域为今黑龙江省哈尔滨市、五常市阿什河流域一带。

③ 西流松花江，也就是松花江吉林省段，发源于长白山天池。

④ 波·少布：《黑龙江鄂温克族》，哈尔滨出版社2008年版，第11页；乌云达赉：《鄂温克族的起源》，内蒙古大学出版社1998年版，第26页。

证他的观点。有意思的是，同一个传说，吕光天将"拉马"湖定位于贝加尔湖，而乌云达赉则解释为兴凯湖。东西相异，远隔2000千米。[①]

二、鄂温克部落族群[②]

（一）索伦部落族群

朝克[③]认为，"索伦"是他者（清朝廷）冠以的称呼，并且充满对鄂温克人骁勇善战的赞扬和褒奖之意，满语是"顶梁柱""柱子"的意思，顶天立地，无往而不胜。"索伦"还有其他诸多解释，比如"先锋""射手"等。

但最初"索伦"还包括其他黑龙江中上游的民族，清朝廷统称其为"索伦部"，除部分鄂温克族外，还包括部分达斡尔族、鄂伦春族。"索伦部"作为清朝的重要军事力量，在祖国统一、平定叛乱、抵御外敌的过程中发挥了至关重要的作用，也做出了巨大牺牲，大量的壮丁战死，人口损失很大。正如《黑龙江志稿》记载："至索伦民族，夙称骁勇，各处有事，征调频仍。如康熙年之征噶尔丹、准噶尔，雍正年之征科布多，乾隆年之征金川，嘉庆年之平教匪、陕匪，道光年之回疆不靖英人犯境，咸丰年之平粤捻、防英法，同光两代之援新疆、甘肃。前后共计六七十次，转战几达二十二省。虽兵燹未延夫郊野，而纷扰实遍于闾阎。详查被调官兵大都效命战场，其获庆生还者，十不得一。"[④]"索伦部"一度因战事、酗酒等导致鄂温克、鄂伦春人兵丁的减少，而以达斡尔兵丁为主。

清乾隆年间，在伊犁建立索伦营，由鄂温克族、达斡尔族和锡伯族兵丁组成。黑龙江流域的"索伦部"在清末发生变化，达斡尔族、鄂伦春族逐步

---

① 波·少布：《黑龙江鄂温克族》，哈尔滨出版社2008年版，第13页。
② 这部分内容参考了波·少布的《黑龙江鄂温克族》，哈尔滨出版社2008年版；部分来源于笔者指导张帆研究馆员的成果。
③ 鄂温克族语言学家。
④ （清—民国）万福麟监修，张伯英总纂，崔重庆等整理：《黑龙江志稿》（卷三十，武备志·兵事），黑龙江人民出版社1992年版，第1299页。

排除在外，成为了部分鄂温克族的专称。在新中国民族识别之前，还称黑龙江流域农牧区的鄂温克人为"索伦人"或"索伦鄂温克人"。

索伦部的历史活动区域，是唐朝的有效管理范围。明朝时明确归属奴儿干都指挥使司管辖，其黑龙江上、中游流域和精奇里江流域及外兴安岭广阔地域设十一卫管辖。清初时，索伦部仍然在这一区域活动。"索伦部"正式出现于文献是在清初，其中包括鄂温克人、鄂伦春人和达斡尔人。清初著名的索伦鄂温克人首领是博穆博果尔，另一说是达斡尔人。索伦部著名的历史人物还有很多，比如海兰察、博尔本察等。

强悍的索伦部雄踞黑龙江中上游左右两岸，独来独往，不服天朝管辖，清廷深感北部边疆的威胁，决意征讨索伦部。从崇德四年十一月八日（1639年12月2日）到崇德八年七月七日（1643年8月20日）3年零8个月的时间，清太宗皇太极三征索伦部。

崇德四年十一月八日（1639年12月2日），皇太极第一次征讨索伦部，分为两翼进攻。先后攻下了多金城、雅克萨城。雅克萨城索伦兵被杀100多人，城主噶凌阿（博穆博果尔胞弟）与200多兵士被俘，众多老弱妇孺被擒，但清军伤亡也很惨重。其后，清军又攻下乌库尔城，在进攻铎陈城时，博穆博果尔派兵增援，清军停止攻城并后撤。为了有力抵御清军的进攻，博穆博果尔动员索伦部组织了6000人的军队，坚守铎陈城。博穆博果尔具有较高的军事素养，全歼了清军正蓝旗后队。此后进入拉锯战，阿萨津、铎陈二城被清军攻占，博穆博果尔实力大损，率众远遁深山。清军第一次征讨索伦部用了5个半月时间，雅克萨、多金、乌库尔、铎陈、阿萨金和额尔图、卦喇尔五城两村纳入清朝的有效管理，索伦部损失惨重。清朝第一次征讨索伦部后，有6740名索伦人编入八旗，从此，索伦部众成为八旗中的一支劲旅。

崇德五年七月二十七日（1640年9月12日），清朝再征索伦部，历时5个月零19天。席特库、济库哈等率领护军、蒙古兵丁，清军的战果是俘获了博穆博果尔妻子家属，俘获与降服的人口2805人。被俘后的博穆博果尔于1641

年2月被押抵盛京，不久被杀害。博穆博果尔的嫡子图麻尔周岁后被送往盛京，被清朝封为和硕襄亲王。顺治十三年七月三日（1656年3月22日），年仅16岁的和硕襄亲王图麻尔蹊跷死亡。

第三次征讨索伦部是在崇德八年三月十七日（1643年5月14日）至崇德八年七月七日（1643年8月20日），攻克三屯，招降四屯。

皇太极组织的三次征讨，长达3年零8个月的时间，可见当时的清廷对索伦部所具有威胁性的深刻认识，也说明索伦部在清廷地位的重要性。三次征讨索伦部，俘获并降服的索伦部人口有14391人。索伦部被彻底征服后，开始向清政府称臣纳贡，并成为清廷最有战斗力的八旗劲旅。被编入八旗的索伦部只要有军情出现，就被征调出征。索伦兵转战达二十二省，生还者不到十分之一。

顺治元年（1644）清军入关后，生活于黑龙江流域的鄂温克人、鄂伦春人、达斡尔人在沙俄的侵入压迫下，被迫向嫩江流域迁徙。

索伦鄂温克人向嫩江流域的迁徙历经顺治一朝才基本完成，最终落脚于嫩江流域，集中活动在嫩江右支流的诺敏河、格尼河、阿伦河、音河、雅鲁河、济沁河、绰尔河、托欣河流域附近的山区。

清朝政府对索伦人按丁编佐，建立了5个阿巴（猎场，鄂温克人为主）和3个扎兰（清代官名，即甲喇，相当于参领，以达斡尔人为主），这些区域统称为布特哈地区。在正式建立镇守黑龙江等处地方将军前（顺治朝至康熙二十二年），理藩院直接管理布特哈地区。康熙二十二年（1683）以后，归黑龙江将军管辖。

康熙二十三年（1684），在布特哈总管驻地依倭奇设索伦、达斡尔总管，雍正十年（1732），在5个阿巴、3个扎兰的布特哈总管衙门的基础上于依倭奇建立布特哈八旗，分旗色进行管理。布特哈八旗总管衙门于光绪二十年（1894）升为副都统衙门（博尔多，今讷河市长青村）。光绪三十二年（1906），又恢复了布特哈八旗总管衙门建制，但以嫩江为界，将布特哈八旗总管衙门一分为二，设东、西布特哈八旗总管衙门，分驻博尔多和依倭奇。副都统衙门建制被撤。

截至目前，索伦鄂温克人居住在内蒙古自治区鄂温克族自治旗、扎兰屯市（原布特哈旗）萨马街鄂温克民族乡、阿荣旗查巴奇鄂温克民族乡、得力其尔鄂温克民族乡、音河达斡尔鄂温克民族乡、莫力达瓦达斡尔自治旗巴彦鄂温克民族乡、杜拉尔鄂温克民族乡、黑龙江省讷河市兴旺鄂温克民族乡等，处于嫩江右支流甘河、诺敏河、格尼河（诺敏河支流）、阿伦河、音河、雅鲁河、济沁河（雅鲁河支流），嫩江左支流讷谟尔河以及伊敏河、锡尼河（伊敏河支流）、辉河（伊敏河支流）流域。居住在新疆维吾尔自治区的鄂温克人也称"索伦"[1]。

（二）通古斯[2]部落族群

指今居住在海拉尔河右支流莫勒格尔河流域以及伊敏河右支流锡尼河流域的内蒙古自治区陈巴尔虎旗鄂温克民族苏木、巴彦哈达苏木和鄂温克族自治旗锡尼河苏木的部分鄂温克人。

这部分通古斯鄂温克人，又有"那麦塔""那麦尔""喀木尼堪"等称呼。对于古代的通古斯鄂温克人，没有相关的历史文献记载。只是在那麦塔氏族萨满的叙述中，提到通古斯鄂温克人的故乡是在瑷珲城附近、黑龙江附近、雅克萨城地域、石勒喀河流域，也就是黑龙江上游流域。通古斯鄂温克人的历史记载在明末清初清晰起来，记载中的通古斯鄂温克人居住在贝加尔湖以东至额尔古纳河以西的音果达河、尼布楚河、石勒喀河、乌鲁楞古河、敖嫩宝如金河流域。受布利亚特人影响，这部分鄂温克人学会了游牧，将牧业作为主业，同时从事狩猎捕鱼活动。

原本是中国居民的15个通古斯鄂温克氏族，由于康熙二十八年（1689）《尼布楚条约》签订，变成了俄国居民。1918年，居住在苏俄境内额尔古纳

---

[1]　波·少布：《黑龙江鄂温克族》，哈尔滨出版社2008年版，第79—87页。

[2]　"通古斯人"（Tungusic peoples）最初是来自雅库特人（Yakuts）对鄂温克人（Evenks）的称呼，也被称为满—通古斯语族的各个部落族群。

河西岸敖嫩宝如金、乌鲁楞古、塔拉其、乌者恩、布如珠地区的通古斯鄂温克人不堪忍受歧视政策，迁至我国莫勒格尔河与特尼河流域索伦左翼游牧地游牧。民国八年（1919），从索伦左翼旗中划分出正蓝、镶白二旗，成立了陈巴尔虎旗。但镶白旗第一佐的通古斯鄂温克人仍留在索伦左翼旗管辖。通古斯鄂温克人村有村长（嘎僧嘎），下设催办（宝西呼），村接受哈朋等官员管理。1937年，伪满洲国当局将莫尔格勒河流域和三河以南的鄂温克人全部迁至海拉尔河北岸沿线一带和特尼河流域地区。[①]

通古斯鄂温克族最著名的历史人物是根特木尔。

（三）使鹿部落族群

游猎于额尔古纳河右支流阿巴河、安格林河、激流河流域的饲养驯鹿的鄂温克人称为使鹿部。目前，主要居住在内蒙古根河市（原额尔古纳左旗）的敖鲁古雅鄂温克民族乡，饲养驯鹿的文化得到了保留。

使鹿鄂温克人还有个称呼"雅库特"，但使鹿鄂温克人反感这个称呼，因为雅库特人并不是鄂温克人，只因他们曾经混居一处，俄罗斯人误称鄂温克人为"罗细亚雅库特人"。

在历史上使鹿鄂温克人就有明确的记载，比如元代称他们为"林木中之兀良哈人"，明末称为"北山野人"。使鹿部鄂温克人从唐至明末活动于贝加尔湖周围、勒拿河及其支流维季姆河流域。

清初，使鹿鄂温克人在酋长叶雷时期活动于勒拿河右支流维季姆河流域。清顺治年间，迫于沙俄入侵，使鹿部落族群的索洛共、给力克、卡尔他昆、布利拖天4个氏族（75户约700多人）从维季姆河流域东迁至阿玛扎尔河流域，今天的地理方位处于漠河以西，后又迁至黑龙江南岸黑龙江将军管辖的地域（今黑龙江省漠河市境内）。同时期，阿玛扎尔河流域还有索罗拖斯金苦鲁、东该因苦鲁、哈布金苦鲁、哈布都坎苦鲁等氏族未南迁。

---

① 波·少布：《黑龙江鄂温克族》，哈尔滨出版社2008年版，第113页。

清嘉庆十二年（1807）前后，卡尔他昆氏族和布利拖天氏族的一支向南迁徙至贝尔茨河（今激流河）流域的珠尔干地域，这个地方归黑龙江将军管辖的呼伦贝尔总管辖区。嘉庆十五年（1810）前后，索罗共和给力克氏族也迁至贝尔茨河流域。清道光二年（1822），布利拖天氏族的另一支也迁徙到了贝尔茨河流域。至此，有清一代，使鹿鄂温克人形成两大部落族群：一个是索罗共、给力克氏族组成的部落族群，另一个是布利拖天、卡尔他昆氏族组成的部落族群，两个部落族群游猎于漠河境内的阿尔巴吉河（今额木尔河）流域和贝尔茨河（今激流河）流域。[①]

清末，使鹿鄂温克人重组为3个部落族群：第一个是游猎于漠河境内的由索罗共氏族、给力克氏族、索罗拖斯基氏族（来自于索罗共氏族）组成的部落族群；第二个是游猎于奇乾境内的卡尔他昆氏族、固德林氏族（来自布利拖天氏族）组成的部落族群；第三是游猎于奇乾境内的布利拖天氏族和给力克氏族少量成员组成的部落族群。

三、鄂温克部落族群的社会结构 [②]

（一）索伦鄂温克部落族群的社会组织

"爱曼""哈勒""毛昆"分别是部落、氏族和大家族，这是比较典型的鄂温克原始社会末期的社会组织结构。

索伦鄂温克部落族群从黑龙江左岸迁至嫩江流域以后，共有12个部落，以流域命名，因为索伦鄂温克人多数沿江河两畔而居，所以都以所居江河名称命为部落名称。比如"诺敏千"，指活动于诺敏河流域的人。索伦鄂温克部落族群主要有12个。

氏族有20个，这20个氏族分布于12个部落族群中。每个氏族由两个以上"毛昆"组成，索伦鄂温克人的20个氏族由62个"毛昆"组成，"毛昆"由

---

① 波·少布：《黑龙江鄂温克族》，哈尔滨出版社 2008 年版，第 94—95 页。
② 波·少布：《黑龙江鄂温克族》，哈尔滨出版社 2008 年版，第 128—186 页。

若干个"住"组成。"住"就是家庭，"毛昆"是以村落为单位，一个村落就是一个"毛昆"。民国以后，地域关系逐渐取代血缘关系，一个村落有多个"毛昆"混居。

"毛昆达"是家族长，由全"毛昆"家庭的户主选举产生。"毛昆达西仍"是家族会议。"毛昆达西仍"是"毛昆"最高权力机关，"毛昆"的重要事务，都要经过"毛昆达西仍"来决定，由"毛昆达"执行。"毛昆"制度一直延续到1949年。

（二）使鹿鄂温克部落族群的社会组织

在勒拿河上游游猎时，使鹿鄂温克人有1个部落12个氏族。到了清顺治年间，迁徙到黑龙江上游右支流阿玛扎尔河流域的使鹿鄂温克人有1个部落8个氏族，从阿玛扎尔河迁徙到黑龙江南岸阿尔巴吉河流域后共有1个部落4个氏族。

使鹿鄂温克人部落族群从勒拿河上游迁徙到黑龙江流域时，还有完整的部落组织，最后一个部落酋长瓦西里·牙克列维奇于清乾隆二十六年（1761）死去以后，没有产生新的部落酋长，部落也消失于历史烟云中。但使鹿鄂温克人为集中狩猎的需要，各氏族组成临时部落和部落酋长，协调各氏族的关系。这已不是典型的血缘部落组织，更类似地域利益联盟。这种情况一直延续到清末，形成了漠河部落和贝尔茨河部落两个地域部落。

民国年间，形成3个地域部落，6个氏族。漠河部落也叫阿木尔千，有索罗共、给力克、索罗拖斯基3个氏族。贝尔茨部落一分为二，分为古纳部落（也叫古纳千）和奇乾部落（也叫贝斯特拉千）。伪满洲国时，民国时期的3个部落分成7个千。"千"一词有"人们"或"占有的"等含义。1945年以后，7个千改为5个猎区。

在氏族内有若干个以血缘为基础的"乌力楞"，也就是家庭公社。1945年以后，5个猎区每个猎区为一个"乌力楞"，有限定的游猎范围，即每个猎区之间相互距离大约100千米左右。撮罗子是个体家庭，鄂温克语称"仙人柱"，若干个撮罗子组成一个"乌力楞"。

使鹿鄂温克人称部落酋长和氏族长为"基那斯"。每个氏族都有自己的"基那斯"，部落是"总基那斯"。使鹿鄂温克人所有氏族的"基那斯"（还有副"基那斯"），均由部落或氏族成员选举产生，任期没有限定。氏族"基那斯"无法解决的问题由部落"基那斯"解决。与部落不同，使鹿鄂温克人的氏族组织、氏族"基那斯"的功能比较完善，延续到中华人民共和国建立。

"乌力楞"的首领是"新玛玛楞"，即家族长。一个"乌力楞"有若干撮罗子（仙人柱），"新玛玛楞"管理4—8个小家庭。"新玛玛楞"由乌力楞的成年成员选举产生，每三年选举一次。

（三）通古斯鄂温克部落族群的社会组织

通古斯鄂温克人与蒙古族有历史渊源，在黑龙江左岸时就受到布里亚特蒙古人影响，学会了游牧。因此，这部分鄂温克人相比于其他鄂温克人，其部落、氏族组织最早分化、瓦解，原始文化消失殆尽。所以，迁徙到黑龙江右岸后，已没有原始部落、氏族文化的明显痕迹。

南迁后的通古斯鄂温克人，保留着一种具有社会、经济功能的地域组织"尼莫尔"，"尼莫尔"由几户至十几户家庭组成，是集体游牧的组织形式。"尼莫尔"采取集体所有制，牧场和草场集体所有，共同使用，统一生产。现在通古斯鄂温克人有6个"尼莫尔"、12个大姓。

鄂温克族是一个在黑龙江流域中上游具有重要影响的部落族群集团。在国家职能没有完全介入前，还不能说是一个具有明确自我认同的民族，也就是说，在此前鄂温克族还不是一个具有自我政治认同的民族共同体。从文化角度而言，原始社会末期的文化是这一部落族群集团的主要特征，只是从近代开始，国家职能的介入改变了这一特征，出现了多样化的变异，这在现今黑龙江两岸的鄂温克族（埃文基人）得以体现。特别是部分南迁黑龙江右岸的鄂温克族，这种文化变异更为明显，通古斯鄂温克族从事牧业，而部分索伦鄂温克族从事农业。鄂温克族的历史变异情况，特别是文化的变化过程，是鄂温克（埃文基）部落族群研究的重要课题。